W0298843

Italienisch in 24 Stunden

DER NEUE SCHNELL-LERN-KURS

Maria Teresa Baracetti

Compact Verlag

© 2004 Compact Verlag München
Alle Rechte vorbehalten. Nachdruck, auch auszugsweise,
nur mit ausdrücklicher Genehmigung des Verlages gestattet.
Chefredaktion: Evelyn Boos
Redaktion: Brigitte Stoffel, Julia Kotzschmar, Sabine Framing, Alexandra Pawelczak
Fachredaktion: Alessandra Matthaes
Produktion: Wolfram Friedrich
Gestaltung: Axel Ganguin
Umschlaggestaltung: Axel Ganguin
Titelabbildung: Getty Images

ISBN 3-8174-7528-4
7275281

Besuchen Sie uns im Internet: www.compactverlag.de

Benutzerhinweise

Italienisch in 24 Stunden ist der umfassende Selbstlernkurs, mit dem Sie sicher und schnell in die Fremdsprache eingeführt werden. Durch seine didaktische Aufbereitung und den ansteigenden Schwierigkeitsgrad ist das Buch für Anfänger und Wiedereinsteiger gleichermaßen geeignet.

In 24 Kapiteln werden die wichtigsten Themen aus dem Alltag behandelt. Ob am Bahnhof, beim Einkaufen, auf der Bank oder beim Arzt – zu jeder Situation finden Sie die wichtigsten Redewendungen, den notwendigen Wortschatz sowie die Grundlagen der Grammatik.

Jede Lektion enthält Mustertexte und Dialogbeispiele, die Ihnen das wichtigste Vokabular zum jeweiligen Thema vermitteln. In interessanten Infoboxen finden Sie sprachliche Hintergrundinformationen, die auf Besonderheiten und Sonderfälle hinweisen.

Innerhalb einer Lektion können Sie anhand abwechslungsreicher Übungen das Gelernte wiederholen und festigen. Durch Zuordnungen, Übersetzungsaufgaben, Rätsel und Fragen zu Text und Grammatik werden die gelernten Inhalte eingeübt und die Lösungen direkt ins Buch eingetragen.

Auf der CD finden Sie zum Zuhören, Mitsprechen und Mitlesen die wichtigsten Dialoge vertont. Hören Sie sich die Texte zunächst nur an. Sprechen Sie sie danach auch mit, um ein erstes Gefühl für die neue Sprache zu bekommen und die korrekte Aussprache zu erlernen. In einem dritten Schritt sollten die Dialoge dann im Buch mitgelesen werden, um Schriftbild und Aussprache miteinander zu verknüpfen.

Nehmen Sie sich nicht zu viel vor! Lernen Sie lieber in kleinen Einheiten, aber dafür regelmäßig!

Viel Erfolg!

Inhaltsverzeichnis

Inhaltsverzeichnis

1 Erste Gespräche führen

A Hallo, wie heißt du?

Anna befindet sich auf einer Party und begegnet Paolo und seinem Freund Andrea.

Anna: Ciao, mi chiamo Anna. Come ti chiami?
Andrea: Io sono Andrea, piacere!
Anna: Ciao Andrea!
Andrea: Sei sola alla festa?
Anna: Sì, e tu?
Andrea: No, sono qui con un amico.
Ti presento Paolo. Paolo, questa è Anna.
Paolo: Ciao Anna!
Anna: Piacere!

Vokabeln

alla festa	auf der Party
amico/a	Freund/in
conoscere	kennen lernen
e	und
è (Infinitiv: **essere**)	er/sie/es ist Sie sind
io	ich
io sono (Infinitiv: **essere**)	ich bin
no	nein
piacere	angenehm
questa/o	diese/r/s
qui	hier
sei (Infinitiv: **essere**)	du bist
sì	ja
signora *f*	Frau
signore *m*	Herr
solo/a	allein
Ciao!	Hallo!/Tschüss!
Come?	Wie?
Come ti chiami? (Infinitiv: **chiamarsi**)	Wie heißt du?

Il mio nome è ...	Mein Name ist ...
Mi ciamo ...	Ich heiße ...
Le presento ...	Ich stelle Ihnen ... vor.
Ti presento ...	Ich stelle dir ... vor.

Infobox

Um sich vorzustellen, kann man zwei Formen verwenden:
Mi chiamo ... oder Sono ...
Aber es gibt nur eine Frage nach dem Namen:
Come ti chiami? *Wie heißt du?*
Wenn man sich siezt, lautet die Frage:
Come si chiama? *Wie heißen Sie?*

Grammatik

Das Verb chiamarsi *heißen*

mi chiamo	*ich heiße*
ti chiami	*du heißt*
si chiama	*er/sie/es heißt*
si chiama	*Sie heißen*
ci chiamiamo	*wir heißen*
vi chiamate	*ihr heißt*
si chiamano	*sie heißen*

Die Personalpronomen

Im Italienischen werden die Personalpronomen selten vor Verben gesetzt, da man die Personen an der Endung erkennen kann. Man verwendet Personalpronomen nur zur Betonung.
Vorsicht: Im Italienischen gibt es kein Neutrum.

io	*ich*
tu	*du*
lui	*er*
lei	*sie*
Lei	*Sie*
noi	*wir*
voi	*ihr*
loro	*sie*

Erste Gespräche führen

Wichtig: In der gesprochenen Sprache werden die Pronomen egli, ella und essi selten gebraucht. An ihrer Stelle verwendet man zunehmend lui, lei und loro.

Das Verb essere *sein*

io sono	*ich bin*
tu sei	*du bist*
lui/lei è	*er/sie/es ist*
Lei è	*Sie sind*
noi siamo	*wir sind*
voi siete	*ihr seid*
loro sono	*sie sind*

Infobox

Das Substantiv signore wird vor Familiennamen zu signor verkürzt, z. B.: Piacere, signor Bianchi!

Übung 1:

Ergänzen Sie den Dialog!

Anna: Ciao, mi __________ (1) Anna, e tu __________ (2) ti chiam_____ (3)?

Andrea: Io __________ (4) Andrea, piacere!

Anna: __________ (5) Andrea!

Andrea: __________ (6) sola alla festa?

Anna: Sì, __________ (7) tu?

Andrea: No, _____ (8) qui con un amico. Ti presento Paolo.

Andrea: Paolo, questa _____ (9) Anna.

Paolo: Ciao Anna! Il mio nome _____ (10) Paolo.

Anna: Piacere!

Übung 2:

Füllen Sie die Lücken aus und setzen Sie die passenden Begriffe ein!

A: Ciao, __________ (1) Anna, e tu come ti __________ (2)?

B: Ciao, io __________ (3) Andrea!

C: Buon giorno, io mi __________ (4) Chiara Cipriani!

A-B: Buon giorno, signora Cipriani!

A: E Lei come __________ (5) chiam __________ (6), signore?

D: Mi __________ (7) Mario Bianchi, piacere!

A-B-C: Piacere, signor Bianchi!

Übung 3:

Setzen Sie die passenden Formen der Verben „essere" oder „chiamarsi" ein!

1. Io __________ Mario!
2. Tu __________ Anna!
3. Lei __________ Maria!
4. Lui __________ Paolo!
5. Noi __________ Gianni e Simona-Laura Rossi!
6. Voi __________ Gianni e Simona-Laura Rossi!
7. Loro __________ Paolo e Anna!

B Wie geht es dir?

Anna, Paolo und Andrea sind noch auf der Party. Sie haben sich viel zu erzählen. Da entdeckt Andrea Susanna, eine Freundin von ihm …

Susanna: **Andrea! Ciao, come stai?**
Andrea: **Ciao, Susanna! Sto bene, grazie. E tu?**
Susanna: **Anch'io sto bene, grazie! Chi sono loro?**
Andrea: **Susanna, ti presento il mio amico Paolo, e questa è Anna!**
Susanna: **Ciao, Paolo!**
Anna-Paolo: **Ciao, Susanna!**
Susanna: **Scusa, come ti chiami?**
Anna: **Mi chiamo Anna!**
Susanna: **Ah, Anna. Piacere!**
Andrea: **Beviamo qualcosa?**
Paolo-Anna: **Sì, volentieri!**
Susanna: **No, io vado a casa, perché sono stanca. A presto!**
Andrea: **Peccato, ma a presto. Ciao!**
Susanna: **Ciao Paolo, ciao Anna!**
Paolo-Anna: **Ciao!**

Vokabeln

a casa	nach Hause
anche	auch
chi	wer, wem, wen
ma	aber
perché	weil/warum
qualcosa	etwas
salutare	verabschieden
stanco/a	müde

A presto!	Bis bald!
Beviamo qualcosa?	Trinken wir etwas?
Come stai?	Wie geht es dir?
Come sta?	Wie geht es Ihnen?
Come va?	Wie geht es?
Grazie!	Danke!
Prego!	Bitte!
Scusa!	Entschuldige!
Scusi!	Entschuldigen Sie!
Sto bene!	Es geht mir gut!
Sto benissimo!	Es geht mir sehr gut!
Sto male!	Es geht mir schlecht!
Sto malissimo!	Es geht mir sehr schlecht!

Grammatik

Das Verb stare *stehen/gehen*

io sto	*ich stehe*	*mir geht es*
tu stai	*du stehst*	*dir geht es*
lui/lei/ sta	*er/sie/es steht*	*ihr/ihm geht es*
Lei sta	*Sie stehen*	*Ihnen geht es*
noi stiamo	*wir stehen*	*uns geht es*
voi state	*ihr steht*	*euch geht es*
loro stanno	*sie stehen*	*ihnen geht es*

Come stai? *Wie geht es dir?*
Come sta? *Wie geht es Ihnen?*

Die Präposition „a"
Die Präposition a drückt eine Bewegung oder einen Zustand aus:

Vado a casa. *Ich gehe nach Hause.*
Sono a casa. *Ich bin zu Hause.*

Das Interrogativpronomen „chi"
Das Interrogativpronomen chi (*wer*) wird im Italienischen wie im Deutschen verwendet:
Chi sei? *Wer bist du?*
Chi è? *Wer ist er/sie?/Wer sind Sie?*

Infobox

Das italienische Wort amico/a verwendet man nur, um eine Freundschaft auszudrücken. Wenn es um ein Paar geht, spricht man von ragazzo/a.

Questo è il mio ragazzo. *Das ist mein Freund.*
Questa è la mia ragazza. *Das ist meine Freundin.*

Übung 4:

Kreuzen Sie die richtige Antwort an!

	richtig	falsch
1. Susanna è la ragazza di Paolo.	☐	☐
2. Paolo e Susanna sono amici.	☐	☐
3. Andrea sta bene.	☐	☐
4. Andrea presenta Paolo e	☐	☐
Anna a Susanna.	☐	☐
5. Susanna è stanca.	☐	☐
6. Susanna beve (*trinkt*) qualcosa con Andrea.	☐	☐
7. Andrea va a casa.	☐	☐
8. Susanna è a casa.	☐	☐

Übung 5:

Füllen Sie die Lücken aus und setzen Sie die richtigen Begriffe ein!

Susanna: Andrea! Ciao, come _____ (1)?

Andrea: Ciao, Susanna! _____ (2) bene, grazie. E _____ (3)?

Susanna: Anch'io _________ (4), grazie!

Chi sono loro?

Andrea: Susanna, ti presento il mio amico Paolo, e questa _______________ (5) Anna!

Susanna: Ciao, Paolo!

Anna-Paolo: Ciao, Susanna!

Susanna: Scusa, come _________ _________ (6)?

Anna: Mi chiam_ (7) Anna!

Susanna: Ah, Anna. Piacere!

Andrea: Beviamo qualcosa?

Paolo-Anna: Sì, volentieri!

Übung 6:

Beantworten Sie die Fragen!
Achten Sie dabei auf die Bildung vollständiger Sätze!

1. Chi è Susanna?

____

2. Come sta Andrea?

____

3. Come sta Susanna?

____

4. Dove va Susanna?

____

5. Susanna beve qualcosa con gli altri?

____

Infobox

Sono stanco/a und ho sonno
sind Synonyme. Unterschieden werden sie durch die Bedeutung:
Sono stanco/a. *Ich bin müde (erschöpft).*
Ho sonno. *Ich bin müde (möchte schlafen).*

C Woher kommst du?

Auf der Party unterhalten sich die drei über ihre Herkunft.

Andrea: Allora, beviamo qualcosa?
Paolo: Sì, volentieri.
Paolo-Andrea: Salute!
Andrea: Di dove sei, Anna?
Anna: Sono di Napoli!
Paolo: Davvero? Anch'io sono di Napoli!
Anna: Ah, davvero!? E tu, Andrea da dove vieni?
Andrea: Vengo da Perugia!
Anna: Qui gli studenti vengono da molte città !
Andrea: Eh, sì, vengono anche dall'estero!

Vokabeln

allora	also
altra/o	andere/r/s
anch'io	ich auch
città natale	Geburtstag
di nascita	gebürtig
dialetto *m*	Dialekt
estero *m*	Ausland
nascita *f*	Herkunft
patria *f*	Heimat
qui	hier
Beviamo?	Wollen wir etwas trinken?
Da dove vieni? (Infinitiv: **venire**)	Woher kommst du?
Davvero?	Wirklich?
Di dove sei?	Woher kommst du?
Gli studenti vengono da molte città.	Die Studenten kommen aus mehreren Städten.
Essi vengono dall'estero.	Sie kommen aus dem Ausland.
Salute!	Zum Wohl!
Sono di ...	Ich komme aus ...

Grammatik

Das Verb venire *kommen*

io vengo	*ich komme*
tu vieni	*du kommst*
lui/lei viene	*er/sie/es kommt*
Lei viene	*Sie kommen*
noi veniamo	*wir kommen*
voi venite	*ihr kommt*
loro vengono	*sie kommen*

Übung 7:

Füllen Sie die Lücken mit „essere di" oder „venire da" aus!

A: Anna, __________ (1) sei?

B: Sono __________ (2) Napoli!

A: Anche Paolo __________ (3) Napoli!

B: Davvero? E tu, __________ dove __________ (4), Andrea?

A: Io _____ (5) di Perugia.

Übung 8:
Übersetzen Sie!

1. Ich heiße Giorgio.

____

2. Er heißt Mario.

____

3. Wie heißen Sie?

____

4. Wie heißt du?

____

5. Wie geht es dir?

____

6. Mir geht es gut, und dir?

____

7. Wie geht es Ihnen?

____

8. Ich komme aus Mailand!

____

9. Woher kommen Sie?

____

10. Wir sind aus Rom.

____

11. Woher kommst du?

____

12. Ich gehe nach Perugia!

____

13. Ich stelle dir Anna vor.

____

Übung 9:
Übersetzen Sie!

1. kommen aus ________________
2. Haus ________________
3. Zum Wohl! ________________
4. Durst ________________
5. angenehm ________________
6. tschüss ________________

D Leute, Leute, Leute

Anna lernt Paolos Englischlehrerin kennen.

Paolo: Andrea, guarda, c'è la professoressa di inglese!
Andrea: Ah, sì, è vero! È proprio lei!
Paolo: Anna, ti presentiamo la signora Jones!
Anna: Va bene!
Andrea: Buonasera signora Jones!
Signora Jones: Buonasera Paolo, buonasera Andrea!
Andrea: Signora Jones, Le presentiamo Anna!
Signora Jones: Ah, buonasera Anna!
Anna: Piacere!

1 Erste Gespräche führen

Paolo: Come sta, signora Jones?
Signora Jones: Bene, grazie, ragazzi, e voi?
Andrea-Paolo: Benissimo, grazie!
Signora Jones: Di dove Lei, Anna?
Anna: Sono di Napoli, come Paolo! E Lei, di dov'è?
Signora Jones: Vengo da Londra, ma sono a Firenze da dieci anni. Quindi sono inglese, ma mi sento un po' italiana!
Anna: Eh, sì, dopo tanti anni!
Signora Jones: E poi la città è così bella!
Anna: Sì, è vero, ma è anche molto grande!
Signora Jones: Hai proprio ragione. Bene ragazzi. Ora, purtroppo, vado via. È molto tardi per me! Buona serata e a presto!
Anna-Andrea-Paolo: ArrivederLa signora Jones. Buona serata anche a Lei!
Anna: È molto gentile la signora Jones, vero?
Andrea: Sì, e anche molto simpatica!
Anna: Ora anch'io devo salutarvi, domani ho un appuntamento importante.
Andrea: Peccato, ma buona serata e a presto!
Paolo: Sì, ciao Anna a presto!
Anna: Ciao e grazie per la compagnia!

Vokabeln

amica *f*	Freundin
amico *m*	Freund
andare via	weggehen
anno *m*	Jahr
appuntamento *m*	Termin
bello/a	schön
città *f*	Stadt
come te	wie du
compagnia *f*	Gesellschaft
con	mit
da	seit
devo (Infinitiv: **dovere**)	ich muss
di	aus, von
dieci	zehn
domani	morgen
è vero	es stimmt
è	er/sie/es ist
fare conoscenza	Bekanntschaft machen
fine settimana *m*	Wochenende
gentile	höflich, nett, freundlich
giorno *m*	Tag
grande	groß
ieri	gestern
importante	wichtig
ma	aber
medio/a	mittel
mese *m*	Monat
mi sento … (Infinitiv: **sentirsi**)	ich fühle mich …
molto	lange, sehr
oggi	heute
piccolo/a	klein
presto	früh
professoressa di inglese *f*	Englischlehrerin
purtroppo	leider
questo/a	diese/r/s
sei	du bist
salutare	sich verabschieden, grüßen
settimana *f*	Woche
tardi	spät
tutto/a	alles, ganz
un, uno, una	eine/r/s
Arrivederci!	Auf Wiedersehen!
ArriverLa!	Auf Wiedersehen! (Höflichkeitsform)
Buon giorno!	Guten Morgen!
Buona sera!	Guten Abend!

Buona serata!	Schönen Abend!
Come?	Wie?
Vero?	Ist das wahr?, Stimmt das?

Grammatik

Das Verb avere *haben*

io ho	*ich habe*
tu hai	*du hast*
lei/lui ha	*er/sie/es hat*
Lei ha	*Sie haben*
noi abbiamo	*wir haben*
voi avete	*ihr habt*
loro hanno	*sie haben*

Infobox

Achtung! Das h, das vor Personen steht, wird nicht ausgesprochen.

Die Endung der Substantive

Die italienischen Substantive sind entweder feminin oder maskulin. Das ist an den Endungen zu erkennen. Auf -a enden normalerweise feminine und auf -o maskuline Wörter.

Bsp.:
birra *Bier*, casa *Haus*, festa *Fest*, bottiglia *Flasche*, vino *Wein*, anno *Jahr*, giorno *Tag*, amico *Freund*

Es gibt aber zusätzlich eine Reihe von Substantiven, die auf -e enden. Man kann das Geschlecht hier nicht zuordnen. Lernen Sie sie auswendig!

Bsp.: sete *w Durst*, lezione *w Lektion*
cane *m Hund*, fiore *m Blume*, sole *m Sonne*

Daran erkennen Sie das Geschlecht der Wörter auf -e:

Alle Wörter, die auf -zione, auf -sione und auf -trice enden, sind feminin.

Bsp.:
la stazione *Bahnhof*, la professione *Beruf*, l'attrice *Schauspielerin*

Alle Wörter, die auf -ore enden, sind maskulin.

Bsp.:
il muratore *Maurer*, il professore *Professor*

Der bestimmte Artikel (il, lo und la)

Maskuline Wörter haben den bestimmten Artikel il:

il vino	*der Wein*
il tempo	*die Zeit*
il sole	*die Sonne*

Feminine Wörter haben den bestimmten Artikel la:

la birra	*das Bier*
la casa	*das Haus*
la sete	*der Durst*

Die Wörter, die maskulin sind und mit den Buchstaben gn, pn, ps, s+Konsonant, z, y oder x anfangen, erhalten als bestimmten Artikel lo:

lo gnomo *der Gnom*, lo pneumatico *der Autoreifen*, lo psicologo *der Psychologe*, lo specchio *der Spiegel*, lo sbaglio *der Fehler*, lo zio *der Onkel* usw.

Bei allen Wörtern, die mit einem Vokal anfangen, wird der Artikel zu l' verkürzt.

Bsp.:

l'aperitivo	*der Aperitif*
l'amico	*der Freund*
l'amica	*die Freundin*
l'esame	*die Prüfung*

Die Endung der Adjektive

Genauso wie die Substantive haben auch die Adjektive eine Endung, die angepasst werden muss. Es gibt Adjektive, die auf -o/-a und andere, die auf -e enden. Die Endungen -o/-a richten sich nach dem Genus und dem Numerus des Substantivs oder des Subjekts.

Anna è italiana.	*Anna ist Italienerin.*

Anna ist eine Frau und deshalb endet das Adjektiv auf -a.

Paolo è italiano.	*Paolo ist Italiener.*

Paolo ist ein Mann und deshalb endet das Adjektiv auf -o.

Adjektive, die auf -e enden, sind in der Einzahl unveränderlich.

La signora Jones/Il signor Jones è inglese.	*Frau Jones/Herr Jones ist Engländerin/Engländer.*

Infobox

Begrüßungsformeln

Buonasera!	*Guten Abend!*
Buona serata!	*Schönen Abend!*
Buon giorno!	*Guten Morgen!*
Buona giornata!	*Schönen Tag!*
Buona mattinata!	*Schönen Vormittag!*
Ciao!	*Hallo!*
Molto lieto!	*Sehr erfreut!*
Piacere!	*Angenehm!*
Sono lieto di conoscerta!	*Ich bin erfreut, Sie kennen zu lernen!*

Mit den Wörtern giornata, mattinata und serata ist der Zeitverlauf gemeint. Im Italienischen gibt es keinen Unterschied zwischen Guten Morgen und Guten Tag. Beide werden mit Buon giorno übersetzt.

Übung 10:

Füllen Sie die Lücken aus und setzen Sie die richtigen Begriffe ein!

Anna _____ (1) una ragazz_ (2). Lei è _____ (3) Firenze da due mesi, ma viene _____ (4) Napoli.

Anche Paolo è _____ (5) Napoli, ma vive _____ (6) Firenze _____ (7) due anni.

Andrea invece (hingegen) vien_________ (8) da Perugia. Andrea e Paolo presentano a Anna _________ (9) professoressa di inglese, _____ (10) signora Jones. Lei è ingles _____ (11) e viene _____ (12) Londra, ma vive da 10 anni _____ (13) Firenze e si sente quasi italian_________ (14)!

I tre ragazzi bevono qualcosa insieme (zusammen), ma poi (danach) Anna va _____ (15) casa.

Übung 11:

Kreuzen Sie den richtigen Satz an!

1. a) Anna è da Napoli. ☐
   b) Anna è di Napoli. ☐
2. a) Susanna è un'amica di Andrea. ☐
   b) Susanna ha un'amica di Andrea. ☐
3. a) La signora Jones è inglesa. ☐
   b) La signora Jones è inglese. ☐
4. a) Il vino è caldo. ☐
   b) Il vino è calda. ☐
5. a) Il caffè e buono. ☐
   b) Il caffè è buono. ☐

A Blond oder brünett?

Paolo und Andrea sitzen immer noch zusammen und reden, reden, reden ... Sie treffen Gianni, den Bruder von Andrea.

Paolo: Io ho ancora sete, vogliamo bere un'altra birra?
Andrea: Sì, anch'io ho sete, ma voglio una coca-cola!
Paolo: Andrea, guarda c'è anche Gianni!
Andrea: Ciao Gianni!
Gianni: Ciao ragazzi, come state?
Andrea-Paolo: Bene grazie, e tu?
Gianni: Abbastanza bene, grazie! Chi è la ragazza bionda e alta di prima?
Andrea: Si chiama Anna, è di Napoli ed è in città da poco!
Paolo: È molto simpatica!
Gianni: Ah, è nuova! Per questo non la conosco!
Andrea: Sì, è qui da due mesi, anche lei è una studentessa.
Gianni: Quando andate a casa voi?
Paolo: Tra poco, è già tardi!
Gianni: Vengo anch'io, andiamo nella stessa direzione!
Andrea: Bene!

Vokabeln

alto/a	groß
altro/a	weiter/noch ein
antipatico/a	unsympathisch
basso/a	klein
bello/a	schön
bere	trinken
biondo/a	blond
birra *f*	Bier
bruno/a	dunkelhaarig
brutto/a	hässlich
capelli *pl*	Haare
carino/a	hübsch
castano/a	kastanienbraun
coca-cola *f*	Cola
da poco	seit kurzem
di prima	von vorher
direzione *f*	Richtung
due	zwei
giovane	jung
grasso/a	dick
grazioso/a	niedlich
magro/a	dünn
mimica *f*	Mimik
simpatico/a	sympathisch
snello/a	schlank
stesso/a	derselbe/dieselbe
studente *m*	Student
studentessa *f*	Studentin
vecchio	alt
vogliamo (Infinitiv: **volere**)	wir wollen

Infobox

Vokabeln zur Beschreibung

accento *m*	*Akzent*
pronuncia *f*	*Aussprache*
dialetto *m*	*Dialekt*
informazione *f*	*Information*
linguaggio del corpo *m*	*Körpersprache*

Grammatik

Der unbestimmte Artikel

Das folgende Schema erklärt die Bildung des unbestimmten Artikels im Italienischen.

2 Sich selbst und andere beschreiben

bestimmter Artikel	unbestimmter Artikel
il wird zu	un
lo wird zu	uno
la wird zu	una
l'(*m*) wird zu	un
l'(*w*) wird zu	un'

Achtung: Der maskuline unbestimmte Artikel un wird nicht apostrophiert, auch wenn das ihm folgende Substantiv mit einem Vokal beginnt.

Bsp.:

Il libro	un libro
lo spazio	uno spazio
la casa	una casa
l'amico	un amico
l'amica	un'amica

Übung 1:

Setzen Sie den richtigen unbestimmten Artikel ein!

1. __________ lattina
2. __________ birra
3. __________ camino
4. __________ giornale
5. __________ spazio
6. __________ valigia
7. __________ bicicletta
8. __________ fiore
9. __________ camera
10. __________ orologio
11. __________ libro
12. __________ festa
13. __________ tavolo
14. __________ bambola
15. __________ sedia

Übung 2:

Ergänzen Sie!

1. Ho _____ libro nuov_ !
2. Signorina, ha _____ macchina ross_ ?
3. Anna, hai _____ orologio?
4. Gianni ha _____ cane ner_ .
5. Lisa e Maria _____ amica in America.
6. Noi compriamo (kaufen) _________ zaino (Rucksack) per Luigi!
7. Hai _________ sigaretta per me?
8. Avete _________ libro nuov_ ?
9. Anna è biond_ .
10. Io sono castan_ .

Infobox

Wenn nach e *und* ein Wort folgt, das mit einem Vokal beginnt, hängt man oft bei der Aussprache aus phonethischen Gründen ein d an (Bsp.: Paolo e(d) Anna.).

B Charaktersache

Andrea und Paolo verabschieden sich von Gianni und gehen nach Hause. Auf dem Weg erfährt Paolo Einiges über Andreas Bruder.

Paolo: Allora, buona notte!
Gianni: Buona notte, ragazzi!
Andrea: Buona notte, Gianni!

Paolo: Gianni è davvero simpatico, ma perché vuole vivere da solo?
Andrea: Sì, è vero, è molto divertente, ma ha un carattere abbastanza difficile.
Paolo: Anche tu hai un carattere particolare, ma non ho problemi con te!
Andrea: Lui è molto lunatico e permaloso!
Paolo: Che strano, sembra molto affabile!
Andrea: Sì, è socievole, ma solo quando ha voglia! Inoltre è troppo sincero!
Paolo: Per questo vive da solo, allora!
Andrea: Anche il lavoro che fa è insopportabile per gli altri!
Paolo: Non studia più?
Andrea: Sì, ma è all'ultimo anno e ha già un lavoro!
Paolo: Cosa fa?
Andrea: Fa il giornalista!
Paolo: E perché è insopportabile?
Andrea: Perché lavora molto di notte ed è sempre nervoso prima di ogni servizio!
Paolo: Ah! Siamo a casa!
Andrea: Ah, sì. Siamo a casa, finalmente!
Paolo: Sì, finalmente. Ora sono stanco. Buona notte, a domani!
Andrea: Sì, anch'io ho sonno. Buona notte, a domani!

Vokabeln

affabile	liebenswürdig
aspetto fisico *m*	Aussehen
avere sonno	müde sein
avere voglia di qualcosa	Lust auf etwas haben
carattere *m*	Charakter
con te	mit dir
difficile	schwierig
divertente	lustig
essere stanco/a	müde sein
fa (Infinitiv: **fare**)	er/sie/es macht/ Sie machen
facile	leicht
finalmente	endlich
giornalista *m/f*	Journalist/in
inoltre	außerdem
insopportabile	unerträglich
lavoro *m*	Arbeit
lunatico/a	launisch
nervoso/a	nervös
ogni	jede/r/s
particolare	besonders
per questo	deshalb
permaloso/a	überempfindlich
problema *m*	Problem
sembra	er/sie/es scheint/ Sie scheinen
servizio *m*	Bericht
sincero/a	ehrlich
socievole	freundlich
strano/a	komisch
tranquillo/a	ruhig
triste	traurig
vivere	leben

Infobox

Verben des Sagens

accentuare	*hervorheben*
bisbigliare	*flüstern*
chiamare	*rufen, schreien*
dire	*sagen*
esprimere	*äußern*
interrogare	*fragen*
parlare	*sprechen*
rispondere	*antworten*

2 Sich selbst und andere beschreiben

Grammatik

Substantive, die auf -ista enden

Viele Substantive enden auf -ista.
Die meisten beschreiben Berufe: giornalista *Journalist*, camionista *LKW-Fahrer;* dentista *Zahnarzt*, artista *Künstler* usw. Diese Bezeichnungen können feminin oder maskulin sein.

Das Verb fare *machen*

io faccio	*ich mache*
tu fai	*du machst*
lui/lei fa	*er/sie/es macht*
Lei fa	*Sie machen*
noi facciamo	*wir machen*
voi fate	*ihr macht*
loro fanno	*sie machen*

Die Aussprache

Die meisten Fehler in der Aussprache werden in Verbindung mit den Buchstaben c und g gemacht. Es gibt allerdings Regeln, wie man diese vermeidet.

Die Aussprache von „c + i - e"
C wird wie tsch (tschüss) ausgesprochen, wenn danach die Buchstaben e und i folgen:
Bsp.:
cena wird „tschena" ausgesprochen und nicht „kena"
cielo wird „tschelo" ausgesprochen und nicht „kelo".

Die Aussprache von „c + a - o - u - h"
C wird wie k (Karte) ausgesprochen, wenn danach die Buchstaben a, o, u, h folgen:
Bsp.:
casa wird „kasa", cosa wird „kosa", cuore wird „kuore" und chiesa wird „kiesa" ausgesprochen.

Die Aussprache von „g + i - e"
G wird wie dsch (Gin) ausgesprochen, wenn danach die Buchstaben e und i folgen:
Bsp.:
gesso *Kreide* wird „dschesso" ausgesprochen und giro „dschiro".

Die Aussprache von „g + a - o - u - h"
G wird wie g *Garten* ausgesprochen, wenn danach die Buchstaben a, o, u oder h folgen.
Bsp.:
gara *Wettbewerb* wird „gara"; gonna *Rock* wird „gonna"; guru wird „guru" und ghiro *Siebenschläfer* wird „giro" ausgesprochen.

Achten Sie auf den Unterschied zwischen „giro" und „ghiro". Einzig die Aussprache des ersten Lautes verursacht den Bedeutungsunterschied.

Die Aussprache von „gn" oder „gl"
Signore wird „sinjore" und maglione *Pullover* wird „maljone" ausgesprochen.

Übung 3:

Kreuzen Sie die richtige Antwort an! Lesen Sie den Text noch einmal genau!

	richtig	falsch
1. Gianni è antipatico.	☐	☐
2. Gianni vive da solo.	☐	☐
3. Gianni ha un carattere semplice.	☐	☐
4. Gianni lavora già.	☐	☐
5. Gianni fa il dentista.	☐	☐
6. Gianni studia ancora.	☐	☐
7. Prima di ogni servizio Gianni è molto tranquillo.	☐	☐
8. Paolo è stanco.	☐	☐
9. Andrea non ha sonno.	☐	☐
10. Anna è castana.	☐	☐

Übung 4:

Beantworten Sie folgende Fragen!

1. Con chi vive Gianni?

____

2. Con chi vive Andrea?

____

3. Come è il carattere di Gianni?

____

4. Che lavoro fa Gianni?

____

5. Come è Anna?

____

6. Paolo vive da solo?

____

7. Che lavoro fa Lei?

____

8. Come è il Suo (*Ihr*) carattere?

____

C Was wäre wenn?

Anna und Andrea unterhalten sich über ihre Träume.

Andrea: Anna?!
Anna: Sì! Ciao Andrea! Come stai?
Andrea: Ciao, sto bene, grazie. E tu?
Anna: Sono un po' stanca, ma sto bene!
Andrea: Cosa fai? Hai ancora lezione?
Anna: No, vado a casa ora!
Andrea: Ah, bene. Anch'io vado a casa, se vuoi andiamo insieme.
Anna: Volentieri.
Andrea: Ma tu cosa studi?
Anna: Studio storia dell'arte.
Andrea: Ah, bello. E cosa vuoi fare dopo?
Anna: Voglio diventare un'artista!
Andrea: E insegnante di storia dell'arte?
Anna: No, voglio diventare una pittrice!
Andrea: Sicuramente hai bisogno di tanta pazienza!
Anna: E tu, cosa fai?
Andrea: Studio legge. Ma sono alla fine!
Anna: Vuoi fare l'avvocato?
Andrea: No, voglio fare il notaio! Non ho il carattere giusto per fare l'avvocato, non sono abbastanza eloquente.
Anna: Sono già arrivata. Ci vediamo domani?
Andrea: Sì, volentieri. Al bar dell'università, alle dodici?
Anna: Perfetto, a domani.
Andrea: Ciao!

Vokabeln

abbastanza	genug
avere bisogno di ...	etwas brauchen
avvocato *m*	Rechtsanwalt
casalinga *f*	Hausfrau
commesso/a	Verkäufer/in
diventare	werden
dottore *m*	Arzt

dottoressa *f*	Ärztin
eloquente	redegewandt
impiegato/a	Angestellte/r
infermiera *f*	Krankenschwester
infermiere *m*	Krankenpfleger
insieme	zusammen
insegnante *f/m*	Lehrer/in
legge *f*	Jura/Gesetz
operaio/a	Arbeiter/in
paziente	geduldig
pazienza *f*	Geduld
politico *m*	Politiker
rilassante	entspannend
scienziato/a	Wissenschaftler/in
scrittore *m*	Schriftsteller
scrittrice *f*	Schriftstellerin
segretaria *f*	Sekretärin
sognare	träumen
studio (Infinitiv: **studiare**)	ich studiere
tanto/a	viel
traduttrice *f*	Übersetzerin
traduttore *m*	Übersetzer
Ci vediamo?	Sehen wir uns?
Cosa studi?	Was studierst du?
Sono arrivato/a.	Ich bin angekommen.

Grammatik

Die Substantive auf -tore

Die Substantive, die auf -tore enden, sind maskulin, die auf -trice endenden sind feminin:

maskulin		feminin	
attore	*Schauspieler*	attrice	*Schauspielerin*
scrittore	*Schriftsteller*	scrittrice	*Schriftstellerin*
pittore	*Maler*	pittrice	*Malerin*

Aber: dottore wird zu dottoressa

Übung 5:

Ergänzen Sie!

1. Anna è _ _ _ _ _ studente _ _ _ _ _ .
2. Paolo è _ _ _ _ _ student_ .
3. Andrea vuole diventare notai_ .
4. Anna vuole diventare _ _ _ _ _ artist_ .
5. Gianni è _ _ _ _ _ giornalist_ .
6. Anna non è un_ giornalist_ .
7. Paolo non vuole diventare _ _ _ _ _ pittor_ .
8. Mario è _ _ _ _ _ dottor_ .
9. Stefania è un_ dottore _ _ _ _ _ _ _ _ _ .
10. Giorgio è u_ infermier_ .
11. Angela è un_ scrittric_ .
12. Angelo è un_ scrittor_ .
13. Marco è u_ traduttor_ .
14. Maria è un_ commess_ .
15. Monet non è un_ pittric_ , ma _ _ _ _ _ pittor_ .

D Haben Sie meinen Freund gesehen?

Anna und Andrea sind verabredet. Anna wartet auf Andrea, der sich verspätet hat. Sie erkundigt sich beim Kellner, ob er ihn gesehen hat.

Anna: Scusi, ho un appuntamento con un ragazzo alto, magro e con i capelli ricci e corti. Lo ha visto?
Barista: Mi dispiace, ma non l'ho visto.

Un momento, gli occhi ... di che colore sono?

Anna: Verdi!

Barista: No, allora no!

Anna: Grazie lo stesso. Una coca-cola, per favore!

Barista: Certo.

Andrea: Anna, scusa tanto il ritardo!

Anna: Non importa, ma i tuoi capelli sono lisci!?

Andrea: Sì, con la pioggia diventano così!

Anna: Ah, vuoi bere qualcosa?

Andrea: Sì, ma offro io!

Anna: Grazie!

Vokabeln

corto/a	kurz
descrivere	beschreiben
grande	groß
liscio/a	glatt
lungo/a	lang
moro/a	dunkelhaarig
occhio	Auge
offro (Infinitiv: **offrire**)	ich spendiere
pioggia *w*	Regen
riccio/a	lockig
ritardo *m*	Verspätung
Di che colore è?	Welche Farbe hat es?
Lo ha visto?	Haben Sie ihn gesehen?
Non importa!	Es macht nichts!

Grammatik

Die Farben

antracite	*anthrazit*
arancione	*orange*
azzurro/a	*hellblau*
bianco/a	*weiß*
beige	*beige*
blu	*blau*
celeste	*himmelblau*
colorato/a	*bunt*
giallo/a	*gelb*
grigio/a	*grau*
marrone	*braun*
nero/a	*schwarz*
rosa	*rosa*
rosso/a	*rot*
verde	*grün*
viola	*violett*

Farbadjektive, die auf -o/-a enden, werden regelmäßig dekliniert. Je nachdem, ob das dazugehörige Substantiv maskulin oder feminin ist, endet das Farbadjektiv also auf -o oder -a. Die Farbadjektive, die auf -e enden, bleiben im Singular unverändert.

La casa è bianca.	*Das Haus ist weiß.*
Il balcone è grigio.	*Der Balkon ist grau.*
Il cane è marrone.	*Der Hund ist braun.*

Achtung: blu, beige, rosa und viola bleiben immer unverändert.

Die Pluralbildung der Artikel

il	i
lo	gli
l'	gli *m*
la	le
l'	le *f*

Die Pluralbildung der Substantive

Nicht nur der Artikel ändert sich im Plural, sondern auch die Endung der Substantive.

Bsp.:

il libro	i libri
lo zaino	gli zaini
l'albero	gli alberi
la casa	le case
l'italiana	le italiane
il turista	i turisti

la turista	le turiste
il fiore	i fiori
l'esame	gli esami
la stazione	le stazioni

Feminine Substantive, die im Singular auf -a enden, erhalten im Plural -e als Endung. Maskuline Substantive, die im Singular auf -o oder auf -a enden, erhalten im Plural -i als Endung. Substantive, die auf -e enden, enden im Plural immer auf -i, egal ob sie feminin oder maskulin sind.

Die Besonderheiten der Pluralbildung

il dialogo *Diaolog*	i dialoghi
il cuoco *Koch*	i cuochi
l'albergo *Hotel*	gli alberghi
il fungo *Pilz*	i funghi
Aber:	
l'amico	gli amici
il nemico *Feind*	i nemici
l'amica	le amiche
il cinema *Kino*	i cinema
il problema	i problemi

Wörter, die nur aus einer Silbe bestehen, bleiben im Plural unverändert

il re *König*	i re

Wörter, die auf einen Vokal mit Akzent enden, bleiben im Plural unverändert.

il caffè	i caffè
la città *Stadt*	le città

Übung 6:

Füllen Sie die Lücken aus!

1. __________ città è grand_ .
2. __________ cane è ner_ .
3. __________ macchina è ross_ .
4. __________ ragazza è bell_ .
5. __________ libro è verd_ .
6. __________ cravatta ross_ .
7. __________ vino buon_ .
8. __________ blusa è verd_ .
9. __________ sole è giall_ .
10. __________ luna è bianc_ .
11. __________ bicicletta è arancion_ .
12. __________ treno (*Zug*) è marron_ .
13. __________ vestito (*Kleid*) è viol_ .
14. __________ gatto (*Katze*) è grigi_ .
15. __________ pittrice è brav_ .
16. __________ dottore è brav_ .
17. __________ attrice è impazient_ .
18. __________ scacco (Schach) è ner_ o bianc_ .
19. __________ bambino è stanc_ .
20. __________ ombrello è colorat_ .

Übung 7:

Setzen Sie die Wörter in den Plural!

1. la lattina____________________
2. la birra____________________
3. il camino ____________________
4. il giornale ____________________
5. lo spazio____________________

6. la collega ___________________
7. la bicicletta ___________________
8. il fiore ___________________
9. la camera ___________________
10. l' orologio ___________________
11. il libro ___________________
12. la festa ___________________
13. l tavolo ___________________
14. la bambola ___________________
15. la sedia ___________________
16. il coltello ___________________
17. la forchetta ___________________
18. il cucchiaio ___________________
19. lo spettacolo ___________________
20. l' ospedale ___________________

Übung 8:

Welche Wörter gehören zusammen?

1. ragazza	☐	difficile
2. carattere	☐	ricci
3. bambino	☐	azzurri
4. occhi	☐	bravo
5. capelli	☐	buono
6. cuoco	☐	bionda

Übung 9:

Nennen Sie den richtigen Artikel und setzen Sie die Substantive in den Plural!

1. __________ citt_ sono grandi.
2. __________ can_ sono neri.
3. __________ macchin_ sono rosse.
4. __________ ragazz_ sono belle.
5. __________ libr_ sono verdi.
6. __________ cravatt_ sono rosse.

3 Familie und Freunde

A Die liebe Familie

Anna und Andrea unterhalten sich über ihre Familien. Anna ist Einzelkind, Andrea hingegen hat eine große Familie!

Anna: Chi è Gianni?

Andrea: Gianni è mio fratello e anche lui vive a Firenze.

Anna: Ah, hai anche una sorella?

Andrea: No, non ho sorelle, ma ho un altro fratello. Si chiama Luca, ma ha solo 14 anni. E tu?

Anna: Sono figlia unica!

Andrea: Ah, com'è essere figlia unica?

Anna: Mi sento sola, ma ho una cugina molto simpatica.

Andrea: Io ho due fratelli, ma non ho un cugino, perché mia madre e mio padre sono figli unici.

Anna: Invece la mia famiglia è numerosa! Ho sette cugini e quattro zii.

Andrea: Hai anche i nonni?

Anna: Ho solo la nonna paterna, gli altri non ci sono più! E i tuoi nonni?

Andrea: Ho solo la nonna materna.

Anna: Ah, guarda c'è Paolo!

Andrea: Ehi, Paolo, ciao. Come va?

Paolo: Ciao ragazzi, sto bene grazie!

Anna: Bevi qualcosa con noi?

Paolo: Molto volentieri, ma non ho molto tempo, perché aspetto un'amica! Prendo un caffè!

Anna: Parliamo di parenti! Tu quali hai?

Paolo: I miei genitori e il nonno paterno.

Andrea: Anche Anna è figlia unica!

Paolo: Ah, davvero! Io ho uno zio molto giovane e con lui vado molto d'accordo.

Vokabeln

andare d'accordo	sich vertragen
aspetto *m*	ich warte
avere il compleanno	Geburtstag haben
avere qualcosa da fare	etwas zu tun haben
cognata *f*	Schwägerin
cognato *m*	Schwager
compleanno *m*	Geburtstag
cugina *f*	Cousine
cugino *m*	Cousin
famiglia *f*	Familie
figli *pl*	Kinder
figlia *f*	Tochter
figlio *m*	Sohn
figlio/a unico/a	Einzelkind
fratellastro *m*	Halbbruder
fratello *m*	Bruder
genitori *pl/m*	Eltern
giovane	jung
madre *f*	Mutter
materno/a	mütterlicherseits
mio/a	meine/r
nipote *f/m*	Enkelkind
nipote *f/m*	Neffe/Nichte
nonna *f*	Großmutter
nonni *pl*	Großeltern
nonno *m*	Großvater
numeroso/a	zahlreich/groß
padre *m*	Vater
parenti *pl*	Verwandte
paterno/a	väterlicherseits
prossimo/a	nächste/r
quello che	das, was

rimani (Infinitiv: **rimanere**)	du bleibst
sorella *f*	Schwester
sorellastra *f*	Halbschwester
suo/a	seine/r, ihre/r
suocera *f*	Schwiegermutter
suocero *m*	Schwiegervater
tuo/a	deine/r
vecchio/a	alt
zia *f*	Tante
zio *m*	Onkel
Da quanto tempo?	Seit wann?

Grammatik

Der Aussagesatz

Der einfach Aussagesatz hat im Italienischen die gleiche Satzstellung wie im Deutschen:

Subjekt + Prädikat + Objekt

Io (S) ho (P) sete (O).	*Ich habe Durst.*
Anna ha una cugina.	*Anna hat eine Cousine.*

Die Verneinung

No wird nur verwendet, um eine Antwort auf einen Fragesatz zu geben. Zur Verneinung eines Aussagesatzes oder einer Frage verwendet man immer non *nicht, keine*, das in den meisten Fällen vor dem konjugierten Verb steht.

Bsp.:

Hai sete? *Hast du Durst?*

No, non ho sete! *Nein, ich habe keinen Durst!*

Non sono stanco. *Ich bin nicht müde.*

Es gibt im Italienischen nur non als Form der Verneinung.

Bsp.:

Non vado a scuola.	*Ich gehe nicht in die Schule.*
La sua famiglia non è numerosa.	*Ihre/Seine Familie ist nicht groß.*
Non ho ancora fame.	*Ich habe noch keinen Hunger.*

Der Fragesatz ohne Interrogativpronomen

Um einen Aussagesatz in einen Fragesatz umzuwandeln, wird das Verb an den Anfang des Satzes gestellt.

Hai sete?	*Hast du Durst?*
Hai una sorella?	*Hast du eine Schwester?*

Der Fragesatz mit Interrogativpronomen

Der Fragesatz kann auch durch Interrogativpronomen eingeleitet werden, wobei das Verb direkt auf das Interrogativpronomen folgt.

Chi? *Wer?*	Quanto? *Wie viel?*
Come? *Wie?*	Perché? *Warum?*
Che (cosa)? *Was?*	Dove? *Wo/wohin?*
Quando ? *Wann?*	Come mai? *Wieso?*

Chi è questo signore?	*Wer ist dieser Herr?*
Come stai?	*Wie geht es dir?*
Che (cosa) fai qui?	*Was machst du hier?*
Quando vai a casa?	*Wann gehst du nach Hause?*
Quanto costa un gelato?	*Wie viel kostet ein Eis?*
Perché vai a casa?	*Warum gehst du nach Hause?*
Dove vai?	*Wo gehst du hin?*
Dove siete?	*Wo seid ihr?*
Come mai sei ancora qui?	*Wieso bist du noch hier?*

Infobox

Die Familie

Parenti bedeutet *Verwandte* und genitori *Eltern.*

Das Wort Geschwister gibt es im Italienischen nicht. Deshalb spricht man von fratelli *Brüder* oder sorelle *Schwestern*, wobei fratelli auch *Brüder und Schwestern* bedeuten kann.

La/il nipote kann sowohl das *Enkelkind* als auch die *Nichte* oder der *Neffe* heißen!

Übung 1:

Kreuzen Sie den richtigen Satz an!

1. a) Gianni è il cugino di Andrea. ☐
   b) Gianni è il fratello di Andrea. ☐
2. a) Andrea ha un'altra sorella. ☐
   b) Andrea ha un altro fratello. ☐
3. a) Anna ha una sorella. ☐
   b) Anna è figlia unica. ☐
4. a) La cugina di Anna è molto simpatica. ☐
   b) La cugina di Anna è molto antipatica. ☐
5 a) La famiglia di Anna è numerosa. ☐
   b) La famiglia di Anna è piccola. ☐
6. a) Anche Paolo ha due fratelli. ☐
   b) Anche Paolo è figlio unico. ☐
7. a) Paolo ha il nonno paterno. ☐
   b) Paolo ha il nonno materno. ☐
8. a) Paolo ha un cugino molto giovane. ☐
   b) Paolo ha uno zio molto giovane. ☐

Übung 2:

Bilden Sie sinnvolle Sätze!

1. sonno/hai/?

----

2. sete/?/avete

----

3. due/hanno/fratelli/loro?

----

4. ha/Mario/numerosa/non/famiglia/una/

----

5. ho/non/casa/grande/una.

----

6. nonni/ancora/hai/i?

----

7. nonno/tuo/molto/è/vecchio/?

----

8. figlia/sei/unica/non!

----

9. si/chiama/fratello/tuo/come/?

----

10. padre/cosa/tuo/fa/?

----

11. hai/compleanno/quando/il?

B Paolos Freundin

Paolo ist ärgerlich; seine Freundin Valeria ist zu spät! Anna hat dadurch Zeit, mehr über Valeria zu erfragen!

Paolo: È tardi, ma Valeria non è ancora qui! È molto strano, di solito è puntuale!
Andrea: Siete amici da molto tempo?
Paolo: Sì, già da due anni!
Anna: Studia anche lei medicina come te?
Paolo: No, non studia. Lei ha già un lavoro, fa la hostess per l'Alitalia!
Anna: Che bello, è sempre in giro, allora?
Paolo: Sì, ma i viaggi sono stressanti e faticosi.
Andrea: Ma quanti anni ha?
Paolo: Ha ventotto anni, ma sembra più giovane!

Andrea: Sì, è vero!

Anna: Conosci anche tu Valeria?

Andrea: Sì, qualche volta viene con alcune amiche alle feste universitarie. Lei e le sue amiche sono molto simpatiche.

Anna: Ah! E forse sono anche molto carine!

Paolo – Andrea: Forse!

Vokabeln

alcune/i	einige
amicizia *f*	Freundschaft
amore *m*	Liebe
conosci (Infinitiv: **conoscere**)	du kennst
di solito	normalerweise
essere in giro	unterwegs sein
faticoso/a	anstrengend
forse	vielleicht
medicina *f*	Medizin
puntuale	pünktlich
qualche volta	manchmal
relazione *f*	Beziehung
sempre	immer
spesso	oft
stressante	stressig
ventotto	achtundzwanzig
viaggio *m*	Reise
Quanti anni ha?	Wie alt ist sie/er?

Grammatik

Die Pluralbildung der Adjektive

Die Adjektive werden nicht nur dem Genus, sondern auch dem Numerus des Substantivs angepasst.
Adjektive, die auf -a/-o enden, erhalten im Plural -e/-i.

l'albero alto *der große Baum*	gli alberi alti *die großen Bäume*
la casa bella *das schöne Haus*	le case belle *die schönen Häuser*

Adjektive, die auf -e enden, haben unabhängig vom Genus des zugehörigen Substantivs die Pluralendung -i.

l'esame *(m)* difficile die *schwierige Prüfung*	gli esami difficili *die schwierigen Prüfungen*

Übung 3:

Bilden Sie den Plural der folgenden Artikel, Substantive und Adjektive!

1. il fiore bianco ________________
2. la casa vecchia ________________
3. la turista giovane ________________
4. il libro rosso ________________
5. il dentista bravo ________________
6. la festa divertente ________________
7. la lezione noiosa ________________
8. la madre buona ________________
9. l'artista nervoso ________________
10. l'impiegata stanca ________________
11. lo studente attento ________________
12. il giardino grande ________________
13. il quadro caro (*teuer*) ________________
14. il ragazzo gentile ________________
15. la studentessa carina ________________

Übung 4:

Übersetzen Sie folgende Wörter und finden Sie das Lösungswort heraus!

1. Fest 2. sympathisch 3. rot 4. Zug 5. Studentin 6. Rucksack 7. Prüfung

1. □ _ _ _ _

2. _ □ _ _ _ _ _ _ _

3. □ _ _ _ _

4. _ _ □ _ _

5. _ _ _ _ _ □ _ _ _ _ _

6. □ _ _ _ _

7. _ _ _ _ □

Lösung: _ _ _ _ _ _ _

C Um eine Ausrede nie verlegen

Endlich kommt Paolos Freundin an. Sie wird schon ungeduldig erwartet.

Paolo: Ora telefono a Valeria e le chiedo dov'è!

Valeria: Aspetta Paolo, sono qui!

Paolo: Ah, Valeria, ciao! Tutto bene?!

Valeria: Sì, ciao. Scusa il ritardo, ora ti racconto!

Paolo: Sì, ma prima ti presento Anna.

Anna: Ciao, Valeria.

Valeria: Ciao Anna, ciao Andrea!

Andrea: Ciao, Valeria!

Paolo: Vuoi bere qualcosa?

Valeria: Oh sì, una coca-cola fredda, per favore!

Paolo: Sì, subito! Ecco, prego!

Valeria: Grazie. Allora, prima perdo il dieci, poi perdo il biglietto e così mi fanno la multa e infine incontro quattro conoscenti! Mi dispiace!

Paolo: Non fa niente!

Valeria: Andrea, come stai?

Andrea: Bene, grazie, ma è cara la multa?

Valeria: Eh, sì. Trenta euro!

Anna: Accidenti!

Valeria: Allora Paolo, cosa facciamo?

Paolo: Sei hai voglia, andiamo al cinema!

Valeria: Sì, volentieri. Venite anche voi?

Andrea: No, io non ho voglia di andare al cinema; e tu, Anna?

Anna: No, anch'io non ho voglia, grazie!

Paolo: Allora andiamo, il film inizia tra quindici minuti.

Valeria: Bene, ciao ragazzi!

Andrea – Anna: Ciao, buon divertimento!

Paolo: Ciao, grazie!

Vokabeln

amico *m*	Freund
amica *f*	Freundin
biglietto *m*	Ticket
conoscente *m/f*	Bekannte/r
fanno (Infinitiv: **fare**)	machen
fare amicizia	Freundschaft schließen

incontro (Infinitiv: **incontrare**)	ich treffe
perdere (Infinitiv: **perdere**)	ich verliere; hier: ich verpasse
il dieci *m*	der Bus Nummer 10
le	ihr
multa *f*	Geldstrafe
ora	jetzt
prima	zuerst
quindici	fünfzehn
subito	sofort
telefono (Infinitiv: **telefonare**)	ich rufe an
ti racconto (Infinitiv: **raccontare**)	ich erzähle dir
trenta	dreißig
Accidenti!	Donnerwetter!
Aspetta! (Infinitiv: **aspettare**)	Warte!
Buon divertimento!	Viel Spaß!
Mi dispiace! (Infinitiv: **dispiacersi**)	Es tut mir Leid!

Infobox

„Prego" oder „per favore?"

Per favore verwendet man, wenn man jemanden um etwas bittet:

Bsp.:

Il conto per favore. *Die Rechnung, bitte.*

Prego verwendet man hingegen, wenn man etwas für jemand anderen tut:

Bsp.:

Ecco il conto, prego! *Hier ist die Rechnung, bitte!*

Grammatik

Die Präposition „a"

Im Italienischen werden fast alle Präpositionen mit dem Artikel „verschmolzen".

Bei der Präposition a ergeben sich folgende Formen:

a + il	+ lo	+ l'(m)	+ l'(w)	+ la	+ i	+ gli	+ le
= al	allo	all'	all'	alla	ai	agli	alle

„a" als Orts- und Richtungsangabe (wo/wohin):

Sono a casa/letto.	*Ich bin zu Hause/ im Bett.*
Vado a casa/letto.	*Ich gehe nach Hause/ ins Bett.*
Abiti a Firenze.	*Du wohnst in Florenz*
Vai a Firenze.	*Du fährst nach Florenz.*

Im Gegensatz zum Deutschen gibt es im Italienischen also keine unterschiedlichen Präpositionen für *Wo?* und *Wohin?* Zwischen Ort und Richtung wird in der Wortfrage nicht unterschieden.

„a" als Angabe der Entfernung

a 10 metri dal museo	*10 m vom Museum entfernt*
a 2 chilometri da Monaco	*2 km von München entfernt*

„a" als Zeitangabe

A dopo!	*Bis später!*
A più tardi!	*Bis später!*
Alle 10:00!	*Um 10:00 Uhr!*
a Natale/Pasqua	*zu Weihnachten/Ostern*
a pranzo/cena	*zu Mittag/beim Abendessen*

„a", die Art und Weise beschreibend

andare a piedi	*zu Fuß gehen*
pasta al tonno	*Pasta mit Thunfisch*
tè alla pesca	*Pfirsichtee*
gelato alla fragola	*Erdbeereis*

„a" bei der Wiedergabe des Dativs

Anna scrive a sua madre.	*Anna schreibt ihrer Mutter.*
Il padre dà un bacio al figlio.	*Der Vater gibt seinem Sohn einen Kuss.*

„a" in distributiver Bedeutung

tre volte al giorno	*dreimal am Tag*
due volte alla settimana	*zweimal die Woche*
5 volte al mese	*fünfmal im Monat*
1 volta all'anno	*einmal im Jahr*

„a" in Verbindung mit bestimmten Verben

Riesco a imparare l'italiano.	*Ich kann Italienisch lernen.*
Credo a tua sorella.	*Ich glaube deiner Schwester.*
Inizio a studiare alle tre.	*Ich beginne um 15:00 Uhr zu lernen.*
Penso spesso a Paolo.	*Ich denke oft an Paolo.*
Telefono a Silvia.	*Ich rufe Silvia an.*
Gioco a tennis.	*Ich spiele Tennis.*

„a" steht außerdem immer zwischen „andare" und einem Verb im Infinitiv.

Vado a ballare.	*Ich gehe tanzen.*
Vado a dormire.	*Ich gehe schlafen.*

Die Präpositionen „tra" und „fra"

Tra und fra werden mit *in, zwischen* übersetzt und sind gleichbedeutend. Je nach der gefälligeren Betonung im jeweiligen Zusammenhang wählt man die passendere der beiden Präpositionen.

Bsp.:

Vengo tra/fra 15 minuti.	*Ich komme in 15 Minuten.*
La chiesa è tra/fra il museo e la biblioteca.	*Die Kirche liegt zwischen dem Museum und der Bibliothek.*

Infobox

Ecco

Ecco hat keine eindeutige Übersetzung.

Ecco il treno.	*Da ist der Zug.*
Ecco il libro.	*Da, hier hast du das Buch.*

Ecco wird auch in Verbindung mit Pronomen verwendet und verschmilzt dann mit diesen zu einem Wort:

Eccomi.	*Da bin ich.*
Eccoti.	*Da bist du ja.*

Die Zahlen von 1 bis 20

1 uno *eins*
2 due *zwei*
3 tre *drei*
4 quattro *vier*
5 cinque *fünf*
6 sei *sechs*
7 sette *sieben*
8 otto *acht*
9 nove *neun*
10 dieci *zehn*
11 undici *elf*
12 dodici *zwölf*
13 tredici *dreizehn*
14 quattordici *vierzehn*
15 quindici *fünfzehn*
16 sedici *sechszehn*
17 diciassette *siebzehn*
18 diciotto *achtzehn*
19 diciannove *neunzehn*
20 venti *zwanzig*

Übung 5:

Zählen Sie rückwärts!

1. 20 __________.
2. 19 __________.
3. 18 __________.
4. 17 __________.
5. 16 __________.
6. 15 __________.
7. 14 __________.
8. 13 __________.

9. 12 __________.

10. 11 __________.

11. 10 __________.

12. 9 __________.

13. 8 __________.

14. 7 __________.

15. 6 __________.

16. 5 __________.

17. 4 __________.

18. 3 __________.

19. 2 __________.

20. 1 __________.

Übung 6:

Füllen Sie die Lücken aus!

1. Maria va __________ scuola.

2. __________ scuola è __________ chiesa e __________ museo.

3. Maria è __________ scuola.

4. 11 è __________ 10 e 12.

5. Anna e Paolo sono __________ teatro.

6. Andrea non va __________ teatro.

7. Io vado spesso _____ casa con il bus.

8. Andrea e Paolo abitano _____ Firenze.

9. Vado due volte all'anno (im Jahr) _____ _____ Roma.

10. Andate spesso __________ Milano?

11. Il fratello di Giovanni vive in America, __________ Boston.

Übung 7:

Ergänzen Sie die richtige Präposition mit Artikel!

1. Vado __________ casa.

2. Andiamo __________ cinema?

3. Anna ed Andrea sono ancora _____ bar.

4. Andate spesso __________ ballare?

5. Ora telefono __________ Paolo!

6. Oggi c'è uno spettacolo (Vorstellung) nuovo __________ teatro!

7. Una volta volta __________ mese vado __________ giocare ___ tennis.

8. Dove andate? Andiamo _____ mare (Meer)!

9. Dove vivi? Vivo __________ Empoli, __________ Pisa e Firenze.

10. Quando andate __________ ballare?

11. Una volta _____ settimana andiamo __________ cinema.

Übung 8:

Übersetzen Sie!

1. Anna geht ans Meer.

____

2. Paolo und Andrea gehen oft Tennis spielen (giocare a tennis).

____

3. Die Kinder gehen zu Fuß in die Schule.

____

4. Wir gehen einmal die Woche ins Kino.

____

5. Wann geht ihr spazieren? (fare una passeggiata)

____

6. Paolo geht einmal im Monat schwimmen. (nuotare)

____

7. Die Eltern von (di) Maria gehen nie ins Theater.

____

8. Die Schwester von Maria geht einmal die Woche zum Italienischkurs. (corso d'italiano)

____

9. Zum Abendessen gehe ich oft ins Restaurant.

____

Übung 9:

Übersetzen Sie folgende Wörter und Ausdrücke!

1. schwimmen ___________________
2. Lust auf etwas haben ______________
3. cena _______________________
4. Frühstück ___________________
5. una volta al mese ________________
6. cognata _____________________
7. suocero _____________________
8. Nichte ______________________
9. Verwandte___________________

A Wir müssen einkaufen!

Paolo und Andrea haben in den letzten Tagen den Haushalt ein wenig vernachlässigt. Jetzt ist der Kühlschrank leer und es ist höchste Zeit einkaufen zu gehen.

Paolo: Il frigorifero è vuoto e io ho fame!
Andrea: È veramente vuoto?
Paolo: Certo! Che facciamo?
Andrea: Andiamo a fare la spesa!
Paolo: Ok., ma dove: al supermercato o al mercato?
Andrea: Andiamo prima al mercato della frutta e se poi ci serve ancora qualcosa andiamo al supermercato!
Paolo: Va bene! Prendo un paio di buste e andiamo.
Fruttivendolo: Buon giorno!
Paolo: Buon giorno, vorrei un chilo di banane!
Fruttivendolo: Mature o piuttosto verdi?
Paolo: Mature, per favore. Quanto costa un chilo di mele?
Fruttivendolo: Le mele rosse vanno a € 1,50 al chilo, e le verdi a € 1,20!
Paolo: Allora, prendo un chilo di mele rosse e mezzo chilo di quelle verdi!
Fruttivendolo: Bene, ecco! Desidera qualcos'altro?
Paolo: Ah, sì. Vorrei ancora un cestino di fragole, ma solo se sono veramente mature!
Fruttivendolo: Sì, sono molto mature e dolci e sono in offerta: un cestino costa solo 0.50 centesimi!
Andrea: Allora prendiamo due cestini, Paolo!
Paolo: Va bene! Allora, due cestini di fragole e tre limoni! Poi vorrei anche mezzo chilo di pomodori e tre zucchine! È tutto! Quanto viene?
Fruttivendolo: In tutto fanno € 7,60!
Paolo: Ecco € 8, non voglio il resto, prendo due kiwi, va bene?
Fruttivendolo: Certo! Arrivederci!
Paolo – Andrea: Arrivederci!
Andrea: La frutta di questo fruttivendolo ha un bell'aspetto e di solito anche un buon sapore.
Paolo: Già, di solito è davvero buona! Dobbiamo andare anche al supermercato?
Andrea: No! C'è sempre la fila alla cassa, e poi al supermercato non c'è molta roba fresca!
Paolo: Va bene! Ma io voglio lo yogurt!
Andrea: Allora vai tu e io resto qui!

Vokabeln

amaro/a	bitter
andare a fare la spesa	einkaufen gehen
bancarella *f*	Stand
busta *f*	Tüte
cassa *f*	Kasse
cestino *m*	Schale

4 Lebensmittel

chilo *m*	Kilo
ci serve (Infinitiv: **servire**)	wir brauchen
dolce	süß
fila *f*	Schlange
fare la fila	Schlange stehen
frigorifero (frigo) *m*	Kühlschrank
frutta *f*	Obst
fruttivendola *f*	Obstverkäuferin
fruttivendolo *m*	Obstverkäufer
grammo *m*	Gramm
insalata *f*	Salat
maturo/a	reif
mercato *m*	Markt
mercato della frutta *m*	Obstmarkt
mezzo chilo	halbes Kilo
pieno/a	voll
piuttosto	eher
quintale *m*	Doppelzentner
resto *m*	Rest
resto (Infinitiv: **restare**)	ich bleibe
sale *m*	Salz
sapore *m*	Geschmack
saporito/a	schmackhaft
se	wenn/ob
supermercato *m*	Supermarkt
tartufo *m*	Trüffel
tonnellata *f*	Tonne
verde	unreif
verdura *f*	Gemüse
vorrei	ich möchte/ hätte gerne
vuoto/a	leer
yogurt *m*	Jogurt
Desidera?	Sie wünschen?
Quanto costa?	Wie viel kostet es?
Va/vanno al chilo ...	Es kostet/Sie kosten pro Kilo ...

Infobox

Obst und Gemüse

aglio *m*	*Knoblauch*
albicocca *f*	*Aprikose*
ananas *m*	*Ananas*
anguria *f*	*Wassermelone*
arancia *f*	*Orange*
banana *f*	*Banane*
broccoli *pl*	*Brokkoli*
carciofo *m*	*Artischocke*
carota *f*	*Karotte*
cavolfiore *m*	*Blumenkohl*
cavolo rapa *m*	*Kohlrabi*
certriolo *m*	*Gurke*
ciliegia *f*	*Kirsche*
cipolla *f*	*Zwiebel*
fagiolo *m*	*Bohnen*
fungo *m*	*Pilz*
fragola *f*	*Erdbeere*
insalata *f*	*Salat*
limone *m*	*Zitrone*
mais *m*	*Mais*
mela *f*	*Apfel*
melanzana *f*	*Aubergine*
patata *f*	*Kartoffel*
pera *f*	*Birne*
pesca *f*	*Pfirsich*
piselli *pl/m*	*Erbsen*
prezzemolo *m*	*Petersilie*
prugna *f*	*Pflaume*
pomodoro *m*	*Tomate*
ravanello *m*	*Radieschen*
sedano *m*	*Sellerie*
uva *f*	*Traube*
zucchina *f*	*Zucchini*

Grammatik

Die Stellung der Adjektive

Adjektive stehen normalerweise nach den Substantiven, aber kurze und gebräuchliche können auch vorangestellt werden.
Bsp.:
il cane piccolo oder il piccolo cane
der kleine Hund

Wenn ein Substantiv durch zwei Adjektive beschrieben wird, stehen entweder beide nach

dem Substantiv und werden durch e verbunden oder das eine steht vor und das andere nach dem Substantiv.
Bsp.:
un cane piccolo e carino oder un piccolo cane carino *ein kleiner, hübscher Hund*

Folgende Adjektive müssen immer vor dem Substantiv stehen:
alle Ordnungszahlen (primo *erster*, secondo *zweiter …)*, altro/a *andere/r*, ultimo/a *letzte/r*

Alle Adjektive, die eine Nationalität, eine Religion oder eine Farbe bezeichnen, stehen immer nach dem Substantiv.
Bsp.:
la ragazza italiana *das italienische Mädchen*
la religione cattolica *die katholische Religion*
la macchina nera *das schwarze Auto*
Die Adjektive bello *schön* und buono *gut* haben eine Besonderheit: die Endung -o fällt bei maskulinen Substantiven weg.

Bsp.:
un buon sapore *ein guter Geschmack*
un bell'aspetto *ein gutes Aussehen*
un bel giardino *ein schöner Garten*

Diese Regel trifft allerdings nicht zu, wenn das Substantiv mit folgenden Buchstaben anfängt:
s + Konsonant, z, pn, ps, x, y
Bsp.:
un buono sposo *ein guter Bräutigam*
un bello zaino *ein schöner Rucksack*

Die Konjugation der regelmäßigen Verben auf -are

1. Konjugationsklasse
Im Italienischen gibt es drei Verbklassen, die man an der Endung der Verben im Infinitiv erkennt. Zur ersten Klasse gehören alle Verben, die auf -are enden.

Die Endungen im Präsens lauten:
io -o
tu -i
lui/lei -a
Lei -a
noi -iamo
voi -ate
loro -ano

Das Verb parlare sprechen

io parl-o	*ich spreche*
tu parl-i	*du sprichst*
lui/lei parl-a	*er/sie/es spricht*
Lei parl-a	*Sie sprechen*
noi parl-iamo	*wir sprechen*
voi parl-ate	*ihr sprecht*
loro parl-ano	*sie sprechen*

Das Verb mangiare essen

io mangi-o	*ich esse*
tu mang-i	*du isst*
lui/lei mangi-a	*er/sie/es isst*
Lei mangi-a	*Sie essen*
noi mang-iamo	*wir essen*
voi mangi-ate	*ihr esst*
loro mangi-ano	*sie essen*

Infobox

Gegenteile

alto/a	*groß*	basso/a	*klein*
aperto/a	*offen*	chiuso/a	*geschlossen*
attento/a	*aufmerksam*	distratto/a	*unaufmerksam*
bagnato/a	*nass*	asciutto/a	*trocken*
bello/a	*schön*	brutto/a	*hässlich*
caldo/a	*warm*	freddo/a	*kalt*
chiaro/a	*hell*	scuro	*dunkel*
diligente	*fleißig*	pigro/a	*faul*
dolce	*süß*	agro/a	*sauer*
maturo/a	*reif*	verde	*unreif*
pesante	*schwer*	leggero/a	*leicht*
piccolo/a	*klein*	grande	*groß*
presto	*früh*	tardi	*spät*
facile	*einfach*	difficile	*schwierig*
scaltro/a	*schlau*	stupido/a	*dumm*

4 Lebensmittel

Übung 1:

Konjugieren Sie die Verben!

1. amare *lieben*

____

____

____

____

____

____

____

____

2. telefonare *telefonieren*

____

____

____

____

____

____

____

____

____

Übung 2:

Füllen Sie die Lücken mit der richtigen Verbform im Präsens!

1. Anna __________ (mangiare) una mela.
2. Paolo __________ (comprare) la frutta.
3. Io __________ (telefonare) a mia madre.
4. Noi __________ (chiamare) domani.
5. Tu __________ (pensare) troppo (*zu viel*)!
6. Cosa __________ (voi – comprare) al mercato?
7. Io __________ (imparare) lo spagnolo.
8. I bambini __________ (mangiare) a scuola.
9. Quando __________ (festeggiare (*feiern*) il compleanno, Carla?
10. Una volta alla settimana __________ (io-comprare) la verdura al mercato.
11. Voi __________ (fumare (*rauchen*)) troppo.
12. Anna __________ (non-amare) Paolo.
13. La mamma __________ (amare) i figli.
14. Tra un mese Maria __________ (iniziare) a giocare a tennis.
15. Chi _____ (giocare a carte) con me?

Übung 3:
Übersetzen Sie!

1. Ich gehe zum Markt einkaufen.

____

2. Ihr kauft immer viel Obst auf dem Markt.

____

3. Sie spielen einmal die Woche Tennis.

____

4. Die Kinder essen ein Zitroneneis.

____

5. Wir feiern mit einer Flasche Wein.

____

6. Guten Tag, ich hätte gerne zwei Kilo Tomaten und ein Kilo rote Paprika (peperoni).

____

Übung 4:
Setzen Sie zu den folgenden Substantiven das passende Adjektiv ein!
Achten Sie dabei auf die richtige Stellung und Endung!

1. il bambino – bravo

____

2. la figlia – primo

____

3. lo zoo – bello

____

4. il ragazzo – intelligente

____

5. la bandiera (*Fahne*) – giallo

____

6. la suora (*Nonne*) – cattolico

____

7. la classe – secondo

____

8. i fruttivendoli – simpatico

____

9. le macchine – arancione

____

B Beim Bäcker und beim Metzger

Paolo und Andrea möchten heute Abend ein Essen geben. Sie brauchen noch Brot und Fleisch.

Beim Bäcker

Andrea: Ci servono ancora il pane e la carne.
Paolo: Allora andiamo prima dal panettiere e poi dal macellaio.
Andrea: Ok., andiamo.
Andrea-Paolo: Buon giorno!
Panettiere: Buon giorno, cosa volete?
Andrea: Vorremmo un chilo di pane e quattro panini.

Paolo: Prendiamo anche due etti di pasta fresca!

Andrea: Buona idea!

Panettiere: Bene, è veramente fresca! Desiderate altro?

Paolo: No, grazie, è tutto. Quanto fa?

Panettiere: In tutto fa € 5,00!

Andrea: Ecco, a Lei!

Panettiere: Grazie, arrivederci!

Andrea-Paolo: Arrivederci!

Beim Metzger

Andrea: Andiamo dal macellaio!

Paolo: Sì, ma cosa prendiamo?

Andrea: Vediamo se ha qualcosa di fresco!

Macellaio: Buon giorno!

Andrea-Paolo: Buon giorno! Cosa ha di fresco?

Macellaio: Le bistecche di maiale sono fresche e buone!

Andrea: Allora, prendiamo mezzo chilo di bistecche da fare alla griglia e tre etti di carne macinata!

Paolo: Perché prendi la carne macinata?

Andrea: Per il ragù!

Paolo: Ah, va bene!

Macellaio: Desiderate altro?

Andrea: Paolo, vuoi ancora qualcosa?

Paolo: No, va bene così!

Macellaio: Allora viene € 8,50!

Paolo: Ecco a Lei!

Macellaio: Grazie e arrivederci!

Andrea: Ah no, scusi, ma ci servono anche le uova!

Macellaio: Quante?

Paolo: Sei!

Macellaio: Bene, ecco sei uova! Fa € 1,20!

Andrea-Paolo: Arrivederci!

Macellaio: Arrivederci!

Paolo: Andrea, vorrei ancora un po' di prosciutto e un paio di mozzarelle. Andiamo dal salumiere?

Andrea: Sì, perché no?

Salumiere: Buon giorno!

Andrea-Paolo: Buon giorno. Vorremmo 2 etti di prosciutto crudo e quattro mozzarelle.

Salumiere: Quale prosciutto?

Andrea: Uno dolce, ma sottile per favore!

Salumiere: Bene! Le mozzarelle, purtroppo sono finite. Vanno bene anche i bocconcini?

Paolo: Se sono freschi, sì!

Salumiere: Sì, sono freschissimi! Ecco a voi. In tutto fa € 5,20.

Andrea: Ecco a Lei! Arrivederci!

Salumiere: Grazie e arrivederci!

Vokabeln

agnello *m*	Lamm
bistecca *f*	Steak
bue *m*	Ochse

carne macinata *f*	Hackfleisch
carne *f*	Fleisch
cinghiale *m*	Wildschwein
comprare	kaufen
costata *f*	Rippenstück
dolce	süß
etto *m*	100 Gramm
fagiano *m*	Fasan
focaccia farcita *f*	gefüllte Pizza
formaggio *m*	Käse
fresco/a	frisch
gallina *f*	Henne
latte *m*	Milch
lombo *m*	Lende
macellaio *m*	Metzger
macelleria *f*	Metzgerei
maiale *m*	Schwein
manzo *m*	Rindfleisch
morbido/a	weich (auch bei Käse)
mortadella *f*	Mortadella
mozzarella *m*	Mozzarella
oca *f*	Gans
pane *m*	Brot
pane bianco *m*	Weißbrot
panettiere *m*	Bäcker
panino *m*	Brötchen
pasta fresca *f*	frische Nudeln
pollo *m*	Huhn
prosciutto cotto *m*	gekochter Schinken
prosciutto crudo *m*	roher Schinken
ragù *m*	Hackfleischsoße
ricotta *f*	Ricotta
salame *m*	Salami
salato/a	salzig
salsiccia *f*	Wurst
salumiere *m*	Wurstwarenverkäufer
sottile	dünn (geschnitten)
spesso/a	dick (geschnitten)
spezzatino *m*	Geschnetzeltes
stagionato/a	reif (bei Käse)
tacchino *m*	Truthahn
uovo *m*	Ei
Va bene?	Ist es in Ordnung?
Vorremmo … (Infinitiv: **volere**)	Wir hätten gern …

Infobox

Die Aussprache von Preisen
€ 3,10: tre Euro e dieci (centesimi *Cents*)
€ 8,50: tre Euro e cinquanta (centesimi *Cents*)

Grammatik

Die Präposition „da" *zu/bei*

Man verwendet da, um auszudrücken, dass man bei jemandem ist bzw. zu jemandem gehen möchte. Auch da kann mit einem bestimmten Artikel verschmolzen werden:

da	+ il	+ lo	+ l'(m)	+ l'(w)	+ la	+ i	+ gli	+ le
=	dal	dallo	dall'	dall'	dalla	dai	dagli	dalle

„da" – Übersetzung mit bei/zu

Vado da Paolo.	*Ich gehe zu Paolo.*
Sono da Paolo.	*Ich bin bei Paolo.*
Vengo da te domani.	*Morgen komme ich zu dir.*
Sono da te fino a domani.	*Ich bin bis morgen bei dir.*
Piove da voi?	*Regnet es bei euch?*
No, da noi c'è il sole!	*Nein, bei uns ist es sonnig.*
Oggi vado/sono dal dentista.	*Heute gehe ich zum Zahnarzt.*
Paolo è dal salumiere.	*Paolo ist beim Metzger.*
Paolo va dal salumiere.	*Paolo geht zum Metzger.*
I bambini sono dalla mamma.	*Die Kinder sind bei der Mutter.*
I bambini vanno dalla mamma.	*Die Kinder gehen zur Mutter.*

„da" – Übersetzung mit aus/ab

Vengo da Firenze.	*Ich komme aus Florenz.*
L'aereo da Roma.	*Das Flugzeug aus Rom.*
Da domani non fumo.	*Ab morgen rauche ich nicht mehr.*

Dal prossimo mese arrivo puntuale.	*Ab nächstem Monat werde ich pünktlich sein.*
Dalla prossima settimana mangio solo frutta!	*Ab nächster Woche esse ich nur noch Obst!*

„da" – Übersetzung mit seit

Da ieri non fumo.	*Seit gestern rauche ich nicht mehr.*
Fumo da 15 anni.	*Ich rauche seit 15 Jahren.*

„da" – Übersetzung mit von – bis

Dalle 8:00 alle 12:00.	*Von 8:00 Uhr bis 12:00 Uhr.*
Da lunedì a venerdì.	*Von Montag bis Freitag.*
Da mattina a sera.	*Von morgens bis abends.*
Da gennaio a settembre.	*Von Januar bis September.*

„da" – Übersetzung als Zweck

macchina da corsa	*Rennwagen*
scarpe da tip tap	*Steppschuhe*

Infobox

„Etto" oder „grammo"?
Bei Lebensmitteln, die in kleineren Mengen verkauft werden (bis zu einem Kilo), spricht man von etto *100g* und nicht von grammi *Gramm.*
Bsp.:
due etti di prosciutto *200g Schinken*
un etto e mezzo di mortadella *150g Mortadella*

Die Wochentage

lunedì	*Montag*
martedì	*Dienstag*
mercoledì	*Mittwoch*
giovedì	*Donnerstag*
venerdì	*Freitag*
sabato	*Samstag*
domenica	*Sonntag*

Die Monate

gennaio	*Januar*
febbraio	*Februar*
marzo	*März*
aprile	*April*
maggio	*Mai*
giugno	*Juni*
luglio	*Juli*
agosto	*August*
settembre	*September*
ottobre	*Oktober*
novembre	*November*
dicembre	*Dezember*

Infobox

Monate und Tage werden im Italienischen klein geschrieben. Außer „domenica" sind sie alle maskulin.
Achtung:

am Montag	*lunedì*
montags	*il lunedì*
Freitag Abend	*venerdì sera*
eines Freitags	*un venerdì*
jeden Freitag	*ogni venerdì*
freitags	*di venerdì*

Übung 5:

Schreiben Sie folgende Preise aus!

1. € 1,11 ______________________
2. € 3,14 ______________________
3. € 5,05 ______________________
4. € 5,20 ______________________
5. € 6,17 ______________________
6. € 7,16 ______________________
7. € 9,02 ______________________

Übung 6:

Übersetzen Sie folgende Wörter und enträtseln Sie das Lösungswort!

1. Donnerstag 2. Mittwoch 3. Mai 4. Woche
5. November 6. Montag 7. Dezember 8. April

1. _ _ _ _ _ □ _

2. _ _ _ _ □ _ _ _ _

3. □ _ _ _ _ _

4. _ □ _ _ _ _ _ _ _

5. □ _ _ _ _ _ _ _

6. _ _ _ _ _ □

7. _ _ □ _ _ _ _ _

8. □ _ _ _ _ _

Lösung: _ _ _ _ _ _ _ _

Grammatik

Die Zahlen von 21 bis 2000

21 ventuno	22 ventidue
23 ventitre	24 ventiquattro
25 venticinque	26 ventisei
27 ventisette	28 ventotto
29 ventinove	30 trenta
40 quaranta	41 quarantuno
50 cinquanta	52 cinquantadue
60 sessanta	63 sessantatre
70 settanta	74 settantaquattro
80 ottanta	85 ottantacinque
90 novanta	96 novantasei
100 cento	101 centouno
110 centodieci	111 centoundici
120 centoventi	130 centotrenta
200 duecento	300 trecento
400 quattrocento	500 cinquecento
1000 mille	2000 duemila

Übung 7:

Übersetzen Sie!

1. Ich kaufe beim Metzger 300 g Fleisch, 150 g Schinken und 5 Eier.

_ _

2. Wir hätten gern drei Mozzarella und 1 Kilo Ricotta.

_ _

3. Am Montag kaufe ich das Obst.

_ _

4. Wo kauft ihr das Gemüse ein?

_ _

Übung 8:

Schreiben Sie die Zahlen aus bzw. finden Sie die Ziffern!

1. 60 _

2. 74 _

3. 85 _

4. 29 _

5. 500 _

6. centoundici _ _ _ _ _ _ _ _ _ _ _ _ _ _ _ _ _ _

7. settecento _ _ _ _ _ _ _ _ _ _ _ _ _ _ _ _ _ _ _

8. mille _

9. duemila _

5 Kleidung

A Im Schuhgeschäft

Anna ist auf einem Einkaufsbummel in einem Schuhgeschäft und sucht nach einem schicken Paar Schuhe. Es muss genau zu ihrer neuen Handtasche passen.

Anna: Buon giorno, senta vorrei delle scarpe bordeaux!

Commessa: Buon giorno! Sì, come le vuole? Aperte o chiuse?

Anna: Chiuse!

Commessa: Bene! Le scarpe chiuse sono in questo reparto. Che numero porta?

Anna: Porto il 38!

Commessa: Ah, ecco! Il numero 38 inizia qui. Vediamo se c'e un paio bordeaux!

Anna: Queste mi piacciono!

Commessa: Ah, bene, allora prego!

Anna: Sì, provo queste. Ah, peccato!

Commessa: Non le vanno?

Anna: No, mi fanno un po' male! C'è anche il 39?

Commessa: Un momento, vado a vedere!

Anna: Grazie!

Commessa: No, purtroppo, non c'è il 39. Vuole vedere un altro modello?

Anna: Sì, volentieri!

Commessa: Secondo me anche queste sono belle, vuole provarle?

Anna: No, hanno il tacco troppo alto!

Commessa: Allora, queste!

Anna: No, sono troppo sportive! Mi scusi, ma ho dei gusti un po' particolari!

Commessa: Si figuri! Non è assolutamente un problema!

Anna: Ah, queste mi piacciono, speriamo bene!

Commessa: Bene, vuole provarle?

Anna: Sì, certo! Ah, bene queste mi stanno bene. Posso camminare un po'?

Commessa: Certo, prego!

Anna: Sì, sono comode e molto belle. Mi piacciono, le prendo!

Commessa: Bene, desidera anche il lucido per scarpe?

Anna: Sì, grazie!

Commessa: Ecco a Lei! Fanno € 85,00!

Anna: Sì, posso pagare anche con la carta bancomat?

Commessa: Sì!

Anna: Ah, meno male!

Commessa: Bene, ecco può digitare il codice, per favore?

Anna: Sì, certo! Grazie della Sua pazienza e arrivederci!

Commessa: Buona giornata. Arrivederci!

Vokabeln

andare bene	gut passen
aperto/a	offen
banconota *f*	Geldschein
camminare	laufen
carta bancomat *f*	EC-Karte
chiuso/a	geschlossen

ciabatta *f*	Hausschuh
codice *m*	Code
comodo/a	bequem
contanti *m/pl*	Bargeld
digitare	eingeben
elegante	elegant
gusto *m*	Geschmack
lacci per le scarpe *m/pl*	Schnürsenkel
largo/a	breit/groß
lucido per scarpe *m*	Schuhkreme
mettere le scarpe	Schuhe anziehen
modello *m*	Modell
moneta *f*	Münze
numero *m*	Nummer
pagare	zahlen
pagare in contanti	bar zahlen
paio *m*	Paar
pantofola *f*	Pantoffel
particolare	besondere/r/s
provare	anprobieren/versuchen
pulire le scarpe	Schuhe putzen
reparto *m*	Abteilung
sandali *m/pl*	Sandalen
scarpa *f*	Schuh
scarpa da donna *f*	Damenschuh
scarpa da uomo *f*	Herrenschuh
scarpe alte *f/pl*	Schuhe mit hohem Absatz
scarpe basse *f/pl*	Schuhe mit niedrigem Absatz
scarpe da ginnastica *f/pl*	Turnschuhe
scomodo/a	unbequem
soldi *m/pl*	Geld
spiccioli *m/pl*	Kleingeld
sportivo/a	sportlich
stivali *m/pl*	Stiefel
stretto/a	eng
suola *f*	Sohle
tacco *m*	Absatz
troppo	zu viel
troppo poco	zu wenig
vedere	sehen/schauen
Che numero porta?	Welche Schuhgröße haben Sie?

Le prendo!	Ich nehme sie!
Le scarpe stringono un po'.	Die Schuhe drücken ein wenig.
Mi piacciono.	Sie gefallen mir.
Mi piace.	Es gefällt mir.
Mi scusi.	Entschuldigen sie mich.
Posso? (Infinitiv: potere)	Darf ich?
Peccato!	Schade!
Secondo me ...!	Meiner Meinung nach ...!
Si figuri!	Es ist doch kein Problem!/Nichts zu danken!

Grammatik

Der Teilungsartikel

Der Teilungsartikel wird mit der Präposition di und dem bestimmten Artikel gebildet.
Damit kann man unbestimmte Mengen ausdrücken. Im Deutschen gibt es keine Entsprechung.

di + il	+ lo	+ l'(m)	+ l'(w)	+ la	+ i	+ gli	+ le
= del	dello	dell'	dell'	della	dei	degli	delle

Bsp.:

Vorrei delle scarpe.	*Ich hätte gern ein Paar Schuhe.*
Vorrei della frutta.	*Ich hätte gern ein bisschen Obst.*
Compro del pane.	*Ich kaufe etwas Brot.*
Domani compro dei libri per la scuola.	*Morgen kaufe ich einige Bücher für die Schule.*

Die zweite Konjugationsklasse

Zur zweiten Konjugationsklasse gehören alle Verben, die auf -ere enden:

Hier lauten die Endungen wie folgt:

io	-o
tu	-i
lui/lei/Lei	-e
noi	-iamo
voi	-ete
loro	-ono

Das Verb prendere *nehmen*

io prend-o	*ich nehme*
tu prend-i	*du nimmst*
lui/lei prend-e	*er/sie/es nimmt*
Lei prend-e	*Sie nehmen*
noi prend-iamo	*wir nehmen*
voi prend-ete	*ihr nehmt*
loro prend-ono	*sie nehmen*

Das Verb vendere *verkaufen*

io vend-o	*ich verkaufe*
tu vend-i	*du verkaufst*
lui/lei vend-e	*er/sie/es verkauft*
Lei vend-e	*Sie verkaufen*
noi vend-iamo	*wir verkaufen*
voi vend-ete	*ihr verkauft*
loro vend-ono	*sie verkaufen*

Übung 1:

Kreuzen Sie den richtigen Satz an! Lesen Sie den Dialog noch einmal genau!

1. a) Anna compra un paio di scarpe. ☐
   b) Anna compra un paio di stivali. ☐
2. a) La commessa è paziente. ☐
   b) La commessa non è paziente. ☐
3. a) Anna porta il numero 41. ☐
   b) Anna porta il numero 38. ☐
4. a) Anna compra delle scarpe. ☐
   b) Anna compra degli stivali. ☐
5. a) Anna può pagare con la carta bancomat. ☐
   b) Anna non può pagare con la carta bancomat. ☐

Übung 2:

Ergänzen Sie die Sätze, indem Sie die Verben in Klammern konjugieren!

1. Anna __________ le scarpe. (vedere)
2. Andrea __________ la macchina. (vendere)
3. Anna e Paolo __________ ad Andrea se vuole un gelato. (chiedere – *fragen)*
4. Dove __________, ragazzi? (vivere)
5. I miei genitori __________ ancora a Napoli. (vivere)
6. Andrea, da quanto tempo __________ a Firenze? (vivere)
7. __________ a Paolo se viene al cinema con noi! (noi -chiedere)
8. Chi __________ la porta, per favore? (chiudere – schließen)

Übung 3:

Übersetzen Sie!

1. Ich nehme einen Kaffee.

__________________________.

2. Er schließt das Fenster.

__________________________.

3. Wir sehen eine Katze.

__________________________.

4. Sie leben in Rom.

_ _.

5. Ihr seht die Stiefel.

_ _.

6. Wann siehst du Anna?

_ _?

B Dies oder das?

Paolo hat Silvia gebeten, ihm beim Einkaufen zu helfen. Er braucht eine neue Hose und ein paar Hemden. Silvia hat auch etwas entdeckt.

Paolo: Grazie, Silvia!
Silvia: Di cosa?
Paolo: Di venire con me a fare spese! Ho bisogno di un paio di cose, perché domani parto per il mare con Andrea!
Silvia: Ah, andate al mare, che bello! Comunque a me piace fare shopping!
Paolo: Bene, allora entriamo in quel negozio di abbigliamento maschile.
Silvia: Non ha solo abbigliamento maschile, ma anche femminile. È un negozio molto carino, ma un po' caro!
Paolo: Vediamo!
Commesso: Buon giorno! Posso aiutarvi?
Paolo: No, grazie. Vogliamo dare un'occhiata!
Commesso: Certo!
Silvia: Cosa cerchi, camicie o pantaloni?
Paolo: Mah, le camicie!
Silvia: Guarda! Ti piace questa camicia azzurra?
Paolo: No, è troppo chiara. Preferisco un colore scuro!
Silvia: Allora, che ne dici di questa rossa?
Paolo: Sì, questa è davvero bella! La prendo!
Commesso: Prende questa camicia?
Paolo: Sì, ma non so se la taglia è giusta!
Commesso: Vediamo! Lei porta la 50, vero?
Paolo: Sì, esatto, ma come fa a saperlo?
Commesso: È il mio lavoro! Sì, ecco questa è la taglia giusta, prego!
Paolo: Oh, grazie tante. Ha anche una camicia nera di cotone?
Commesso: Sì, la prendo subito! Ah, eccola!
Paolo: Silvia, ti piace?
Silvia: Ah, sì!
Paolo: Bene, allora prendo anche questa!
Commesso: Perfetto!
Silvia: Paolo, guarda questi pantaloni a righe, ti piacciono?
Paolo: Non lo so. Sì, perché no? Sono molto moderni e anche il materiale mi piace! Li prendo!
Commesso: Questi pantaloni vanno a ruba, perché sono moderni, ma né sportivi, né eleganti e, soprattutto, non bisogna stirarli!

Paolo: Ah, bene! Silvia, guarda questa gonna di pelle, ti piace?
Silvia: È bellissima, ma costa sicuramente molto!
Commesso: È una gonna molto bella e costosa, è vero, ma ora è in offerta! Vuole provarla?
Silvia: Sì, volentieri! Porto la 42!
Commesso: Ecco a Lei!
Silvia: Grazie!
Paolo: Ehi, ti sta benissimo!
Silvia: Sì, mi piace molto. Quanto costa?
Commesso: Il prezzo normale è di € 220, ma ora costa solo € 160!
Silvia: È ancora un po' cara, ma la prendo, mi piace molto!
Commesso: Benissimo!
Silvia: Grazie, Paolo!
Paolo: So che ti piace l'abbigliamento in pelle!
Silvia: Eh sì.

Vokabeln

a quadri	kariert
a righe	gestreift
abbigliamento femminile *m*	Damenbekleidung
abbigliamento maschile *m*	Herrenbekleidung
abito *m*	Anzug, Kleid
bellissimo/a	sehr schön
borsa *f*	Tasche
calzini *m/pl*	Socken
calzoni *m/pl*	Hosen
camicetta *f*	Bluse
camicia *f*	Hemd
cappotto *m*	Mantel
caro/a	teuer
cinta *f*	Gürtel
cintura *f*	Gürtel
conveniente	günstig
costoso/a	teuer
cravatta *f*	Krawatte
economico/a	billig
fare shopping	einen Einkaufsbummel machen
fare spese	Einkäufe machen
giacca *f*	Jacke/Sakko
giusto/a	richtig
gonna *f*	Rock
impermeabile *m*	Regenmantel
in offerta	im Angebot
jeans *m/pl*	Jeanshose
lana *f*	Wolle
maglietta *f*	T-Shirt
maglione *m*	Pullover
minigonna *f*	Minirock
moderno/a	modern
mutanda *f*	Unterhose
negozio di abbigliamento *m*	Bekleidungsgeschäft
pantaloni *m/pl*	Hosen
partire	abfahren
portare	tragen
preferisco (Infinitiv: **preferire**)	bevorzugen
prezzo *m*	Preis
reggiseno *m*	Büstenhalter
sciarpa *f*	Schal
soprattutto	vor allem
stare bene	gut passen
stare male	nicht gut passen
stirare	bügeln
taglia *f*	Größe
vestito *m*	Anzug/Kleid
vogliamo (Infinitiv: **volere**)	wir wollen
Porto la 42.	Ich trage Größe 42.
Posso aiutarvi?	Kann ich euch helfen?

Ti sta benissimo.	Es steht dir sehr gut.
Che ne dice?	Was halten Sie davon?
Vuole provarla?	Möchten Sie sie anprobieren?

Grammatik

Die dritte Konjugationsklasse

Zur dritten Konjugationsklasse gehören alle Verben, die auf -ire enden:

Hier lauten die Endungen wie folgt:

io	-o
tu	-i
lui/lei/Lei	-e
noi	-iamo
voi	-ite
loro	-ono

Das Verb partire *abfahren*

io part-o	*ich fahre ab*
tu part-i	*du fährst ab*
lui/lei part-e	*er/sie/es fährt ab*
Lei part-e	*Sie fahren ab*
noi part-iamo	*wir fahren ab*
voi part-ite	*ihr fahrt ab*
loro part-ono	*sie fahren ab*

Das Verb offrire *anbieten*

io offr-o	*ich biete an*
tu offr-i	*du bietest an*
lui/lei offr-e	*er/sie/es bietet an*
Lei offr-e	*Sie bieten an*
noi offr-iamo	*wir bieten an*
voi offr-ite	*ihr bietet an*
loro offr-ono	*sie bieten an*

Besonderheiten einiger Verben, die auf -ire enden

Es gibt eine Art Unterklasse der Verben, die auf -ire enden. Diese Verben muss man lernen! Sie erhalten zwischen dem Wortstamm und dem Suffix die Zusammensetzung -isc-. Dies geschieht nur bei der 1., 2. und 3. Pers. Singular sowie der 3. Pers. Plural. Die 1. und 2. Person Plural werden wie partire konjugiert.

Das Verb preferire *bevorzugen*

io prefer-isc-o	*ich bevorzuge*
tu prefer-isc-i	*du bevorzugst*
lui/lei prefer-isc-e	*er/sie/es bevorzugt*
Lei prefer-isc-e	*Sie bevorzugen*
noi prefer-iamo	*wir bevorzugen*
voi prefer-ite	*ihr bevorzugt*
loro prefer-isc-ono	*sie bevorzugen*

Das Verb capire *verstehen*

io cap-isc-o	*ich verstehe*
tu cap-isc-i	*du verstehst*
lui/lei cap-isc-e	*er/sie/es versteht*
Lei cap-isc-e	*Sie versteht*
noi cap-iamo	*wir verstehen*
voi cap-ite	*ihr versteht*
loro cap-isc-ono	*sie verstehen*

Unbetonte und betonte indirekte Objektpronomen

Die unbetonten (schwachen) und betonten (starken) indirekten Objektpronomen entsprechen dem deutschen Dativ (Wem?).

	unbetont		betont
io	mi	*mir*	a me
tu	ti	*dir*	a te
lui	gli	*ihm*	a lei
lei	le	*ihr*	a lui
Lei	Le	*Ihnen*	a Lei
noi	ci	*uns*	a noi
voi	vi	*euch*	a voi
loro	gli	*ihnen*	a loro

Die unbetonten indirekten Objektpronomen werden verwendet, wenn das Pronomen nicht betont werden soll.

In der Regel stehen sie nicht mit einer Präposition in Verbindung.

Sie befinden sich unmittelbar vor dem Verb oder werden an das Verb angehängt.

Die betonten indirekten Pronomen stehen sowohl vor dem Verb als auch vor dem Subjekt.

Die Verneinung non steht vor den betonten aber nach den unbetonten indirekten Pronomen. Die Wahl zwischen den unbetonten oder den betonten Objektpronomen hängt vom Kontext ab.

Bsp. mi/a me

Mi piace il rosso.	*Mir gefällt das Rot.*
A me non piace il gelato.	*Mir schmeckt das Eis nicht.*

Bsp.: Vi/a voi

Vi piace l'appartamento?	*Gefällt euch die Wohnung?*
Non vi piace l'appartamento?	*Gefällt euch die Wohnung nicht?*

Übung 4:

Kreuzen Sie die richtige Antwort an! Lesen Sie den Dialog noch einmal genau durch!

	richtig	falsch
1. Silvia e Paolo vanno a fare spese.	☐	☐
2. Paolo compra quattro camicie.	☐	☐
3. Silvia compra una gonna di cotone.	☐	☐
4. Paolo compra dei pantaloni rossi.	☐	☐
5. La gonna di pelle costa € 250.	☐	☐
6. Paolo compra una camicia rossa.	☐	☐
7. Il negozio ha solo abbigliamento maschile.	☐	☐

Übung 5:

Konjugieren Sie!

unire *verbinden*

io ________________________

tu ________________________

lui/lei ________________________

Lei ________________________

noi ________________________

voi ________________________

loro ________________________

mentire *lügen*

io________________________

tu ________________________

lui/lei________________________

Lei ________________________

noi ________________________

voi ________________________

loro ________________________

Übung 6:

Füllen Sie die Lücken mit den passenden indirekten Pronomen!

1. Quando _________ telefoni? (io)

2. _ _ _ _ _ piace il gelato al limone? (tu)

3. _ _ _ _ _ _ _ _ _ _ non piace il film,

e _ _ _ _ _ _ _ _ _ _? (noi-voi)

C Im Fachgeschäft

Das Wochenende soll heiß und sonnig werden. Silvia möchte einen neuen Badeanzug kaufen.

Paolo: Preferisci il costume intero o uno a due pezzi?

Silvia: Mah, veramente mi piace molto il due pezzi!

Paolo: Ah, che ne dici di quello?

Silvia: Sì, è bello, ma vorrei un colore un po' particolare!

Paolo: Chiediamo alla commessa?

Silvia: No, aspetta! Guarda, questo mi piace.

Paolo: Sei sicura?

Silvia: Perché?

Paolo: Questo costume è completamente trasparente, guarda il manichino!

Silvia: Oh, è vero! No, allora no!

Paolo: Questo rosso scuro mi sembra molto carino, ti piace?

Silvia: Sì, ora cerco la taglia giusta! Ah, eccola!

Commessa: Salve, posso aiutarvi?

Silvia: Sì, grazie. Voglio provare questo costume! Dov'è la cabina?

Commessa: Ah, bene! La cabina è lì. Poi può pagare alla cassa!

Silvia: Ok. Ora cerchiamo l'accappatoio per te!

Paolo: Sì, voglio un accappatoio morbido e grande.

Silvia: Bene! Andiamo al piano di sopra nel reparto giusto!

Paolo: Guarda, questo è davvero molto bello!

Silvia: Ma costa € 110!

Vokabeln

abbastanza	ziemlich/genug
accappatoio *m*	Bademantel
asciugamano *m*	Handtuch
asciugamano *m* **da bagno**	Badehandtuch
cabina *f*	Umkleidekabine
cassa *f*	Kasse
completamente	ganz
costume *m*	Badeanzug
costume a due *m* **pezzi**	zweiteiliger Badeanzug, Bikini
costume intero *m*	einteiliger Badeanzug
cuffia da bagno *f*	Badehaube
duro/a	hart
fare il bagno	baden
manichino *m*	Schaufensterpuppe
mi sembra (Infinitiv: sembrare)	es scheint mir
morbido/a	weich
per te	für dich
piano *m*	Stockwerk

quello/a	jene/r/s
sicuro/a	sicher
torno (Infinitiv: **tornare**)	ich komme zurück
trasparente	transparent
valigia *f*	Koffer
vestaglia *f*	Morgenrock
voglio (Infinitiv: **volere**)	ich will
Andiamo al piano di sopra!	Gehen wir hinauf!
Buon lavoro!	Gute Arbeit!
No, allora no!	Nein, dann nicht!

Grammatik

Die Besonderheit der Pluralbildung der Substantive auf -cia und -gia

Die Substantive, die auf -cia oder -gia enden, bilden den Plural wie folgt:

-cia wird zu -ce,
wenn vor dem Suffix ein Konsonant steht
(arancia → arance)

-cia wird zu -cie,
wenn vor dem Suffix ein Vokal steht
(camicia → camicie)

-gia wird zu -gie,
wenn vor dem Suffix ein Vokal steht
(valigia → valigie)

-gia wird zu -ge,
wenn vor dem Suffix ein Konsonant steht
(spiaggia *Strand* → spiagge)

Die Demonstrativpronomen „questo" und „quello"

Es gibt Demonstrativadjektive und Demonstrativpronomen. Die ersten fungieren als Adjektive, während die anderen das Substantiv ersetzen. Beide passen sich dem Genus und Numerus des Substantivs an.

Bsp.:
Questa pianta mi piace.
Diese Pflanze gefällt mir. (Demonstrativadjektiv)
Ma questa no.
Aber diese nicht. (Demonstrativpronomen)

Questo/a *diese/r/s* bezieht sich, wie im Deutschen, auf einen Gegenstand in der Nähe des Sprechenden.

questo libro/questi libri *dieses Buch/diese Bücher*
questo zio/questi zii *dieser Onkel/diese Onkel*
quest'amico/questi amici *dieser Freund/diese Freunde*
questa casa/queste case *dieses Haus/diese Häuser*

Quello/a *jene/r/s* bezieht sich, wie im Deutschen, auf einen Gegenstand, der weiter weg vom Sprechenden ist.
Das Demonstrativadjektiv verhält sich vor den Substantiven wie der bestimmte Artikel.

Bsp.:
quel libro/quei libri *jenes Buch/jene Bücher*
quello zio/quegli zii *jener Onkel/ jene Onkel*
quell'amico/quegli amici *jener Freund/jene Freunde*
quella casa/quelle case *jenes Haus/jene Häuser*

Beim Demonstrativpronomen passt sich nur die Endung dem Genus und Numerus des Substantivs an.

Bsp.:
Questo costume è troppo chiaro, voglio quello.
Dieser Badeanzug ist zu hell, ich will den da.
Questi stivali mi fanno male, provo quelli.
Diese Stiefel tun mir weh, ich probiere die da an.
Queste scarpe sono brutte, quelle sono belle.
Diese Schuhe sind hässlich, die da sind schön.

A Schön hier!

Andrea und Paolo packen ihre Koffer für den Urlaub. In diesem Moment klingelt es und Giacomo, ein Freund Andreas, kommt spontan zu Besuch. Die beiden zeigen ihm die Wohnung.

Giacomo: Ciao, ragazzi. Disturbo?

Paolo: No, assolutamente! Entra! Come stai?

Giacomo: Sto abbastanza bene, grazie. E tu?

Paolo: Bene grazie! Finalmente sei da noi!

Giacomo: Eh, sì! Ma il vostro appartamento è grande!

Andrea: Ah, già! È la prima volta che vieni nel nostro appartamento. Vieni, ti mostriamo le stanze!

Giacomo: Volentieri!

Paolo: Allora, questa è la cucina e sala da pranzo.

Giacomo: Che bel frigorifero!

Andrea: Sì, anche a me piace molto.

Giacomo: Adoro i frigoriferi all'americana!

Paolo: Vieni ti faccio vedere la stanza di Andrea e la mia!

Andrea: Ah, la mia è in disordine, perché devo fare la valigia!

Giacomo: Non fa niente!

Paolo: Ecco, questa è la mia stanza!

Giacomo: È molto spaziosa e abbastanza luminosa.

Paolo: Sì, per fortuna, ma è un po' fredda!

Giacomo: Perché?

Paolo: Perché è a nord!

Giacomo: Ah, e la stanza di Andrea?

Paolo: La sua è a sud! Ed è calda e molto luminosa.

Andrea: Però la tua è più grande!

Paolo: È vero! Poi qui c'è un piccolo soggiorno con balcone e questo è il bagno!

Giacomo: È abbastanza grande per due persone, vero?

Andrea: Sì, va bene!

Giacomo: Ma da quanto tempo abitate qui?

Andrea: Da poco, da tre mesi, infatti non abbiamo ancora tutti i mobili.

Giacomo: Perché, cosa manca?

Paolo: Manca la lavatrice, mancano le tende e anche un paio di quadri!

Giacomo: Ah, ma non sono cose indispensabili.

Andrea: Una lavatrice manca davvero, però!

Paolo: Eh, sì! Giacomo vuoi una birra?

Giacomo: Volentieri, ma poi vado via.

Andrea: Ma no, è ancora presto!

Vokabeln

ancora	noch
armadio *m*	Kleiderschrank
avere bisogno di qualcosa	etwas brauchen
bagno *m*	Bad
balcone *m*	Balkon
camera da letto *f*	Schlafzimmer
camera degli ospiti *f*	Gästezimmer

cantina *f*	Keller
che	dass
comodino *m*	Nachttisch
corridoio *m*	Flur
cucina *f*	Küche
detersivo *m*	Spülmittel
disordine *m*	Unordnung
dispensa *f*	Vorratskammer
doccia *f*	Dusche
dovete (Infinitiv: **dovere**)	ihr müsst
entrata *f*	Eingang/Diele
est *m*	Osten
fornello *m*	Herd
forno *m*	Ofen
infatti	in der Tat
lavastoviglie *f*	Geschirrspülmaschine
lavatrice *f*	Waschmaschine
luminoso/a	hell
mettere in ordine	in Ordnung bringen
manca (Infinitiv: **mancare**)	es fehlt
mobile *m*	Möbel
mostrare	zeigen
nord *m*	Norden
ovest *m*	Westen
pentola *f*	Topf
piatto fondo *m*	Suppenteller
piattino *m*	Untertasse
piatto *m*	Teller
piatto piano *m*	flacher Teller
quadro *m*	Bild
sala da pranzo *f*	Esszimmer
salotto *m*	Wohnzimmer
soffitta *f*	Speicher
soggiorno *m*	Wohnzimmer
sottotazza *m*	Untertasse
spazioso/a	geräumig
specchio *m*	Spiegel
spugna *f*	Schwamm
stanza *f*	Zimmer
strofinaccio *m*	Geschirrtuch
sud *m*	Süden
tavolino da salotto *m*	Couchtisch
tazza *f*	Tasse
tenda *f*	Vorhang
terrazza *f*	Terrasse
tovaglia *f*	Tischdecke
tovagliolo *m*	Serviette
vasca da bagno *f*	Badewanne
volta *f*	Mal, mal
Ah, già!	Ach ja, stimmt!
Assolutamente no!	Nein, absolut nicht!
Disturbo?	Störe ich?
La stanza è in disordine.	Das Zimmer ist unordentlich.

Grammatik

Die Possessivpronomen

Die Possessivpronomen stimmen in Numerus und Kasus mit dem Objekt überein, auf das sie sich beziehen.
In der Regel steht vor den Possessivpronomen der bestimmte Artikel. Im Singular fällt er vor engen Verwandtschaftsbezeichnungen weg.

Singular

mio	mein	mia	meine
tuo	dein	tua	deine
suo	sein	sua	seine
suo	ihr	sua	ihre
Suo	Ihr	Sua	Ihre
nostro	unser	nostra	unsere
vostro	euer	vostra	eure
loro	ihr	loro	ihre

Plural

miei	meine	mie	meine
tuoi	deine	tue	deine
suoi	seine	sue	seine
suoi	ihre	sue	ihre
Suoi	Ihre	Sue	Ihre
nostri	unsere	nostre	unsere
vostri	eure	vostre	eure
loro	ihre	loro	ihre

Bsp.:

il mio libro	*mein Buch*
la sua macchina	*ihr/sein Auto*
la nostra casa	*unser Haus*
il vostro salotto	*euer Wohnzimmer*
il loro giornale	*ihre Zeitung*
i tuoi genitori	*deine Eltern*
i suoi giocattoli	*ihre/seine Spielzeuge*
i nostri giornali	*unsere Zeitungen*
le vostre cucine	*eure Küchen*
le loro case	*ihre Häuser*

Aber:

i tuoi fratelli	*deine Brüder*
i loro genitori	*ihre Eltern*
I vostri nonni!	*Eure Großeltern!*

Infobox

Ausnahme: Vor mamma *Mama*, papà *Papa* bleibt der Possessivartikel bestehen!

Das Modalverb dovere *müssen/sollen*

io devo	*ich muss/soll*
tu devi	*du musst/sollst*
lui, lei deve	*er/sie/es muss/soll*
Lei deve	*Sie müssen/sollen*
noi dobbiamo	*wir müssen/sollen*
voi dovete	*ihr müsst/sollt*
loro devono	sie *müssen/sollen*

Die Präposition „di" und ihre Verwendung

di +	il	+ lo	+ l'(m)	+ l'(w)	+ la	+ i	+ gli	+ le
=	del	dello	dell'	dell'	della	dei	degli	delle

„di" – Herkunft

Di dove sei?	*Woher kommst du?*
Sono di Firenze.	*Ich komme aus Florenz.*

„di" – Zeitangabe

Di mattina lavoro.	*Morgens arbeite ich.*
Di notte dormo.	*Nachts schlafe ich.*
Di lunedì vado a nuotare.	*Montags gehe ich schwimmen.*

„di" – Material oder Inhalt

Il tavolo è di legno.	*Der Tisch ist aus Holz.*
La camicia è di cotone.	*Das Hemd ist aus Baumwolle.*
un bicchiere di vino	*ein Glas Wein*

„di" – Mengenangabe

dieci chili di patate	*10 Kilo Kartoffeln*
un po' di frutta	*etwas Obst*
Compro del pane.	*Ich kaufe etwas Brot.*

„di" – Die Entsprechung des deutschen Genitivs

Il libro di Mario	*Marios Buch*
La casa di Anna.	*Annas Haus*

Verben, die immer „di" verlangen

Es gibt eine Reihe von Verben, die immer in Verbindung mit di erscheinen:

finire di Finisco di lavorare alle 8:00.	*etwas beenden* *Ich bin um 8.00 Uhr mit der Arbeit fertig.*
cercare di Cerco di essere puntuale.	*etwas versuchen* *Ich versuche, pünktlich zu sein.*
avere voglia di Ho voglia di un gelato.	*Lust haben auf etwas* *Ich habe Lust auf ein Eis.*
smettere di Domani smetto di fumare.	*mit etwas aufhören* *Morgen höre ich zu rauchen auf.*

Übung 1:

Ergänzen Sie die Sätze mit den Possessivpronomen!

(i tuoi – nostra – tuo – i loro – le mie – le nostre)

1. _________ sorelle abitano a Padova. (io)

2. Domani __________ padre va a Milano. (tu)

3. Oggi __________ madre ha il compleanno. (noi)

4. __________ bambini sono a scuola. (loro)

5. Quando arrivano __________ genitori? (tu)

6. Vieni ti mostriamo __________ __________ stanze. (noi)

Übung 2:

Füllen Sie die Lücken aus!

Person	padre	madre	fratelli	sorelle
io	____	mia	____	___ mie
____	____	tua	_ tuoi	____
lui	suo	____	____	_ sue
____	____	____	_ suoi	____
Lei	Suo	Sua	____	_ Sue
noi	____	nostra	_ nostri	_ nostre
____	vostro	____	_ vostri	____
____	____	_ loro	____	____

Übung 3:

Welche Wörter gehören zusammen? Ordnen Sie richtig zu!

1. la camera	☐ degli ospiti
2. la sala	☐ di Paolo
3. la camera	☐ dei bambini
4. la stanza	☐ da pranzo
5. la camera	☐ da letto

Übung 4:

Übersetzen Sie folgende Sätze!

1. Mein Schlafzimmer liegt im Süden.

______________________________.

2. Unser Haus ist geräumig und hell.

______________________________.

3. Ich habe einen schönen Pullover aus Wolle.

______________________________.

B Das bisschen Haushalt ...

Giacomo, Andrea und Paolo sitzen ein wenig auf dem Balkon. Sie unterhalten sich über den lästigen Haushalt.

Giacomo: Anche il balcone è abbastanza grande!

Andrea: Sì, spesso facciamo anche delle grigliate con amici.

Paolo: Già, ma poi bisogna pulire tutto!

Giacomo: Eh, sì. Chi fa le pulizie nell'appartamento?

Andrea: Mah, puliamo insieme. Una volta io, una volta lui.

Paolo: Sì, e poi, se cucino io, Andrea mette in ordine la cucina o viceversa.

Andrea: È così! Oppure se io passo l'aspirapolvere, Paolo lava il pavimento!

Giacomo: Andate sempre così d'accordo?

Andrea: Sì, abbastanza. Ma naturalmente è difficile trovare un giorno libero per

entrambi e quando abbiamo tempo non abbiamo sempre voglia di pulire.
Paolo: Io non ho mai voglia di fare le faccende domestiche, ma è necessario!
Giacomo: Anche a me non piace, ma per fortuna il mio coinquilino non sa cucinare!
Andrea: Perché è una fortuna?
Giacomo: Perché devo cucinare sempre io e lui in cambio pulisce e mette in ordine l'appartamento!
Paolo: Questa è davvero una fortuna!
Andrea: Eh, sì! Il nostro unico problema è stirare!
Paolo: Sì, non sappiamo stirare neanche uno strofinaccio!
Giacomo: (*Er lacht!*) E chi stira la vostra roba?
Paolo: Le nostre mamme!
Andrea: Sì, ma dobbiamo trovare un'altra soluzione!
Giacomo: Una donna delle pulizie solo per stirare!
Paolo: Sì, ma noi non siamo mai in casa!
Giacomo: Non fa niente! Lei viene da voi, prende la biancheria sporca e lava e stira a casa sua!
Andrea: Questa è davvero un'ottima idea. Conosci qualcuno?
Giacomo: Sì, la mia vicina! Se volete vi do il suo numero di telefono! È molto brava, affidabile e non è cara!
Paolo: Anche perché noi non abbiamo ancora la lavatrice. Grazie!
Giacomo: Figurati! Ma ora è tardi e devo andare! Grazie e a presto. Ah, buona vacanza!
Andrea – Paolo: Grazie e a presto!

Vokabeln

affidabile	zuverlässig
aspirapolvere *m*	Staubsauger
biancheria *f*	Wäsche
bisogna	man muss
bucato *m*	frische Wäsche
cercare	suchen
cucinare	kochen
donna delle pulizie *f*	Putzfrau
faccende domestiche *pl/f*	Hausarbeit
fortuna *f*	Glück
idea *f*	Idee
in cambio	dafür
insieme	zusammen
lavare	waschen
lavare a terra/ lavare il pavimento	den Boden wischen
lavori domestici *m/pl*	Hausarbeit
mai	nie
mettere a posto/ mettere in ordine	in Ordnung bringen
molletta *f*	Wäscheklammer
neanche	nicht einmal
niente	nichts
numero di telefono *m*	Telefonnummer
oppure	oder
ottimo/a	wunderbar
passare l'aspirapolvere	Staub saugen
pavimento *m*	Boden
polvere *f*	Staub
pulire	putzen
pulito/a	sauber
qualche volta	manchmal

soluzione *f*	Lösung
spolverare	Staub wischen
sporco/a	schmutzig
stendere il bucato	Wäsche aufhängen
stenditoio *m*	Wäscheständer
stirare	bügeln
tenere in ordine	in Ordnung halten
trovare	finden
unico/a	einzige/r/s
viceversa	umgekehrt
vicino/a *m/f*	Nachbar/in

Grammatik

Das unregelmäßige Verb sapere *können/wissen*

io so	*ich weiß/kann*
tu sai	*du weißt/kannst*
lui/lei sa	*er/sie/es weiß/kann*
Lei sa	*Sie wissen/können*
noi sappiamo	*wir wissen/können*
voi sapete	*ihr wisst/könnt*
loro sanno	*sie wissen/können*

Das Verb conoscere *kennen*

io conosc-o	*ich kenne*
tu conosc-i	*du kennst*
lui/lei conosc-e	*er/sie/es kennt*
Lei conosc-e	*Sie kennen*
noi conosc-iamo	*wir kennen*
voi conosc-ete	*ihr kennt*
loro conosc-ono	*sie kennen*

Die doppelte Verneinung

Im Italienischen wird die Verneinung nicht nur durch no oder non ausgedrückt. Non kann auch in Verbindung mit niente *nichts*, più *mehr*, nessuno/a *keine/r/s* oder mai *nie* auftreten. Diese Wörter stehen immer hinter dem Verb.
Nessuno verhält sich wie buono-bello-quello.

Bsp.:
Non ho mai voglia di pulire.
Ich habe nie Lust zu putzen.
Paolo non ha niente da mangiare.
Paolo hat nichts zu essen.
Il bambino non ha più fame.
Das Kind hat keinen Hunger mehr.
Loro non hanno nessuno zio.
Sie haben keinen Onkel.
Valeria non ha nessun parente.
Valeria hat keine Verwandten.

Übung 5:

Kreuzen Sie den richtigen Satz an!

1. a) Andrea non pulisce mai. ☐
   b) Andrea e Paolo puliscono insieme. ☐
2. a) Giacomo sa cucinare. ☐
   b) Giacomo pulisce volentieri. ☐
3. a) Paolo ha sempre voglia di pulire. ☐
   b) Paolo non ha mai voglia di pulire. ☐
4. a) Andrea sa stirare. ☐
   b) Andrea non sa stirare niente. ☐

Übung 6:

Füllen sie die Lücken aus!

1. Angela lav_ _____ paviment_ tre volte alla settimana.
2. Andrea e Paolo pulisc_________ insieme il _________ (ihr) appartamento.
3. Giacomo non pulisce _____. (nie)
4. La bambina _____ ha più fame (nicht/kein).

5. La camera de_____ ospiti è _____ ordine.

6. Chi spolver_ il tavolo?

7. Maria e Giorgia stend_____ il _________ (ihr) bucato.

8. Il balcone _____ Paolo ed Andrea è abbastanza grande.

Übung 7:

Bilden Sie richtige Sätze und Fragen!

1. pulisce/chi/appartamento/l'?

___________________________?

2. Giacomo/mai/cucina/non/!

___________________________!

3. Andrea/non/hanno/Paolo/e/lavatrice/la/!

___________________________!

C Im Garten

Es ist noch nicht dunkel. Paolo und Andrea haben fertig gepackt und wollen sich ein wenig im Garten entspannen.

Andrea: Che ne dici di andare in giardino e bere qualcosa?

Paolo: Sì, volentieri. È ancora presto. Ma dobbiamo scendere giù!

Andrea: Sì, ma è solo una scala e se prendiamo tutto non dobbiamo tornare su ogni dieci minuti.

Paolo: Va bene. Allora prendo qualcosa di fresco dal frigo.

Andrea: Io ho anche fame! Cosa c'è in frigo?

Paolo: Non molto, visto che domani andiamo in vacanza! C'è un po' di salame e due pomodori.

Andrea: Facciamo dei panini!

Paolo: Va bene! Ah, ci sono anche due yogurt!

Andrea: Bene, vado in giardino. Che bello il giardino!

Paolo: Eh, sì! Ma per fortuna non è nostro!

Andrea: Ma perché?

Paolo: Il giardino deve essere sempre curato! Bisogna innaffiare, tagliare l'erba, raccogliere le foglie, potare le siepi e così via.

Andrea: Hai ragione, ma così non possiamo venire sempre!

Paolo: Mmh! Guarda ci sono due tulipani rossi! Che belli!

Andrea: Sì, ma anche lì ci sono dei fiori, sono margherite?

Paolo: Credo di sì! Buono il panino, vero?

Andrea: Sì, e poi qui è così bello e tranquillo.

Paolo: Non vedo più i mobili da giardino!
Andrea: Probabilmente il padrone di casa non ha più voglia di farci scendere in giardino!
Paolo: Mah, dici?!
Andrea: Comunque quest'anno non c'è più lo stagno!
Paolo: Ma è meglio, così non ci sono troppe zanzare!
Andrea: È vero! Senti, io sono stanco, vado a letto. Tu che fai?
Paolo: Rimango ancora un po'. Buona notte!
Andrea: Buona notte! A domani.

Vokabeln

albero *m*	Baum
casetta per gli uccelli *f*	Vogelhäuschen
cespuglio *f*	Busch
concimare	düngen
concime *m*	Dünger
curare	pflegen
e così via	und so weiter
erba *f*	Gras
foglia *f*	Blatt
giardino *m*	Garten
innaffiare	gießen
insetto *m*	Insekt
mobili da giardino *m/pl*	Gartenmöbel
orchidea *f*	Orchidee
padrone di casa *m*	Hausbesitzer
pianta *f*	Pflanze
potare	Bäume beschneiden
rimanere	bleiben
raccogliere le foglie	Blätter zusammenkehren
salire	hinaufgehen
scala *f*	Treppe
scendere	hinuntergehen
siepe *f*	Hecke
stagno *m*	Teich
tosaerba *m*	Rasenmäher
tagliare	schneiden
tagliare l'erba	Gras mähen
uccello *m*	Vogel
zanzara *f*	Mücke
Deve essere curato!	Es muss gepflegt werden!
Qualcosa di fresco!	Etwas Kühles!

Infobox

Die Blumen
rosa *f* = *Rose*
tulipano *m* = *Tulpe*
girasole *m* = *Sonnenblume*
garofano *m* = *Nelke*
giglio *m* = *Lilie*

Grammatik

Die Präposition „in"
Die Präposition in dient sowohl für Orts- als auch für Richtungsangaben.

in + il	+ lo	+ l'(m)	+ l'(w)	+ la	+ i	+ gli	+ le
= nel	nello	nell'	nell'	nella	nei	negli	nelle

„in"- Richtung oder Bewegung (wo/wohin)

Sono in Italia.	*Ich bin in Italien.*
Vado in Italia.	*Ich fahre nach Italien.*
Signora Rossi, va in trattoria?	*Frau Rossi, gehen Sie in eine Gaststätte?*
No, vado in pizzeria!	*Nein, ich gehe in die Pizzeria!*

Infobox

Achtung:
Alle Orte, die auf -ria enden, werden mit der Bewegungs- und Zustandspräposition in verwendet.

„in"– Angabe der Art und Weise

Vado in treno a Roma.	*Ich fahre mit dem Zug nach Rom.*
Andate in macchina in vacanza?	*Fahrt ihr mit dem Auto in den Urlaub?*

Das unregelmäßige Verb dire *sagen*

io dico	*ich sage*
tu dici	*du sagst*
lui/lei dice	*er/sie/es sagt*
Lei dice	*Sie sagen*
noi diciamo	*wir sagen*
voi dite	*ihr sagt*
loro dico	*sie sagen*

Das unregelmäßige Verb salire *hinaufgehen/ einsteigen*

io salgo	*ich gehe hinauf*
tu sali	*du gehst hinauf*
lui/leisale	*er/sie/es geht hinauf*
Lei sale	*Sie gehen hinauf*
noi saliamo	*wir gehen hinauf*
voi salite	*ihr geht hinauf*
loro salgono	*sie gehen hinauf*

Das Verb esserci *geben*

Dieses Verb wird nur in der dritten Person Singular c'è *es gibt/da ist* und in der dritten Person Plural ci sono *es gibt/da sind* verwendet. Die Verneinung non steht immer vor c'è und ci sono.

Bsp.:

In giardino c'è un fiore.	*Im Garten gibt es eine Blume.*
In giardino ci sono dei fiori.	*Im Garten gibt es Blumen.*
In casa ci sono tre stanze.	*Im Haus sind drei Zimmer.*
In frigo ci sono il salame e due yogurt.	*Im Kühlschrank sind Salami und zwei Jogurt.*
In giardino non ci sono più le sedie!	*Im Garten gibt es keine Stühle mehr!*

Übung 8:

Richtig oder falsch? Kreuzen sie an!

	richtig	falsch
1. Andrea e Paolo vanno in giardino.	☐	☐
2. Andrea ha solo sete.	☐	☐
3. I due amici mangiano dei panini.	☐	☐
4. Il giardino è brutto.	☐	☐
5. Il giardino è tranquillo.	☐	☐
6. In giardino ci sono i mobili da giardino.	☐	☐
7. In giardino non c'è più lo stagno.	☐	☐
8. Il giardino non deve essere mai curato.	☐	☐
9. Paolo rimane ancora un po' in giardino da solo.	☐	☐

Übung 9:

Beantworten Sie folgende Fragen!

1. Cosa c'è di solito (*normalerweise) in giardino?*

_ .

2. Cosa c'è di solito nella stanza degli ospiti?

_ .

3. Cosa c'è di solito in una borsa (*Tasche*)?

_ .

4. Cosa c'è di solito in bagno?

_ .

7 Verabredungen und Termine

A Am Telefon

Paolo ist nach dem Urlaub mit Andrea nach Neapel gefahren. Er ruft Anna an, die ihre Ferien bei den Eltern verbringt.

Anna: Pronto?

Paolo: Ciao, Anna! Sono Paolo!

Anna: Ah, ciao Paolo, come stai?

Paolo: Bene, grazie, e tu?

Anna: Sto bene, sono solo raffreddata. Dove sei?

Paolo: Sono qui a Napoli!

Anna: Ah, anche tu sei a casa?! Quanto tempo rimani?

Paolo: Poco, a Firenze ho molto da fare!

Anna: Anch'io ho molto da fare a Firenze, ma devo sbrigare qualche faccenda anche qui! Ho molti appuntamenti! Domani, per esempio, sono tutto il giorno in giro per la città!

Paolo: Capisco! Senti, vuoi venire a cena con me stasera?

Anna: Stasera ho già un appuntamento, mi dispiace!

Paolo: Ah, non fa niente! Forse un'altra volta!

Anna: Sì, che ne dici di giovedì sera?

Paolo: Sì, volentieri! A che ora?

Anna: Mah, facciamo alle 20:00?

Paolo: Alle 20:30, o è troppo tardi per te?

Anna: No, va bene! Andiamo da „Dante e Beatrice?"

Paolo: Sì, ma dov'è? Non lo conosco!

Anna: In piazza Dante, si mangia molto bene!

Paolo: Ah, bene, non è molto lontano da casa mia.

Anna: Dove abiti?

Paolo: In via Foria, e tu?

Anna: Io abito nel quartiere Bagnoli, ma con la metropolitana non è un problema.

Paolo: Bene, allora ci vediamo al ristorante giovedì, alle 20:30!

Anna: Bene, e grazie dell'invito!

Paolo: A giovedì!

Vokabeln

accettare un invito	eine Einladung annehmen
avere da fare	zu tun haben
avere tempo	Zeit haben
avere un appuntamento	einen Termin haben
essere in giro per la città	in der Stadt unterwegs sein
essere raffreddato/a	erkältet sein
faccenda *f*	Angelegenheit
fissare un appuntamento	einen Termin ausmachen
già	schon/bereits
invitare	einladen
invito *m*	Einladung
lontano	weit weg
metropolitana *f*	U-Bahn
molto/a	sehr
non avere tempo	keine Zeit haben
poco	wenig
qualche	einige/r/s

quartiere *m*	Stadtviertel
questa sera	heute Abend
rifiutare/declinare un invito	eine Einladung ablehnen
rimanere	bleiben
sbrigare	erledigen
stasera	heute Abend
troppo poco	zu wenig
troppo	zu viel
tutto/a	ganz
un po'	ein wenig/ bisschen
Allora ci vediamo!	Wir sehen uns dann!
Dove abita?	Wo wohnen Sie?
Dove abiti?	Wo wohnst du?
Facciamo alle ...?	Sagen wir um ... Uhr?
Mi dispiace!	Es tut mir Leid!
Non lo conosco!	Ich kenne ihn/es nicht!
Pronto?	Hallo? (nur am Telefon)
Si mangia molto bene!	Man isst sehr gut!

Grammatik

Das Modalverb volere *wollen*

io voglio	*ich will*
tu vuo	*du willst*
lui/lei vuole	*er/sie/es will*
Lei vuole	*Sie wollen*
noi vogliamo	*wir wollen*
voi volete	*ihr wollt*
loro vogliono	*sie wollen*

Die Indefinita „molto"/„tanto", „troppo" und „poco"

Molto/tanto *viel*, troppo *zu viel* und poco *wenig* werden im Italienischen vielseitig genützt:

Als Pronomen passen sie sich dem Genus und Numerus des Substantivs an.

Bsp.:
Avete fame? Sì, molta/tanta!
Habt ihr Hunger? Ja, sehr!
Quanti soldi ha Mario? Sicuramente troppi!
Wie viel Geld hat Mario? Mit Sicherheit zu viel!
Hai tempo per me? Sì, ma poco!
Hast du Zeit für mich? Ja, aber wenig!

Als Adjektive passen sie sich dem Genus und Numerus des Substantivs an. Bsp.:

Alessandra ha molte/tante cose da fare!
Alessandra hat viele Sachen zu erledigen!
I genitori hanno spesso poco tempo per i loro figli!
Eltern haben oft wenig Zeit für ihre Kinder!

Als Adverbien bleiben sie unverändert. Bsp.:

Julia dorme molto/tanto! *Julia schläft viel!*
Anna mangia poco! *Anna isst wenig!*
Bigi è molto stanca. *Bigi ist sehr müde.*
I libri pesano poco. *Die Bücher wiegen wenig.*

Die Indefinitpronomen „ogni" „qualche" und „tutto"

Ogni *jede/r/s* bleibt unverändert. Das nachfolgende Substantiv steht immer im Singular.
Bsp.:

Vado al lavoro ogni giorno a piedi.
Ich gehe jeden Tag zu Fuß zur Arbeit.
Sabina è raffreddata come ogni estate.
Sabina ist wie jeden Sommer erkältet.

Qualche *einige* bleibt unverändert. Das nachfolgende Substantiv steht immer im Singular.
Bsp.:

Vedi qualche libro interessante?
Siehst du irgendein interessantes Buch?
Qualche finestra è aperta.
Einige Fenster sind offen.

Tutto *ganz/alles* (im Singular) und *alle/jede/r/s* (im Plural) passt sich dem Genus und Numerus des Substantivs an.

7 Verabredungen und Termine

Der Artikel steht immer zwischen „tutto" und dem Substantiv.
Lavoro tutto il giorno.
Ich arbeite den ganzen Tag.
Compro tutte le mattine il pane fresco.
Ich kaufe jeden Tag frisches Brot.

Das unpersönliche Pronomen „si"

Si plus Verb entspricht dem deutschen *man*. Im Italienischen steht das Verb im Plural, wenn das nachfolgende Substantiv im Plural steht.
Die Verneinung non steht immer vor si.

Bsp.:
In quel ristorante si mangia bene! *In jenem Restaurant isst man gut!*
In Italia non si beve il cappuccino dopo pranzo. *In Italien trinkt man keinen Cappuccino nach dem Mittagessen.*
A casa tua si incontrano sempre tante persone. *Bei dir zu Hause trifft man immer viele Leute.*

Die Uhrzeit

Um die Uhrzeit zu erfragen, kann man zwei Formulierungen verwenden:
Che ora è? oder Che ore sono?
Wie spät ist es?

Die Antwort lautet:
Sono le ... *Es ist ... Uhr.*

È ... *Es ist ... Uhr*, wird nur in den drei Fällen una *ein Uhr*, mezzogiorno *Mittag* und mezzanotte *Mitternacht* verwendet, weil diese im Singular stehen.

Bsp.:
Sono le tredici! oder È l'una! *Es ist ein Uhr.*
È mezzogiorno! *Es ist zwölf Uhr./Es ist Mittag.*
È mazzanotte! *Es ist Mitternacht.*

Allgemein gilt:

Bis 35 Minuten nach der vollen Stunde sagt man e *nach* und ab 40 Minuten sagt man meno *vor*, wobei man sich dabei schon auf die nächste Stunde bezieht.

nach
Sono le otto e cinque. *Es ist fünf nach acht.*
Sono le otto e un quarto./Sono le otto e quindici.
Es ist Viertel nach acht.
Sono le otto e mezzo./Sono le otto e trenta.
Es ist acht Uhr dreißig./Es ist halb neun.

vor
Sono le nove meno dieci. *Es ist zehn vor neun.*
Sono le nove meno quindici./Sono le nove meno un quarto. *Es ist viertel vor neun.*

Infobox

Die Uhrzeit

A che ora?	*Um wie viel Uhr?*
Alle ...!	*Um ... Uhr!*
All'una.	*Um ein Uhr.*
A mezzanotte	*Um Mitternacht.*
A mezzogiorno.	*Am Mittag.*

Übung 1:

Richtig oder falsch? Kreuzen Sie an!

	richtig	falsch
1. Paolo chiama Anna.	☐	☐
2. Anna non è a casa.	☐	☐
3. Paolo rimane molto tempo a Napoli.	☐	☐
4. Paolo invita Anna a cena.	☐	☐
5. Anna ha tempo stasera.	☐	☐
6. Anna ha un altro appuntamento.	☐	☐
7. L'appuntamento è alle 21:00.	☐	☐
8. Anna prende la metropolitana.	☐	☐
9. Si incontrano al ristorante venerdì.	☐	☐

Übung 2:

Schreiben Sie die Uhrzeit aus!

1. 09:15 _____________________.

2. 10:10_____________________.

3. 11:00_____________________.

4. 12:00_____________________.

5. 13:00_____________________.

6. 14:30_____________________.

7. 19:40_____________________.

8. 23:05_____________________.

9. 03:15_____________________.

10. 6:50 _____________________.

11. 10:45_____________________.

Übung 3:

Kreuzen Sie den richtigen Satz an!

1. a) A casa mia si mangiano bene. ☐
   b) A casa mia si mangia bene. ☐
2. a) Qualche volte vado al cinema. ☐
   b) Qualche volta vado al cinema. ☐
3 a) Al bar si bevono i cocktail. ☐
   b) Al bar si beve i cocktail. ☐
4. a) Se si vogliono un gelato si vanno al bar. ☐
   b) Se si vuole un gelato si va al bar. ☐

Übung 4:

Füllen Sie die Lücken mit dem richtigen Wort!

1. Ho _________ sonno!
a) tanto b) tutto c) ogni

2. _________ volta vado a scuola in bicicletta.
a) poco b) tutta c) qualche

3. Ecco _________ i miei soldi.
a) tanto b) qualche c) tutti

4. Questo ristorante è famoso in _________ la città!
a) ogni b) tanta c) tutta

5. Andiamo _____ anno in vacanza in Italia!
a) tutti b) tanti c) ogni

B Mir geht es nicht gut!

Anna hat sich eine Grippe zugezogen und muss ihre Verabredung mit Paolo absagen. Sie vereinbart einen Termin beim Arzt.

Paolo: Pronto?
Anna: Ciao Paolo!
Paolo: Chi parla?
Anna: Sono io, Anna!
Paolo: Scusa, non ti riconosco, cos'hai?
Anna: Purtroppo il raffreddore dell'altro giorno è ora un'influenza.
Paolo: Poverina, mi dispiace tanto!
Anna: Sto veramente male! Purtroppo devo disdire la cena di giovedì, non posso uscire in questo stato!
Paolo: Oh, che peccato! Mi dispiace molto, ma lo capisco!
Anna: Grazie, forse un'altra volta!
Paolo: Forse possiamo vederci la prossima settimana, io resto fino a domenica prossima!
Anna: Ah, questa è una buona idea; allora appena sto meglio ti chiamo e

fissiamo un altro appuntamento!
Paolo: Perfetto! Ma vai dal dottore?
Anna: No, oggi voglio fissare un appuntamento per domani!
Paolo: Prendi delle medicine?
Anna: No, bevo molto e sto al caldo!
Paolo: Bene, se hai bisogno di qualcosa, lo puoi dire a me!
Anna: Grazie, sei molto gentile! Sai cosa c'è in televisione stasera?
Paolo: No, non lo so, perché la televisione non la guardo molto quando fa bel tempo!
Anna: Eh, sì hai ragione, oggi è proprio una bella giornata!
Paolo: Peccato!
Anna: Eh, sì!
Paolo: Allora, pronta guarigione e chiama il dottore!
Anna: Sì, ora lo chiamo subito! Ciao, Paolo e grazie!
Paolo: Figurati! Ciao!

Assistente di studio medico: Studio medico, buon giorno!
Anna: Buon giorno. Senta, vorrei fissare un appuntamento con il dottore, perché ho una brutta influenza!
Assistente di studio medico: Sì, un attimo, per favore! Allora, vediamo. Di solito non è necessario prendere un appuntamento, ma se vuole può venire domani verso le 16:00! A quell'ora la sala d'aspetto è vuota! Ma mi segno il Suo nome!
Anna: Sì, perfetto! Mi chiamo Anna Nenni! Grazie mille! E se non vengo, devo disdire?
Assistente di studio medico: Sì, per favore, è meglio, ma può anche spostare l'appuntamento!
Anna: Ah, bene! Grazie!
Assistente di studio medico: Si figuri! A domani!
Anna: Arrivederci!

Vokabeln

appena	sobald
assistente di studio medico *m/f*	Sprechstundenhilfe
disdire	absagen
essere malato/a	krank sein
fino a ...	bis zum ...
fissare un appuntamento	einen Termin vereinbaren
guardare la televisione	fernsehen
guarigione *f*	Genesung
influenza *f*	Grippe
medicina *f*	Medizin
posso (Infinitiv: **potere**)	ich kann/darf
raffreddore *m*	Schnupfen
riconoscere	erkennen
stato *m*	Zustand
studio medico *m*	Arztpraxis
televisione *f*	Fernseher
un appuntamento per domani	ein Termin für morgen
uscire	ausgehen
sala d'aspetto	Wartezimmer
segnarsi qualcosa	sich etwas notieren

spostare un appuntamento	einen Termin verschieben
Non lo so.	Ich weiß es nicht.
Pronta guarigione!	Gute Besserung!
Quando stai meglio.	Wenn es dir besser geht.

Grammatik

Das Modalverb potere *können/dürfen*

io posso	*ich kann/darf*
tu puoi	*du kannst/darfst*
lui/lei può	*er/sie/es kann/darf*
Lei può	*Sie können/dürfen*
noi possiamo	*wir können/dürfen*
voi potete	*ihr könnt/dürft*
loro possono	*sie können/dürfen*

Das unregelmäßige Verb uscire *ausgehen*

io esco	*ich gehe aus*
tu esci	*du gehst aus*
lui/lei esce	*er/sie/es geht aus*
Lei esce	*Sie gehen aus*
noi usciamo	*wir gehen aus*
voi uscite	*ihr geht aus*
loro escono	*sie gehen aus*

Unbetonte und betonte direkte Objektpronomen

Die unbetonten (schwachen) und betonten (starken) direkten Objektpronomen entsprechen dem deutschen Akkusativ (wen/was).

unbetont		betont	
mi	*mich*	me	*mich*
ti	*dich*	te	*dich*
lo	*ihn*	lei	*ihn*
la	*sie*	lui	*sie*
La	*Sie*	Lei	*Sie*
ci	*uns*	noi	*uns*
vi	*euch*	voi	*euch*
li *m*	*sie*	loro *m*	*sie*
le *f*	*sie*	loro *f*	*sie*

Die unbetonten direkten Objektpronomen stehen vor dem Verb.
Die betonten direkten Objektpronomen stehen nach dem Verb. Sie werden zur Betonung verwendet oder stehen in Verbindung mit einer Präposition.
Die Pronomen lo, la, li und le passen sich dem Genus und Numerus der Person oder des Objekts an.
Nur die Pronomen lo und la können vor einem Vokal oder vor dem h apostrophiert werden.
Die Verneinung non steht immer vor den Objektpronomen.

Bsp.:
Perché non mi porti con te?
Warum nimmst du mich nicht mit?
Conosci Luca? No, non lo conosco!
Kennst du Luca? Nein, ich kenne ihn nicht!
Vedi Giulia e Sara? Sì, le vedo!
Siehst du Giulia und Sara? Ja, ich sehe sie!

Lo kann auch einen ganzen Satzteil ersetzen:

Bsp.:
Sai cosa c'è in televisione? No, non lo so.
Weißt du, was im Fernsehen läuft? Nein, ich weiß es nicht.
Sapete chi viene stasera? No, non lo sappiamo!
Wisst ihr, wer heute Abend kommt? Nein, wir wissen es nicht.

Die Hervorhebung des Objekts

Wenn man das Objekt besonders hervorheben will, stellt man dieses an den Anfang des Satzes. Darauf folgt das betreffende Objektpronomen.
Die Verneinung non steht vor den Objektpronomen.

Bsp.:
La televisione non la guardo quando fa bel tempo.
Ich schaue nicht fern, wenn das Wetter schön ist.
La pasta la voglio al dente.

Die Pasta mag ich mit Biss.
I bambini li metti a letto tu?
Bringst du die Kinder ins Bett?

Infobox

Il tempo wird sowohl mit *Zeit* als auch mit *Wetter* übersetzt.

Übung 5:

Kreuzen Sie den richtigen Satz an!

1. a) Anna ha l'influenza. ☐
   b) Anna non ha voglia di cenare con Paolo. ☐
2. a) Anna disdice l'appuntamento di giovedì sera. ☐
   b) Anna va a cena con Paolo giovedì. ☐
3. a) Il tempo è bello. ☐
   b) Il tempo è brutto. ☐
4. a) Paolo capisce che Anna non può uscire. ☐
   b) Paolo non capisce perché Anna non va a cena con lui. ☐

Übung 6:

Beantworten Sie die Fragen mit dem richtigen direkten Objektpronomen!

1. Senti la musica? Sì, _____ sento!
2. Vedi la mia gonna? Sì, _____ vedo!
3. Conosci Paolo? No, non _____ conosco!
4. Mangi il gelato? Sì, _____ mangio!
5. Compri le birre? Sì, _____ compro!

Übung 7:

Konjugieren Sie folgende Verben!

1. 1. Pers. Sing. von „uscire" __________
2. 1. Pers. Plur. von „potere" __________
3. 2. Pers. Plur. von „dovere" __________
4. 3. Pers. Sing. von „volere" __________
5. 3. Pers. Plur. von „essere" __________
6. 2. Pers. Sing. von „preferire" __________

C Einen geschäftlichen Termin vereinbaren

Ein Freund hat Anna erzählt, dass Signorina Longhi sich gerne von ihr portraitieren lassen würde. Sie ruft dort an, um einen Termin zu vereinbaren.

Signorina Longhi: Pronto?
Anna: Buon giorno, sono Anna Nenni, parlo con la signorina Longhi?
Signorina Longhi: Sì, sono io!
Anna: Salve! Giorgio mi ha detto che Lei desidera posare per un ritratto!
Signorina Longhi: Beh, non è proprio così. Voglio sapere se è possibile e anche quanto costa. Ed inoltre vorrei prima conoscerLa di persona!
Anna: Sì, certo! È giusto! Adoro fare ritratti e ne faccio molti, ma mai a livello professionale. È un problema per Lei?
Signorina Longhi: Ma, no! Non è un problema, se il ritratto è bello!
Anna: Bene! L'altro problema è che ho

la maggior parte del mio materiale a Firenze, dove studio!

Signorina Longhi: Neanche questo è un problema, perché non ho intenzione di farlo subito, ma fra tre o quattro mesi. Il quadro mi serve entro il 15 novembre, perché lo voglio regalare al mio fidanzato per il suo compleanno!

Anna: Che bella idea! Allora abbiamo un po' di tempo!

Signorina Longhi: Senta, vogliamo fissare un appuntamento subito, così possiamo conoscerci?

Anna: Molto volentieri. Allora, io riparto per Firenze tra due settimane.

Signorina Longhi: Ma quando torna a Napoli?

Anna: Torno il 27 luglio e rimango fino al 2 settembre!

Signorina Longhi: Perfetto! Quando può Lei? Le va bene mercoledì prossimo al caffè Gambrinus alle 16:30?

Anna: Sì, non ho altri appuntamenti per quell'ora!

Signorina Longhi: Allora ci vediamo mercoledì! Così discutiamo tutti i dettagli, come onorario, tempo e modalità di pagamento!

Anna: Perfetto e grazie! Ah, senta, può portare anche delle Sue fotografie?

Signorina Longhi: Sì, volentieri. Bene, Le do il mio numero di cellulare, non si sa mai!

Anna: Ah, sì, è una buona idea!

Signorina Longhi: Allora 338-65 61 000!

Anna: Bene, arrivederLa!

Vokabeln

adorare	lieben/mögen
agenda *f*	Terminkalender
a livello professionale	auf professioneller Ebene
avere un impegno *m*	etwas vorhaben
cellulare *m*	Handy
conoscerci (Infinitiv: **conoscersi** Reflexiv)	kennen lernen
dettaglio *m*	Detail
di persona	persönlich
discutere	besprechen
do (Infinitiv: **dare**)	ich gebe
fidanzata/o	Verlobte/-r
inoltre	außerdem
la maggior parte *f*	der größte Teil
materiale *m*	Material
mercoledì prossimo *m*	nächsten Mittwoch
mercoledì scorso *m*	letzten Mittwoch
modalità di pagamento *f/pl*	Zahlungsweise
onorario *m*	Honorar
pattuire un onorario	ein Honorar festsetzen
posare	posieren
possibile	möglich
regalare	schenken
regalo *m*	Geschenk
ritratto *m*	Portrait
subito	gleich
telefonino *m*	Handy
tornare	zurückkehren
Le va bene?	Passt es Ihnen?
... mi ha detto.	... hat mir das gesagt.

Mi dispiace, mercoledì ho un altro appuntamento.	Es tut mir Leid, am Mittwoch habe ich einen anderen Termin.
Mi dispiace, la mia agenda è piena!	Es tut mir Leid, mein Terminkalender ist voll!
Non ho altri appuntamenti per quell'ora.	Ich habe keinen anderen Termin um diese Zeit.
Non posso, ho un altro impegno!	Ich kann nicht, ich habe schon etwas vor.
Non si sa mai!	Man weiß ja nie!
Oggi è il dieci giugno.	Heute ist der 10. Juni.
Oggi è martedì dieci giugno 2003.	Heute ist Dienstag, der 10. Juni 2003.
Resto fino al 2 settembre!	Ich bleibe bis zum 2. September!
Torno il 27 luglio.	Ich komme am 27. Juli zurück.
Quando può Lei?	Wann passt es Ihnen/ Wann können Sie?

Infobox

Im Italienischen sagt man zur Verabschiedung auch am Telefon Arriverderci/La. Es gibt keine Entsprechung für Auf Wiederhören!

Grammatik

Die Pronominaladverbien „ne" und „ci"

Die deutsche Entsprechung für ne ist *davon*, aber meistens wird es nicht übersetzt. Es hat eine partitive Funktion und bezieht sich auf eine Teilmenge einer bereits erwähnten Sache. Es steht im Satz vor dem Verb. Die Verneinung non steht vor ne.

Ne kann auch mit „esserci" verschmelzen.

Bsp.:
Adoro fare ritratti e ne faccio molti!
Ich liebe es, Portraits zu malen und mache viele (davon)!
Ti piace la frutta? Sì, ne mangio molta!
Magst du das Obst? Ja, ich esse viel (davon)!
Vorrei del pane, ma non ce n'è più!
Ich hätte gerne etwas Brot, aber es gibt keines mehr!
Vorrei del latte, ce n'è ancora?
Ich hätte gerne etwas Milch, gibt es noch welche?

Ci steht für *dort(hin)* und bezieht sich auf eine bereits erwähnte Orts-/Richtungsangabe. Es steht – wie „ne" – vor dem Verb. Die Verneinung non steht vor ci.

Bsp.:
Conosce il caffè Gambrinus? Sì, ci vado spesso.
Kennen Sie das Café Gambrinus? Ja, ich gehe oft dorthin.
Vai spesso a Firenze? Sì, ci studio.
Fährst du oft nach Florenz? Ja, ich studiere dort.

Übung 8:

Kreuzen Sie die richtige Antwort an!

	richtig	falsch
1. Anna chiama la Signorina Longhi.	☐	☐
2. La Signorina Longhi chiama Anna.	☐	☐
3. La Signorina Longhi vuole un ritratto.	☐	☐
4. Il ritratto è un regalo per il marito.	☐	☐
5. Il ritratto lo vuole subito.	☐	☐
6. Si incontrano in un caffè.	☐	☐
7. L'appuntamento è alle 15:30.	☐	☐
8. Anna non può andare all'appuntamento.	☐	☐

A Haben Sie bestellt?

Anna und Paolo treffen sich in Neapel im Restaurant „Dante e Beatrice". Leider haben sie keinen Tisch bestellt.

Anna: Mamma mia! Il ristorante è strapieno. Sicuramente non troviamo un tavolo.

Paolo: Beh, ora chiedo al cameriere. Scusi!

Cameriere: Mi dica!

Paolo: C'è un tavolo libero per due persone?

Cameriere: Senta, mi dispiace, ma a quest'ora non c'è niente da fare. Perché non tornate fra un'oretta?

Paolo: Va bene. La ringrazio. È sempre meglio prenotare in un ristorante così famoso. E ora che facciamo?

Anna: Perché non andiamo nel bar a fianco?

Paolo: Perché no?

Anna: Il bar è veramente carino!

Paolo: Sì, hai ragione! Cosa prendi? Un latte macchiato oppure un succo?

Anna: No, prendo semplicemente un caffè! Ma lo voglio corretto!

Paolo: Senta! Due caffè, per favore! Uno macchiato e uno corretto!

Barista: Molto volentieri! Preferisce la grappa, un amaro o un liquore?

Anna: Prendo la grappa!

Barista: Va bene! Volete anche un cornetto? Sono ancora freschi.

Anna: No grazie! Vogliamo ancora cenare. Non voglio rovinarmi l'appetito.

Paolo: Beh, io, però, prendo una pizzetta! Ho veramente fame e poi mi ispirano parecchio.

Barista: Sono anche molto buone! Le fa mia madre.

Anna: Davvero? Sua madre lavora con Lei?

Barista: Sì, sì. Tutta la famiglia lavora qui al bar. I miei, mia figlia, mio marito e mio cugino.

Paolo: È davvero buona la pizzetta.

Barista: Mi fa piacere! Vuole anche assaggiare una bruschetta?

Paolo: No grazie, basta così!

Anna: Ma lei non è di Napoli, vero?

Barista: Eh no! Sono milanese, ma ormai vivo qui da anni.
Perché?

Anna: Perché si sente ancora l'accento milanese.

Barista: Ah sì? Mio marito, però, è napoletano. Perciò viviamo qui!

Vokabeln

accento *m*	Akzent
a fianco	nebenan
amaro *m*	Magenbitter

8 Ausgehen

ancora	noch
appetito *m*	Appetit
a quest'ora	um diese Zeit
avere ragione	Recht haben
barista *m/f*	Barmann/-frau
bastare	reichen
bruschetta *f*	geröstetes Brot mit Tomaten
caffè corretto *m*	Espresso mit Schnaps
caffè macchiato *m*	Espresso mit wenig Milch
cameriera *f*	Kellnerin
cameriere *m*	Kellner
carino/a	nett, hübsch
cenare	zu Abend essen
complimento *m*	Kompliment
cornetto *m*	Croissant
cuoco/a	Koch/Köchin
dispiacersi (Reflexiv)	Leid tun
fame *f*	Hunger
famoso/a	berühmt
fare colazione	frühstücken
fare piacere	freuen
fra un'oretta	in einem Stündchen
fresco/a	frisch
grappa *f*	Schnaps
i miei *pl/m*	meine Eltern
ispirare	anlachen
latte macchiato *m*	Milch mit wenig Espresso
liquore *m*	Likör
meglio	besser
milanese *m/f*	Mailänder/in, mailändisch
napoletano/a *m*	Neapolitaner/in, neapolitanisch
oppure	oder
ormai	inzwischen
parecchio	sehr/viel
perciò	deshalb
però	jedoch
pranzare	zu Mittag essen
pizzaiolo *m*	Pizzabäcker
pizzetta *f*	kleine Pizza
poi	später
prendere	nehmen
prenotare	(einen Tisch) bestellen
pure	auch
ringraziare	sich bedanken
rovinare	verderben
sicuramente	sicherlich, bestimmt
strapieno	hoffnungslos überfüllt
succo *m*	Saft
tornare	zurückkommen
veramente	wirklich
volentieri	gern

Grammatik

Die abgeleiteten Adverbien

Im Italienischen enden die Adverbien, die von Adjektiven abgeleitet werden, zumeist auf -mente.

Bei Adjektiven, die auf -o enden, wird -mente an die weibliche Form mit der Endung -a angehängt:

sicuro *sicher*	sicuramente *sicherlich*
vero *wahr*	veramente *wirklich*

Bei Adjektiven mit der Endung -e wird wiederum einfach -mente angehängt:

veloce *schnell*	velocemente
grande *groß*	grandemente

Ausnahmen bilden Adjektive, die auf -le und -re enden. Hier fällt das -e weg:

normale	normalmente
normal	*normalerweise*
regolare	regolarmente
regulär	*regelmäßig*

Aber:

buono *gut*	bene
cattivo *schlecht*	male

Die Endung der Adverbien bleibt stets unverändert. Wird das Verb sein vorangestellt, muss das Adverb angeglichen werden. Bsp.:

La pizza è buona.	*Die Pizza ist gut.*
Gli spaghetti sono buoni.	*Die Spaghetti sind gut.*
Le piazze sono belle.	*Die Plätze sind schön.*

Die ursprünglichen Adverbien

Folgende Adverbien haben eine feststehende Form und werden nicht angeglichen:

certo *sicher* molto *sehr* di solito *normalerweise* presto *früh* tardi *spät* adesso *jetzt* ancora *noch* dove *wo* già *schon* forse *vielleicht* mai *nie*

Die Stellung der Adverbien

Das Adverb steht vor dem Adjektiv und/oder nach dem Verb.

Antonia parla piano.	*Antonia spricht leise.*
Loro sono molto stanchi.	*Sie sind sehr müde.*

Die Höflichkeitsform im Plural

Im Italienischen gibt es keine eigene Höflichkeitsform im Plural. Man verwendet stattdessen die zweite Person Plural.
Um welche Form es sich jeweils handelt, ist dem Zusammenhang zu entnehmen.

Bsp.:

Cosa prendete, Signori?	*Was nehmen Sie, meine Herrschaften?*
Volete anche un cornetto?	*Wollen Sie auch ein* Croissant?/*Wollt ihr auch ein Croissant?*

Das Präfix „stra-"

Das Präfix stra- drückt stets eine Verstärkung aus.

Bsp.:

stravecchio	uralt
strapieno	überfüllt
strapotente	übermächtig

Übung 1:

Beantworten Sie die folgenden Fragen. Lesen Sie den Text noch einmal genau durch!

1. Perché Anna e Paolo vanno al bar?

___________________________.

2. Perché Anna non mangia niente?

___________________________.

3. Cosa bevono?

___________________________.

4. Cosa mangia Paolo?

___________________________.

5. Chi lavora al bar?

___________________________.

6. Chi fa le pizze?

___________________________.

7. Di dov'è la barista?

___________________________.

8. Perché vive a Napoli?

___________________________.

Übung 2:

Setzen Sie die richtige Form von „buono" bzw. „bene" ein!

1. L'amaro è __________.
2. Mia madre sta __________.
3. Sono __________ i panini?
4. Questo tempo non mi fa __________!

5. Mio figlio non studia abbastanza. Non va

_ _ _ _ _ _ _ _ _ _ !

Übung 3:

Setzen Sie das richtige Adverb ein!

1. _ _ _ _ _ _ _ _ _ _ non troviamo un tavolo.
2. Il bar è _ _ _ _ _ _ _ _ _ _ carino!
3. Prendo _ _ _ _ _ _ _ _ _ _ (*einfach*) un caffè!
4. Lo faccio molto _ _ _ _ _ _ _ _ _ _ (*gern*).
5. Ho _ _ _ _ _ _ _ _ _ _ fame.
6. È _ _ _ _ _ _ _ _ _ _ buona la pizzetta.
7. I cornetti sono _ _ _ _ _ _ _ _ _ _ freschi.

Übung 4:

Wandeln Sie die folgenden Adjektive in Adverbien um!

1. certo _
2. buono _
3. sicuro _
4. normale _ _ _ _ _ _ _ _ _ _ _ _ _ _ _ _ _ _ _
5. veloce _
6. tranquillo_ _ _ _ _ _ _ _ _ _ _ _ _ _ _ _ _ _ _
7. triste (*traurig*) _ _ _ _ _ _ _ _ _ _ _ _ _ _ _
8. lento _
9. regolare _ _ _ _ _ _ _ _ _ _ _ _ _ _ _ _ _ _
10. cattivo _

B Ich nehme ...

Paolo und Anna sind ins Restaurant zurückgegangen und haben einen Tisch bekommen. Der Kellner bringt ihnen die Speisekarte.

Cameriere: Buonasera, signori. Ecco il menù. Sapete già cosa prendete da bere?

Anna: Vediamo, dove sono le bibite ... Ah, qui. Allora, tu preferisci il vino rosso o il bianco?

Paolo: Guarda, io prendo o una coca o un bicchiere di birra. No! C'è anche il crodino!

Anna: Come!? Siamo nel ristorante più buono di Napoli e tu prendi un crodino?

Paolo: Beh, a me piace!

Cameriere: Allora un crodino per Lei, e la signora?

Anna: È buono il vino sfuso?

Cameriere: Ottimo! È il vino della casa. Le posso portare un quarto?

Anna: Sì, per favore. E anche una bottiglia di acqua minerale.

Cameriere: Volentieri. Torno subito.

Anna: Grazie. Allora, come antipasto cosa prendiamo? Ci sono la caprese, il carpaccio, l'insalata di mare, il vitello tonnato, i crostini ...

Paolo: Io non voglio un antipasto. Non ho troppa fame.

Anna: Chissà perché? Almeno prendi un primo piatto, no?

Paolo: Ti va bene se prendiamo qualcosa insieme?

Anna: Qualcosa insieme? Va bene, preferisci la pasta o il risotto?

Paolo: Guarda, c'è il minestrone della nonna!

Anna: Secondo te divido in questo ristorante di classe una zuppa di verdura?

Paolo: No eh? Va bene, allora le tagliatelle al pesto?

Anna: Sì, per l'amor di Dio! Secondi? Pesce o carne?

Paolo: Non ci sono dubbi. Prendo la milanese con contorno di patate fritte.

Anna: Prendo la trota affumicata e poi un po' di frutta.

Paolo: Guarda i dolci! C'è la crostata al miele!

Vokabeln

acqua minerale *f*	Mineralwasser
affumicato/a	geräuchert
almeno	zumindest
antipasto *m*	Vorspeise
bibita *f*	Getränk
bovino *m*	Rind(fleisch)
caprese *f*	Tomaten, Mozzarella, Basilikum
carne *f*	Fleisch
carpaccio *m*	rohes Rind mit Parmesan
come	als
contorno *m*	Beilage
crostata *f*	Mürbeteigkuchen
da bere	zum Trinken
della nonna	nach Großmutterart
di classe	erstklassig
dividere	teilen
dolce *m*	Nachspeise
dubbio *m*	Zweifel
gasato/a	mit Kohlensäure
insalata di mare *f*	Meeresfrüchtesalat
insieme	zusammen
maiale *m*	Schwein, Schweinefleisch
menù *m*	Speisekarte
miele *m*	Honig
milanese *f*	paniertes Schnitzel
minestrone *m*	Gemüseeintopf
naturale	ohne Kohlensäure
ottimo/a	sehr gut
pasta *f*	Nudelgericht Teig, Nudeln
patate fritte *f/pl*	Pommes frites
pesce *m*	Fisch
piatto *m*	Gang, Gericht
più buono/a	beste/r
porchetta *f*	Spanferkel
primo (piatto) *m*	erster Gang
proprio	wirklich
qualcosa	etwas
quarto *m*	Viertel
risotto *m*	Reisgericht
secondo (piatto) *m*	Hauptgericht
signori *m/pl*	Herrschaften
tagliatelle *f/pl*	Bandnudeln
trota *f*	Forelle
un po' di	ein bisschen
vino della casa *m*	Hauswein
vino sfuso *m*	ausgeschenkter Wein
vitello *m*	Kalb(fleisch)
vitello tonnato *m*	Kalb in Thunfischsoße
zuppa *f*	Suppe

Grammatik

Die Endung „-one"

Die Endung -one dient dazu, eine Vergrößerung zum Ausdruck zu bringen.

So wird zum Beispiel aus minestra *Gemüsesuppe* minestrone *Gemüseeintopf*, *aus* maglia *leichter Pullover* maglione.

Man kann die Endung aber theoretisch an jedes Substantiv anhängen:

topo *Maus*	topone *große Maus*
letto *Bett*	lettone *großes Bett*

Alle Substantive, die mit -one umgewandelt werden können, sind maskulin.

Übung 5:

Beantworten Sie die Fragen!

1. Cosa prende Anna da bere?

_ _.

2. Perché non prendono poi il minestrone?

_ _.

3. Prendono un primo?

_ _.

Übung 6:

Setzen Sie die richtigen Präpositionen ein!

1. Paolo e Anna mangiano _ _ _ _ _ _ _ _ _ _ un ristorante di classe.
2. Il ristorante è _ _ _ _ _ _ _ _ _ _ Napoli.
3. Napoli è una città _ _ _ _ _ Italia.
4. Anna prende una bottiglia _ _ _ _ _ acqua minerale.
5. _ _ _ _ _ Paolo piace il crodino.
6. Paolo vuole assaggiare il minestrone _ _ _ _ _ nonna.

C Der gemütliche Teil ...

Nach dem Essen sitzen Paolo und Anna noch eine Zeit gemütlich am Tisch. Der Kellner fragt sie, ob sie noch etwas möchten.

Cameriere: Allora, signori? Tutto bene?
Anna: Sì, grazie. La trota è deliziosa!
Cameriere: Mi fa piacere! Volete ancora qualcosa?
Paolo: No, grazie, sono veramente sazio!
Cameriere: Neanche un po' di formaggio?
Anna: Perché no? Che tipo di formaggio avete?
Cameriere: Un po' di tutto: pecorino, scamorza, parmigiano ...
Anna: Faccia Lei! Vorrei una bella scelta.
Cameriere: Subito, signora! Prendete ancora qualcosa da bere? Magari un altro crodino?
Paolo: No grazie!
Cameriere: Porto anche un po' di frutta?
Paolo: Dipende. Che tipo di frutta avete?
Cameriere: Abbiamo pere, pesche, mele, albicocche, uva, ciliegie ...

Paolo: Va bene! Adoro le ciliegie!

Cameriere: Allora porto le ciliegie e un piatto di formaggio!

Anna: È bello essere di nuovo a Napoli, vero?

Paolo: Insomma! Io preferisco Firenze!

Anna: Tu non vuoi tornare qui dopo gli studi?

Paolo: Guarda! Napoli è troppo rumorosa, caotica e sporca! Firenze è molto più tranquilla di Napoli.

Anna: Anche a me piace molto Firenze. È sicuramente meno caotica, anche perché è più piccola. Ma a Firenze manca il mare.

Paolo: Il mare è una bella cosa, ma poi Napoli è più pericolosa rispetto a Firenze. Si vive meglio in Toscana.

Anna: Io non lo so, forse tu sei più sicuro perché vivi a Firenze già da molto tempo!

Paolo: Sì, probabilmente è così! Ah, il cameriere! Il conto per favore!

Cameriere: Insieme o separato?

Paolo: Insieme!

Anna: Oh, grazie!

Paolo: Figurati!

Vokabeln

adorare	lieben
caotico/a	chaotisch
conto *m*	Rechnung
delizioso/a	köstlich
di nuovo	wieder
formaggio *m*	Käse
mancare	fehlen
meglio	besser
meno	weniger
pagare	bezahlen
parmigiano *m*	Parmesan
pecorino *m*	Schafskäse
pericoloso/a	gefährlich
rispetto a	gegenüber
rumoroso/a	laut
sazio/a	satt
scamorza *f*	Weichkäse
scelta *f*	Auswahl
sporco/a	schmutzig
studio *m*	Studium
tipo di	eine Art/Sorte von
troppo	zu viel
un altro	noch eine/r
un po' di tutto	von allem ein bisschen
Dipende!	Das kommt darauf an!
Figurati!	Nichts zu danken!
Insomma!	Es geht so!
Prendete ancora qualcosa da bere?	Möchten Sie noch etwas zu trinken?
Tutto bene?	Alles in Ordnung?
Volete ancora qualcosa?	Möchten Sie noch etwas?

Grammatik

Der Komparativ – mehr

Um den Komparativ auszudrücken, benutzt man più (*mehr*) plus Adjektiv.

È più pericolosa.	*Sie ist gefährlicher.*
È più bello.	*Es ist schöner.*

Nach più im Sinne einer Steigerung wird der Vergleichspartikel di (*als*) plus Artikel gesetzt, wenn danach ein Substantiv oder ein Pronomen folgt.

È più carina della sorella.	*Sie ist hübscher als die Schwester.*
Firenze è più tranquilla di Napoli.	*Florenz ist ruhiger als Neapel.*

Will man zwei Adjektive, zwei Verben oder quantitative Verhältnisse vergleichen, verwendet man als Vergleichspartikel che (*als*) plus Verb oder Adjektiv.

Sei più simpatica che sincera!	*Du bist mehr sympathisch als ehrlich!*
È più bello imparare *che insegnare!*	*Es ist schöner zu lernen als zu lehren!*

Um die Steigerung nochmals zu verstärken, wird molto (*sehr viel*) vor più gesetzt.

È molto più pericolosa.	*Sie ist viel gefährlicher.*
È molto più carina di Anna.	*Sie ist viel hübscher als Anna.*

Einige Adjektive bilden hingegen eine eigene Komparativform:

buono	*gut*	migliore	*besser*
cattivo	*schlecht*	peggiore	*schlechter*
alto	*hoch*	superiore	*höher*
basso	*niedrig*	minore	*niedriger*
grande	*groß*	maggiore	*größer*
piccolo	*klein*	inferiore	*kleiner*
molto	*viel*	più	*mehr*

Alle diese Adjektive (außer molto) kann man auch mit più steigern:
più buono, più cattivo, più alto, più basso, più grande, più piccolo

Der Komparativ – weniger

Um eine Verringerung auszudrücken, benutzt man meno (*weniger*) plus Adjektiv.

È meno pericolosa.
Sie ist weniger gefährlich.
Napoli è meno tranquilla di Firenze.
Neapel ist weniger leise als Florenz.

Um die Verringerung zu verstärken, kann man molto (*sehr viel*) vor meno setzen.

È molto meno pericolosa. *Sie ist viel weniger gefährlich.*

Die Steigerung der Adverbien

Der Komparativ bildet sich wie der der Adjektive mit piu und meno:

Anna parla più velocemente di Paolo!
Anna spricht schneller als Paolo.
Anna cucina meglio di Angela!
Anna kocht besser als Angela!

Ausnahmen bilden:
bene *gut* wird zu meglio *besser*
male *schlecht* wird zu peggio *schlechter*

Infobox

Lokal ≠ locale
trattoria, bar = Lokal
locale = Raum

Übung 7:

Kreuzen Sie die richtigen Antworten an! Lesen Sie den Text hierzu genau.

1. a) Anna mangia la frutta. ☐ ☐
   b) Anna mangia il formaggio. ☐ ☐
2. a) A Paolo piacciono le ciliegie. ☐ ☐
   b) A Paolo non piace la frutta. ☐ ☐
3. a) Il cameriere porta la crostata. ☐ ☐
   b) Il cameriere porta le ciliegie e il formaggio. ☐ ☐

Übung 8:

Übersetzen Sie!

1. Florenz ist schöner als Neapel.

____________________________.

2. Andrea ist intelligenter als Paolo.

____________________________.

3. Monica ist hübscher als Natalia.

____________________________.

4. Rom ist größer als Mailand.

____________________________.

Übung 9:

Ergänzen Sie mit „più" oder „meno"!

1. Napoli è __________ rumorosa, caotica e sporca!

2. Firenze è molto __________ tranquilla di Napoli.

3. Firenze è sicuramente __________ caotica, anche perché è __________ piccola.

4. Napoli è __________ pericolosa __________ Firenze.

5. Si vive __________ in Toscana.

Infobox

Kantine ≠ cantina
mensa = Kantine
cantina = Keller

Übung 10:

Übersetzen Sie den folgenden Text!

Napoli è più grande di Firenze, ma è anche più caotica e più sporca. Firenze è più piccola, ma più pulita e tranquilla. A Napoli c'è il mare, invece a Firenze manca. A Napoli c'è anche la metropolitana, ma a Firenze ci sono solo gli autobus. Entrambe (beide) le città sono molto belle e interessanti.

____

____

____

____

____

A Mitten in der Stadt

Anna und Paolo sind im Zentrum von Neapel und wollen ihre Freundin Monica besuchen. Doch keiner der beiden kennt den Weg!

Anna: Allora, hai parlato con Monica?

Paolo: Sì. Purtroppo non ha molto tempo. Deve partire oggi per l'Inghilterra. Prende l'aereo alle dieci.

Anna: Peccato! Ma Monica è sempre in viaggio!

Paolo: Lei è giornalista! Naturalmente viaggia molto! Perciò abita ora vicino all'aeroporto.

Anna: Ma tu hai saputo da Monica come si arriva a casa sua con i mezzi i pubblici?

Paolo: Non precisamente. Ma è facilissimo. Dobbiamo scendere alla fermata della clinica.

Anna: La clinica è a ovest di Napoli, no?

Paolo: No, è più a nord.

Anna: Va bene. Io comunque non conosco quella zona, e tu?

Paolo: Insomma.

Anna: Ho capito! Guardiamo un po' la cartina. Siamo in Piazza Cavour. Possiamo prendere la metropolitana e andare fino a Montesanto.

Paolo: E poi prendiamo la funicolare! È bellissima!

Anna: Ma non ci porta all'ospedale!

Paolo: Posso vedere la cartina? Guarda! Hanno cominciato finalmente a costruire i binari per il tram!

Anna: Sì, ma vogliamo aspettare l'inaugurazione o vogliamo andare ancora oggi da Monica?

Paolo: Ora ho un'idea! Andiamo a piedi fino a Piazza Dante. È vicinissima! E poi prendiamo direttamente l'altra metro. Così non dobbiamo cambiare.

Anna: Finalmente una buona idea! Andiamo a fare i biglietti!

Vokabeln

a piedi	zu Fuß
aereo *m*	Flugzeug
aeroporto *m*	Flughafen
autobus *m*	Autobus
barca *f*	Boot
bellissimo/a	sehr schön
biglietto *m*	Fahrkarte
binario *m*	Gleis/Bahnsteig
bus *m*	Autobus
cambiare	umsteigen
capito (Infinitiv: **capire**)	verstanden
capolinea *m*	Endhaltestelle
cartina *f*	Karte
clinica *f*	Klinikum
costruire	bauen
direttamente	direkt
facilissimo/a	sehr einfach
fare il biglietto	das Ticket kaufen
fermata *f*	Haltestelle
fino a	bis
funicolare *f*	Seilbahn
idea *f*	Idee
in viaggio *m*	auf Reisen
inaugurazione *f*	Einweihung
Inghilterra *f*	England

metro(politana) *f*	U-Bahn
mezzo pubblico *m*	öffentliches Verkehrsmittel
nave *f*	Schiff
ospedale *m*	Krankenhaus
parlare	sprechen
parlato (Infinitiv: **parlare**)	gesprochen
portato (Infinitiv: **portare**)	gebracht
precisamente	genau
purtroppo	leider
salire	einsteigen
saputo (Infinitiv: **sapere**)	erfahren
scendere	aussteigen
traghetto *m*	Fähre
tram *m*	Straßenbahn
viaggiare	reisen
vicinissimo/a	sehr nah
zona *f*	Gegend

Grammatik

Das regelmäßige Partizip II und das Passato Prossimo

Das Passato Prossimo (Perfekt) drückt einen einmaligen, Vorgang in der näheren Vergangenheit aus.
Die Bildung des Participio Passato erfolgt mit den Hilfsverben essere und avere plus Partizip II.

1. Klasse (-are)		
parlare	Endung -ato	parlato
2. Klasse (-ere)		
sapere	Endung -uto	saputo
3. Klasse (-ire)		
capire	Endung -ito	capito

Bsp.:
Livia ha saputo il numero di Carlo.
Livia hat die Nummer von Carlo erfahren.
Enza ha parlato con un amico.
Enza hat mit einem Freund gesprochen.

Anders als im Deutschen steht das Hilfsverb immer direkt vor dem Partizip.
Die Verneinung non steht wie immer vor dem Verb.

Der Superlativ

Der Superlativ wird im Italienischen durch das Anhängen der Endungen -issimo,-issima, -issimi, und -issime an den Stamm des Adjektivs gebildet. Er drückt immer eine Verstärkung aus.

Napoli è una città bellissima.	*Neapel ist eine sehr schöne Stadt.*
È una cosa bruttissima.	*Das ist eine sehr schlimme Sache.*

Auch Adjektive die auf -e enden erhalten im Superlativ die Endung -issimo und werden somit dem Genus des Bezugsworts angepasst.

Sonderformen des absoluten Superlativs:

buono *gut*	ottimo *sehr gut*
cattivo *schlecht*	pessimo *sehr schlecht*

Der relative Superlativ

Um den relativen Superlativ auszudrücken, stellt man vor das Substantiv den bestimmten Artikel in Verbindung mit più und der einfachen Form des Adjektivs.

Bsp.:

È la città più bella.	*Es ist die schönste Stadt.*
È la casa più brutta.	*Das ist das hässlichste Haus.*

Übung 1:

Beantworten Sie die Fragen!

1. Dove sono Anna e Paolo?

__________________________.

2. Dove vogliono andare?

__________________________.

3. Perché Monica non ha molto tempo?

____

4. Quando parte Monica?

______________________________.

5. Dove abita Monica?

______________________________.

6. Che mezzo vuole prendere Paolo?

____

7. Che mezzo prendono Anna e Paolo?

______________________________.

8. Perché non prendono il tram?

______________________________.

Übung 2:

Bilden Sie das Partizip II!

1. andare________________________.
2. credere ______________________.
3. abitare________________________.
4. preparare ____________________.
5. partire ________________________.

Übung 3:

Setzen Sie die passende Form von „avere" in die Lücken ein!

1. Tu _____ mangiato gli spaghetti.
2. Noi __________ parlato con Anna.
3. Monica __________ studiato a Napoli.
4. I nonni non __________ capito il gioco.
5. Io __________ preferito il carpaccio.
6. Voi __________ saputo il numero del ragazzo.

Übung 4:

Übersetzen Sie!

1. Wir haben das Haus nicht gefunden.

______________________________.

2. Du hast die Uhrzeit nicht erfahren.

______________________________.

3. Wir haben den Tisch gekauft.

______________________________.

4. Er hat einen sehr guten Fisch gegessen.

______________________________.

5. Ich habe Medizin studiert.

______________________________.

Übung 5:

Wandeln Sie die Begriffe in den relativen Superlativ um!

1. La persona pericolosa ____________.
2. Gli amici cari __________________.
3. Le città belle __________________.
4. Le case grandi _________________.
5. Le stanze luminose _____________.
6. Gli aeroplani veloci _____________.

B Endlich da ...

Anna und Paolo sind angekommen, aber es ist sehr spät. Monica erzählt noch von ihrer letzten Reise.

Monica: Ciao ragazzi. Avete trovato il palazzo senza problemi?
Anna: Insomma!
Monica: Ma siete venuti in autobus?
Anna: C'è l' autobus?
Monica: Comunque siete arrivati!
Paolo: Sì, e tu? Dove sei stata ultimamente? Non ho ricevuto tue notizie da tanto tempo.
Monica: Sono partita cinque mesi fa per Monaco di Baviera. Abbiamo girato un film sui mezzi di trasporto in Germania.
Anna: Davvero? E come sono i mezzi tedeschi?
Monica: Guarda! Non c'è paragone. A Monaco la metro ha otto linee e a ogni fermata c'è l' autobus. Per il traffico locale usano poi dei piccoli treni. E partono ogni venti minuti!
Paolo: Veramente?
Monica: Eh, sì, e sono anche abbastanza puntuali.
Anna: E quando sei tornata?
Monica: Sono tornata solo cinque giorni fa. E ieri ho ricevuto un messaggio. Devo prendere il prossimo aereo per Londra. E infatti! Adesso è ora di partire!
Paolo: Già?
Monica: Sì purtroppo. Ora chiamo il centralino. Devono mandare un tassista. Poi scendiamo e aspettiamo insieme il tassì. Almeno vi accompagno alla metropolitana. Sì, centralino? Un taxi in via dei Bianchi 4, per favore!
Centralino: Sì, tra tre minuti!
Monica: Grazie!
Paolo: Scendiamo?
Monica: Sì, Paolo porti tu questa valigia? Ne ho troppe!
Monica: Alla fermata della metropolitana e poi all'aeroporto, per favore!
Tassista: Subito!
Paolo-Anna: Grazie per il passaggio e buon viaggio!
Monica: Grazie e a presto!
Tassista: All'aeroporto?
Monica: Sì.
Tassista: C'è un po' di traffico, ma se vuole prendo una scorciatoia!
Monica: No, grazie, abbiamo abbastanza tempo! Anzi non andiamo molto veloci, per favore!
Tassista: A che ora parte il suo volo?
Monica: Alle 10:15!
Tassista: Sa da quale gate decolla il Suo volo?
Monica: No, devo chiedere al check-in!

9 Unterwegs

Vokabeln

accompagnare	begleiten
adesso	jetzt
atterrare	landen
bagaglio *m*	Gepäckstück
camminare	zu Fuß gehen
centralino *m*	Telefonzentrale
check-in *m*	Check-in
chiedere	fragen
decollare	abfliegen
dettagliatamente	ganz genau
film *m*	Film
gate *m*	Gate
girare	drehen
infatti	tatsächlich
linea *f*	Linie
locale	örtlich
Londra	London
mai	nie
messaggio *m*	Nachricht
Monaco di Baviera	München
notizia *f*	Nachricht
paragone *m*	Vergleich
passaggio *m*	Mitfahrgelegenheit
ricevere	erhalten
riuscire a fare	etwas schaffen
scorciatoia *f*	Abkürzung
spiegare	erklären
strada *f*	Weg
tassì *m*	Taxi
tassista *m/f*	Taxifahrer/in
traffico *m*	Verkehr
ultimamente	in der letzten Zeit
un mese fa	vor einem Monat
uscire	ausgehen
veloce	schnell
A che ora parte il Suo volo?	Um wie viel Uhr geht Ihr Flieger?
All'aeroporto!	Zum Flughafen!
Un taxi in via ..., per favore!	Bitte, ein Taxi in die ... Straße!

Grammatik

Das Passato Prossimo von „essere"

Das Partizip II von essere lautet stato. Das Partizip II wird in Genus und Numerus dem Subjekt angepasst.

Monica è stata a Monaco.	*Monica war in München.*
Le ragazze sono state a Londra.	*Die Mädchen waren in London.*
Luca è stato a Firenze.	*Luca war in Florenz.*
I fratelli sono stati a Roma.	*Die Brüder waren in Rom.*

Das Passato Prossimo mit „essere" als Hilfsverb

Essere wird vor allem bei Verben der Bewegung, die eine Ankunft bzw. Abreise ausdrücken, verwendet:

Sono arrivata lunedì e sono partita sabato.	*Ich bin montags angekommen und samstags abgereist.*
Sono andato a Parigi.	*Ich bin nach Paris gefahren.*

„Stare" und „rimanere"

Stare und rimanere (*bleiben)* verlangen essere als Hilfsverb, wobei rimanere das unregelmäßige Partizip II rimasto bildet.

Bsp.:

Ieri Matteo è stato male.	*Matteo war gestern krank.*
Clara è rimasta a casa.	*Clara ist zu Hause geblieben*

Auch bei einigen intransitiven Verben ist essere zu verwenden:

costare	*kosten*	costato
diventare	*werden*	diventato
morire	*sterben*	morto
nascere	*geboren werden*	nato
piacere	*gefallen*	piaciuto

riuscire	*schaffen*	riuscito
sembrare	*scheinen*	sembrato
succedere	*geschehen*	successo

Übung 6:

Kreuzen Sie die richtigen Antworten an!

1. a) Anna e Paolo sono arrivati subito da Monica. ☐
   b) Anna e Paolo non sono arrivati subito. ☐
2. a) Monica ha tanto tempo. ☐
   b) Monica non ha tempo. ☐
3. a) Monica è stata a Firenze. ☐
   b) Monica è stata a Monaco. ☐
4. a) Monica ha girato un film sui mezzi pubblici tedeschi. ☐
   b) Monica ha girato un film sui tassì di Napoli. ☐
5. a) Monica va in autobus all'aeroporto. ☐
   b) Monica va in tassì all'aeroporto. ☐
6. a) Monica ha tante valigie. ☐
   b) Monica ha solo una valigia ☐

Übung 7:

Setzen Sie die richtige Form des Passato Prossimo von „essere" ein!

1. La bambina _ _ _ _ _ brava.
2. Ieri Anna _ _ _ _ _ al bar.
3. Alessandra non _ _ _ _ _ una bella donna.
4. Signore, _ _ _ _ _ in giardino?
5. Paolo non _ _ _ _ _ nella funicolare.
6. Mamma, _ _ _ _ _ in città?
7. _ _ _ _ _ in America, signori?
8. Anna, ma tu _ _ _ _ _ a Milano?
9. Ragazze, _ _ _ _ _ da Mario?
10. Le nonne _ _ _ _ _ in cucina.
11. Anna e Monica _ _ _ _ _ insieme in Germania.

Übung 8:

Setzen sie das richtige Hilfsverb ein!

1. Giotto _ _ _ _ _ diventato famoso.
2. Noi non _ _ _ _ _ capito la grammatica.
3. Le ragazze _ _ _ _ _ uscit_ con Adriano.
4. Carlo _ _ _ _ _ arrivato in Germania.
5. Io _ _ _ _ _ girato il film sulla funicolare.
6. Signore, _ _ _ _ _ rimaste a casa?

C Am Bahnhof

Anna trifft ihre Freundin Angela am Hauptbahnhof. Die beiden wollen heute nach Florenz fahren.

Anna: Angela! Ho trovato il cartellone degli arrivi e delle partenze. Il treno per Firenze parte dal binario sei.
Angela: E quando parte?
Anna: Parte fra cinque minuti!
Angela: Ma non ho ancora comprato il biglietto.
Anna: Non fa niente. Lo compri in treno dal controllore.
Angela: Ma costa di più.

Anna: E dai! Se no perdiamo il treno.
Angela: Ci metto un minuto. Vedi! Lo sportello è libero.
Anna: Va bene, ma sbrigati!
Bigliettaio: Buongiorno.
Angela: Salve. Un biglietto per Firenze!
Bigliettaio: Molto volentieri, signorina. Un biglietto di andata e ritorno o semplice.
Angela: No, no. Solo di andata, per favore!
Bigliettaio: Come desidera. Va per la prima volta a Firenze?
Angela: Sì. Ma sono veramente di fretta!
Bigliettaio: Capisco. Non hanno mai tempo queste ragazze! Viaggia in prima o in seconda classe?
Angela: Seconda.
Bigliettaio: Prende il vagone letto?
Angela: No, no viaggio di giorno.
Bigliettaio: Ha bisogno di un supplemento?
Angela: No, per favore. Voglio solo il biglietto.
Bigliettaio: Allora non prende l'intercity?
Angela: No, prendo il treno regionale!
Bigliettaio: Allora deve fare la prenotazione! È sempre strapieno il regionale! Negli scompartimenti non trova neanche un posto.
Angela: No grazie.
Bigliettaio: Se vuole fare tutto il viaggio in piedi! Non ha per caso la carta verde?
Angela: No, purtroppo no.
Bigliettaio: Peccato! Con la carta verde si risparmia veramente. Mio cugino ...
Angela: Per l'amor di Dio! Il biglietto!
Bigliettaio: Eccolo qua! Fa € 32. Le faccio la ricevuta?
Angela: No, grazie!
Anna: Allora, Angela!
Angela: Eccomi qua! Devo ancora timbrare il biglietto.
Anna: Puoi farlo con comodo! Abbiamo appena perso il treno.
Angela: Mi dispiace, ma questo bigliettaio stravecchio mi ha raccontato la sua vita!
Anna: Prendiamo il prossimo!

Vokabeln

andata e ritorno *m*	Hin- und Rückfahrt
andata *f*	Hinfahrt
appena	gerade
arrivo *m*	Ankunft
bigliettaio *m*	Fahrkartenverkäufer
binario *m*	Gleis
carta verde *f*	italienische Bahncard
cartellone *m*	Anzeigetafel
con comodo	in aller Ruhe
controllore *m*	Schaffner
cuccetta *f*	Liegewagen
essere di fretta	in Eile sein
libero/a	frei
metterci un minuto	noch eine Minute brauchen
partenza *f*	Abfahrt

perdere	verpassen
posto *m*	Platz
prenotazione *f*	Reservierung
prima classe *f*	erste Klasse
puoi farlo	du kannst es machen
occupato/a	besetzt
raccontare	erzählen
ricevuta *f*	Quittung
risparmiare	sparen
ritorno *m*	Rückfahrt
sbrigarsi	sich beeilen
scompartimento *m*	Abteil
se no	sonst
seconda classe *f*	zweite Klasse
semplice	einfach
sportello *m*	Schalter
supplemento *f*	Zuschlag
timbrare	stempeln
treno regionale *m*	Bummelzug
vagone letto *m*	Schlafwagen
vita *f*	Leben
E dai!	Ach, komm!
È libero questo posto?	Ist dieser Platz frei?
Ha bisogno di ...?	Brauchen Sie ...?
Hai bisogno di ...?	Brauchst du ...?

Infobox

Kompass ≠ compasso
bussola = Kompass
compasso = Zirkel

Grammatik

Die Ordnungszahlen

primo	*erster*
secondo	*zweiter*
terzo	*dritter*
quarto	*vierter*
quinto	*fünfter*
sesto	*sechster*
settimo	*siebter*
ottavo	*achter*
nono	*neunter*
decimo	*zehnter*

Bei allen folgenden Zahlen wird an den Stamm einfach -esimo angehängt. Die Ordnungszahlen werden genau wie Adjektive mit der o-Endung dekliniert.

novantotto	98	novantottesimo	98.
cento	100	centesimo	100.

Beim Datum werden keine Ordnungszahlen verwendet. Hier benützt man die Grundzahlen.

il sette gennaio	*der siebte Januar*
il sedici febbraio	*der sechzehnte Februar*
il quattro marzo	*der vierte März*

Die einzige Ausnahme ist der Erste jeden Monats:

il primo aprile	*der erste April*
il primo dicembre	*der erste Dezember*

Infobox

passieren ≠ passare
succedere = passieren
passare = vorbeigehen

Die Jahrezahlen

Anders als im Deutschen werden die Jahreszahlen wie Grundzahlen gelesen.

1814 il milleottocentoquattordici
1848 il milleottocentoquarantotto
1978 il millenovecentosettantotto
1998 il millenovecentonovantotto
2003 il duemilatre

Die Jahrhunderte werden wie folgt bezeichnet:

18. Jahrhundert	il settecento
19. Jahrhundert	l'ottocento
20. Jahrhundert	il novecento

Übung 9:

Kreuzen Sie an!

	richtig	falsch
1. Angela vuole andare a Napoli.	☐	☐
2. Angela vuole comprare il biglietto in treno.	☐	☐
3. Il bigliettaio è velocissimo.	☐	☐
4. Angela prende il vagone letto.	☐	☐
5. Angela prende il treno regionale.	☐	☐
6. Il treno per Firenze parte dal binario sette.	☐	☐
7. Il treno regionale è sempre vuoto.	☐	☐
8. Il biglietto costa € 32,–.	☐	☐
9. Anna e Angela perdono il treno.	☐	☐

Infobox

Karte = carta
cartolina, biglietto = Karte
carta = Papier

Übung 10:

Schreiben Sie folgende Datumsangaben aus!

1. 04.03.1943

_ _

2. 20.10.1860

_ _

3. 16.02.1978

_ _

Übung 11:

Bilden sie die Ordnungszahlen!

1. quarantadue _ _ _ _ _ _ _ _ _ _ _ _ _ _ _ _ _
2. cinquanta _ _ _ _ _ _ _ _ _ _ _ _ _ _ _ _ _ _
3. diciassette _ _ _ _ _ _ _ _ _ _ _ _ _ _ _ _ _ _
4. quattro _ _ _ _ _ _ _ _ _ _ _ _ _ _ _ _ _ _ _
5. ventotto _ _ _ _ _ _ _ _ _ _ _ _ _ _ _ _ _ _ _
6. sette _
7. quarantacinque _ _ _ _ _ _ _ _ _ _ _ _ _ _ _
8. uno _
9. tre _

A In Florenz

Anna und Angela sind gerade in Florenz angekommen. Sie gehen erst spazieren, weil Angela noch nie dort war und sehr neugierig ist.

Anna: Benvenuta in questa meravigliosa città! Sei già stata a Firenze?

Angela: No, questa è la prima volta e sono molto curiosa. Ne ho sentito parlare veramente bene!

Anna: Eh, sì! È davvero una città magica!

Angela: Bene! Dove mi porti ora?

Anna: Ora facciamo una passeggiata e poi andiamo a pranzo! Va bene?

Angela: Benissimo! E quello cos'è?

Anna: Ah, quello è il mercatino di San Lorenzo! È un mercato giornaliero dove si può comprare di tutto: borse, scarpe, cinture, maglioni, quadri. È un posto molto carino e suggestivo, ma Firenze è piena di questi mercatini!

Angela: Hai già comprato qualcosa lì?

Anna: Oh sì! Ho già speso molti soldi in quel posto! Siamo quasi arrivate al locale: è una pizzeria dove si mangia la pizza al taglio ed è in una traversa di via Calzaiuoli, la zona pedonale di Firenze.

Angela: È davvero molto bello qui!

Anna: Eh, sì! Questa è la strada principale del centro e ci sono dei negozi bellissimi!

Angela: Hai ragione!

Anna: Ah ecco, l'ho trovato! Ecco il locale della pizza al taglio.

Vokabeln

annuale	jährlich
cercato (Infinitiv: **cercare**)	gesucht
città *f*	Stadt
comprato (Infinitiv: **comprare**)	gekauft
curioso/a	neugierig
giornaliero/a	täglich
locale *m*	Lokal
mensile	monatlich
mentre	während
mercatino *f*	kleiner Markt
metropoli *f*	Großstadt, Metropole
momento *m*	Augenblick
oggi pomeriggio	heute Nachmittag
paese turistico	Reiseland
pizza al taglio	Pizza am Stück
posto *f*	Ort
preso (Infinitiv: **prendere**)	genommen
quasi	fast
quotidiano *m*	Tageszeitung
settimanale	wöchentlich
speso (Infinitiv: **spendere**	ausgegeben
suggestivo	eindrucksvoll
trascorso (Infinitiv: **trascorrere**)	verbracht
trovato (Infinitiv: **trovare**)	gefunden
viaggio *m*	Reise
visita *f*	Besuch
vissuto (Infinitiv: **vivere**)	gelebt
zona pedonale	Fußgängerzone
Sei già stata a Firenze?	Warst du schon in Florenz?

Grammatik

Die Besonderheit von „santo" *heilig*

Das Adjektiv santo *heilig* wird häufig substantiviert:

Il santo patrono della città di Napoli è San Gennaro!
Der Schutzheilige von Neapel ist der Heilige Gennaro!

So auch bei folgenden Eigennamen:
San Francesco
Sant'Anna
Sant'Antonio
Santa Barbara

Die direkten Objektpronomen in Verbindung mit dem Perfekt

Die unbetonten direkten Objektpronomen können auch in Verbindung mit dem Perfekt stehen. In diesem Fall passt sich die Partizipendung dem Genus und Numerus des Pronomens an.

Bsp.:

L'ho trovato!	*Ich habe ihn gefunden!*
L'hai vista?	*Hast du sie gesehen?*
Li hanno incontrati al mercato.	*Sie haben sie auf dem Markt getroffen.*
Le ho conosciute alla festa!	*Ich habe sie auf der Party kennen gelernt!*
Signor Fratoni, c'è Sua moglie L'ha vista?	*Herr Fratoni, Ihre Frau ist da! Haben Sie sie gesehen?*

Übung 1:

Ergänzen Sie die passende Verbform!

1. Ieri _________ tre giornali! (io-leggere)
2. Quando _________ tua figlia? (nascere)
3. Perché non _____ il caffè? (tu – fare)
4. L'anno scorso _________ mio cugino! (nascere)
5. _________ molto da bambini? (voi – soffrire)
6. Perché _________ la porta? (tu – chiudere)
7. Noi _________ di venire! (promettere)

Übung 2:

Bilden Sie das unregelmäßige Partizip II von folgenden Verben!

1. soffrire ____________________.
2. chiedere ____________________.
3. offrire ____________________.
4. aprire____________________.
5. mettere____________________.
6. leggere ____________________.

Übung 3:

Setzen Sie in die Lücken die passende Form des Passato Prossimo ein!

1. La mia amica mi _________ la cena. (offrire)
2. Noi _________ a Monaco. (nascere)
3. Monica _________ a Napoli. (vivere)
4. Loro _________ a piedi. (scendere)
5. Ieri _________ tutto il giorno. (piovere)

Übung 4:

Antworten Sie auf folgende Fragen und verwenden Sie dabei die Objektpronomen.

1. Hai visto il gatto? Sì, ____________
____________________________!
2. Avete incontrato Anna e Angela?
No, __________________________!
3. Avete visto il nuovo film di Spiegelberg?
Sì, __________________________!
4. Hanno mangiato il gelato i bambini?
No, __________________________!
5. Hai preparato le valigie? Sì, _________
____________________________!

B Auf Zimmersuche

Anna und Angela sind in der Jugendherberge und erkundigen sich, ob Angela dort ein Zimmer bekommen kann.

Anna: Mi dispiace molto non poterti ospitare, ma quando ho preso in affitto la stanza non ho pensato a eventuali visite!
Angela: Non ti preoccupare, una stanza in un ostello della gioventù per una settimana non è troppo cara!
Anna: Speriamo, ma sicuramente non è molto accogliente!
Angela: In fondo ci devo solo dormire! Conosci quest'ostello?
Anna: Sì, ci ho vissuto all'inizio, mentre ho cercato la mia stanza. È abbastanza carino ed economico!
Angela: Buon giorno, vorrei una stanza per una settimana, è possibile?
Portiere: Ha prenotato?
Angela: No, purtroppo no!
Portinaio: Mmh, allora un attimo, guardo se trovo qualcosa!
Angela: Mi illudo se credo di trovare qualcosa in questo periodo!
Anna: Preoccuparsi non serve a niente!
Portinaio: Signorina, mi dispiace molto, ma non è rimasta neanche una stanza libera. Se vuole posso informarmi da un paio di colleghi!
Angela: Oh, sì! Grazie!
Portiere: Allora, ho trovato una stanza in centro singola in una piccola pensione o una con altre due ragazze!
Angela: La singola è sicuramente più cara, ma la preferisco! Ma dov'è e quanto costa?
Portiere: Allora, la pensione si chiama „Tina" ed è proprio dietro Piazza San Marco, in via San Gallo! La stanza costa € 55 senza colazione.
Angela: Mi sembra un po' cara!
Anna: No, non lo è, siamo in alta stagione,

tutto costa di più e poi è veramente centrale.

Angela: Allora va bene, ci andiamo subito! Grazie mille, è stato molto gentile!

Portiere: Prego e arrivederci!

Vokabeln

accogliente	gemütlich
affittare	vermieten
alta stagione *f*	Hochsaison
bassa stagione *f*	Nebensaison
camera/stanza *f*	Zimmer
camera/stanza doppia *f*	Doppelzimmer
camera/stanza singola *f*	Einzelzimmer
centrale	im Zentrum
centro *m*	Zentrum
dietro	hinter
dormire	schlafen
essere pieno/a di ...	voll sein (von etwas)
eventuale	eventuell
gioventù *f*	Jugend
in questo periodo	zu dieser Zeit
matrimoniale *f*	Doppelzimmer (mit französischem Bett)
metà *f*	Hälfte
ospitare	beherbergen
ostello (della gioventù) *m*	Jugendherberge
periferia *f*	Stadtrand
prendere in affitto	mieten
preoccuparsi	sich Sorgen machen
senza	ohne
Mi illudo!	Ich mache mir falsche Hoffnungen!
Non serve a niente!	Es bringt überhaupt nichts!
Non ti preoccupare!	Mach dir keine Sorgen!

Infobox

Ausflugsziele in die Natur

giardini pubblici *pl*	Grünanlage
grotta *f*	Höhle
paessagio *m*	Landschaft
mare *m*	Meer
parco *m*	Park

Grammatik

Reflexivpronomen und reflexive Verben

Die Reflexivpronomen begleiten reflexive Verben. Reflexive Verben sind jene Verben, bei denen sich die Handlung auf das Subjekt selbst bezieht.

Personalpronomen	Reflexivpronomen	
io	mi	*mich*
tu	ti	*dich*
lui/lei	si	*sich*
Lei	si	*sich*
noi	ci	*uns*
voi	vi	*euch*
loro	si	*sich*

Am Beispiel informarsi *sich erkundigen* sehen Sie, wie reflexive Verben konjugiert werden:

io	mi	informo	ich erkundige mich
tu	ti	informi	du erkundigst dich
lui/lei	si	informa	er/sie/es erkundigt sich
Lei	si	informa	Sie erkundigen sich
noi	ci	informiamo	wir erkundigen uns
voi	vi	informate	ihr erkundigt euch
loro	si	informano	sie erkundigen sich

Die Verneinung non steht vor dem Reflexivpronomen.

Ora non mi informo. *Jetzt erkundige ich mich nicht.*

Infobox

In der Regel sind die meisten italienischen reflexiven Verben auch im Deutschen reflexiv, es gibt jedoch einige Abweichungen:

alzarsi	*aufstehen*
chiamarsi	*heißen*
svegliarsi	*aufwachen*
dimenticarsi	*vergessen*

Die Stellung der Reflexivpronomen

Die Reflexivpronomen stehen in der Regel vor dem konjugierten Verb. Beim Infinitiv wird das Reflexivpronomen einfach angehängt und die Endung -e fällt weg.

Bsp.:

Io mi lavo le mani.	*Ich wasche mir die Hände.*
Posso informarmi!	*Ich kann mich erkundigen!*
Non devi alzarti?	*Musst du nicht aufstehen?*

Übung 5:

Kreuzen Sie den richtigen Satz an!

1. a) Anna e Angela sono in un ostello. ☐
   b) Anna e Angela sono in un bell'albergo del centro. ☐
2. a) Angela trova una camera in un albergo. ☐
   b) Angela trova una camera in una pensione. ☐
3. a) La pensione è in centro. ☐
   b) La pensione è in periferia. ☐
4. a) Le due amiche vogliono andare in centro. ☐
   b) Le due amiche vogliono andare subito alla pensione. ☐

Übung 6:

Konjugieren Sie!

lavarsi sich waschen

io	__________	*ich wasche mich*
tu	__________	*du wäschst dich*
lui/lei	__________	*er/sie/es wäscht sich*
Lei	__________	*Sie waschen sich*
noi	__________	*wir waschen uns*
voi	__________	*ihr wascht euch*
loro	__________	*sie waschen sich*

Übung 7:

Übersetzen Sie!

Jeden Tag stehe ich auf und wasche mich im Bad. Dann frühstücke ich und fahre mit dem Auto ins Büro. Dann kümmere ich mich (occuparsi di+Artikel) um die Arbeit. Am Nachmittag entspanne ich mich (rilassarsi) im Garten und lese die Tageszeitung.

____

____

____

______________________________.

C Oh, wie schön!

Anna und Angela waren in der Pension und sind nun wieder unterwegs. Sie haben den Dom erreicht und besichtigen die schöne Umgebung.

Anna: Questo è il famoso Duomo, è uno dei più belli al modo!

Angela: Conosci un po' la sua storia?

Anna: Sì, è stato costruito nel 1300, ma la parte più importante, la magnifica cupola, è stata costruita da Brunelleschi tra il 1420 e il 1434 ed è un vero capolavoro architettonico: è formata da due metà che si sostengono a icenda!

Angela: Interessante!

Anna: Hai visto che bello!

Angela: È ancora più bello di quanto mi hanno raccontato! Entriamo?

Anna: Sì, se vuoi, ma fuori è più bello! Hai visto il campanile di Giotto?

Angela: Ma è altissimo! Ti sei mai recata sulla torre?

Anna: No, perché non ho mai avuto abbastanza tempo per dedicarmi ai 414 scalini!

Angela: Ah! Da sopra si gode sicuramente una bellissima vista!

Anna: Ne sono sicura! Ma guardiamoci prima intorno! Guarda, questo è il Battistero!

Angela: È davvero piccolo!

Anna: Sì, ma fino al 1128 è stata la cattedrale della città! E poi è splendido, hai visto la porta in oro?

Angela: È così piccolo, ma allo stesso tempo grandioso!

Anna: Eh, sì, ma visto che siamo qui, ti mostro la Loggia dei Lanzi. E poi non possiamo dimenticarci Palazzo Vecchio in Piazza della Signoria!

Angela: Anche la Loggia è maestosa, ma Palazzo vecchio è favoloso!

Anna: Io so. Ho trascorso molto tempo qui all'inizio, perché mi sono sempre incantata! Sai, a Monaco di Baviera è stata fatta un'imitazione di questa Loggia in una grande piazza vicino all'università!

Angela: Sei stata anche a Monaco?

Anna: Sì, ma con la scuola, tanto tempo fa!

Angela: Anche Piazza della Signoria è enorme.

Anna: È la mia piazza preferita!

Angela: Voglio vedere ancora il famoso Ponte Vecchio e il Palazzo Pitti!

Vokabeln

a vicenda	gegenseitig
architettonico/a	architektonisch
campanile *m*	Glockenturm
capolavoro *m*	Meisterwerk
chiave *f*	Schlüssel
da sopra	von oben aus
dedicarsi	sich widmen
dimenticarsi	vergessen
duomo *m*	Dom
favoloso/a	märchenhaft
godere	genießen
grandioso/a	großartig
il mese scorso	letzten Monat
imitazione *f*	Nachahmung
incantarsi	verzaubert sein

l'anno scorso	letztes Jahr
la settimana scorsa	letzte Woche
maestoso/a	imposant
magnifico/a	wunderbar
mostrare	zeigen
piazza preferita *f*	Lieblingsplatz
ponte *m*	Brücke
recarsi	sich begeben
scalino *m*	Stufe
si sostengono (Infinitiv: **sostenersi**)	sich stützen
splendido/a	wundervoll
un anno fa	vor einem Jahr
un mese fa	vor einem Monat
una settimana fa	vor einer Woche
vicino a ...	in der Nähe von ...
vista *f*	Anblick
visto che	da, auf Grund dessen
Guardiamoci intorno!	Schauen wir uns um!
Tanto tempo fa!	Vor langer Zeit!

Infobox

Kunst und Kultur

anfiteatro *m*	*Amphitheater*
arco *m*	*Bogen*
busto *m*	*Büste*
ceramica *f*	*Keramik*
chiostro *m*	*Kreuzgang*
cupola *f*	*Kuppel*
fotografia *f*	*Fotografie*
galleria *f*	*Galerie*
monumento *m*	*Monument*
mosaico *m*	*Mosaik*
palazzo *m*	*Palast*
porticato *m*	*Säulengang*
scultura *f*	*Skulptur*
volta *f*	*Gewölbe*

Grammatik

Die reflexiven Verben im Perfekt

Alle reflexiven Verben werden im Perfekt mit dem Hilfsverb essere gebildet! Das Hilfsverb steht zwischen dem Pronomen und dem Partizip.

Bsp.:

Io mi sono lavato le mani.	*Ich habe mir die Hände gewaschen.*
Angela non si è dimenticata la chiave!	*Angela hat den Schlüssel nicht vergessen!*

Die Stellung der Adverbien

Sempre, mai, già, ancora, più, appena und anche stehen normalerweise zwischen dem konjugierten Hilfsverb und dem Partizip.

Bsp.:

Hai già mangiato?	*Hast du schon gegessen?*
Abbiamo appena cenato.	*Wir haben gerade zu Abend gegessen.*
Avete comprato anche il pane?	*Habt ihr auch das Brot gekauft?*

Infobox

La mano ist feminin, obwohl es auf -o endet und wird im Plural zu le mani!

Übung 8:

Setzen Sie folgende Sätze ins Perfekt!

1. Mi dimentico il pane.

_____________________________.

2. Compri anche le mele?

_____________________________.

3. Oggi mi dedico al mio nuovo libro.

Ieri _________________________.

4. Non bevo mai la birra.

____________________________.

5. Ogni giorno mi alzo alle sette.

____________________________.

6. Perché non vieni con noi?

____________________________.

D Im Reiseführer

Anna und Angela sitzen auf einer Bank im Schatten des Palazzo Pitti und lesen ein paar Tipps über Florenz.

È impossibile visitare tutta la città.
È troppo grande e troppo piena di cose da vedere. La cosa migliore è concentrarsi su alcuni monumenti, palazzi o parchi. Ma l'importante è camminare con gli occhi aperti. Infatti tutta la città è un'opera d'arte! È una bella giornata? Allora si può andare al Giardino di Boboli e fare una passeggiata, oppure alla Fortezza da Basso! Piove? Allora si va in uno dei tanti musei. Il museo degli Uffizi è sicuramente il primo da visitare!
Dopo un giorno di Firenze vi siete stancati e volete riposarvi e rilassarvi? Non è un problema: la città ha molti locali accoglienti e con un'ottima cucina con un buon bicchiere di chianti!

Anche di notte la città è incantevole; per esempio, se non vi siete ancora recati al Piazzale Michelangelo, questo è il momento migliore per andarci e anche per stare un po' tranquilli!

Buon divertimento!

Vokabeln

camminare	laufen
con gli occhi aperti	mit offenen Augen
concentrarsi su	sich konzentrieren auf
da vedere	zu sehen
da visitare	zu besichtigen
fare una passeggiata	einen Spaziergang machen
ideale	ideal
impossibile	unmöglich
incantevole	bezaubernd
la cosa migliore	das Beste
monumento *m*	Denkmal
museo *m*	Museum
opera d'arte *f*	Kunstwerk
parco *m*	Park
rilassarsi	sich entspannen
riposarsi	sich ausruhen
se	wenn, ob

Grammatik

Der erweiterte Infinitiv
Bei diesen Konstruktionen wird der Infinitiv ohne Präposition angeschlossen.

È impossibile visitare tutta la città.	*Es ist unmöglich, die ganze Stadt zu besichtigen.*
Ho preferito andare in citta!	*Mir war es lieber, in die Stadt zu fahren.*
Mi piace viaggiare!	*Ich verreise gerne.*

Qui è possibile stare tranquilli!	*Hier ist es möglich, Ruhe zu finden.*

Nach diesen Verben kommt immer der erweiterte Infinitiv: volere, potere, dovere.

Infobox

Dort können Sie wohnen:

albergo *m*	*Hotel*
appartamento *m*	*Appartement*
campeggio *m*	*Campingplatz*
camper *m*	*Wohnmobil*
casa per le vacanze *f*	*Ferienhaus*
ostello della gioventù *m*	*Jugendherberge*

Übung 9:

Vervollständigen Sie den Text!

È impossibile __________ (1) tutta la città. È troppo grand_ e troppo pien_ di cose _____ (2) vedere. La cosa migliore è concentrarsi su alcuni monumenti, palazzi o parchi che preferite vedere. Ma l'importante è __________ (3) con gli occhi aperti. Infatti tutta la città è un'opera d'arte! Se è una bella giornata si _____ (4) andare al Giardino di Boboli e fare una passeggiata, oppure si va alla Fortezza da Basso! Se invece piov_ si _____ (5) in uno dei tanti musei. Il museo degli Uffizi è sicuramente il primo da visitare!

Dopo un giorno di Firenze _____ siete stancat_ e volete riposar_____ e rilassar_ (6)? Non è un problema: la città ha molti locali accoglient_ (7) e con un'ottima cucina e naturalmente con il chianti!

E anche _____ notte la città è incantevole, Per esempio, se non _____ siete ancora recat_ al Piazzale Michelangelo, questo è il momento migliore per andar _ (8) e anche per stare un po' tranquilli!

Buon divertimento!

Infobox

Das sollten Sie dabei haben:

biglietto di andate e ritorno *m*	*Hin- und Rückfahrkarte*
carta d'identità *f*	*Personalausweis*
carta d'imbarco *f*	*Bordkarte*
carta verde *f*	*Grüne Versicherungskarte*
cartina *f*	*Stadtplan*
guida turistica *f*	*Reiseführer*
passaporto *m*	*Reisepass*
valigia *f*	*Koffer*

A Sie kommt aus ...

Andrea trifft in Perugia seinen Jugendfreund Adriano. Dieser stellt ihm seine Verlobte Magda vor.

Adriano: Ciao Andrea. Posso presentarti la mia fidanzata Magda?
Andrea: Sì, volentieri. Mi fa tanto piacere conoscerti!
Magda: Anche a me! Ho già sentito tanto parlare di te.
Andrea: Ma Magda non è un nome italiano.
Magda: No, infatti sono austriaca.
Andrea: Veramente? Da quale città vieni?
Magda: Vengo da Vienna.
Andrea: Gran bella città! Ci sono stato per un po'. Ma la mentalità austriaca e troppo diversa rispetto alla nostra. Uno straniero non viene mai accettato veramente.
Magda: Sì, anch'io preferisco la vostra mentalità. In Italia una persona sconosciuta viene accolta più amichevolmente.
Adriano: Dipende, però, anche un po' dalla zona. I settentrionali a volte sono più freddi degli svedesi.
Andrea: I milanesi vengono per esempio chiamati i prussiani d'Italia.
Magda: Secondo me gli italiani sono anche più tradizionalisti. A casa di Adriano il pane viene ancora fatto in casa.
Andrea: Ma sua mamma è meridionale!
Adriano: Basta con questi pregiudizi!
Magda: Quali pregiudizi?
Adriano: I meridionali vengono considerati da molti come degli arretrati. Alcuni italiani dicono che l'Africa comincia nel Lazio e che la Sicilia fa parte del terzo mondo.
Andrea: Comunque è vero, il meridione ha dei problemi. Infatti molti sono emigrati. A proposito. Stasera c'è un concerto. Suona un gruppo australiano. Volete venire anche voi?
Adriano: Ci dispiace, ma siamo invitati da amici. Ma forse ci possiamo vedere domani. Vogliamo andare ad Allerano. Vieni anche tu?
Andrea: Volentieri. Non vedo l'ora!

Vokabeln

accettare	akzeptieren
accogliere	aufnehmen
Africa *f*	Afrika
allora	damals
America *f*	America
amichevolmente	freundschaftlich
arretrato/a	rückständig
australiano/a	Australier/in
austriaco/a	österreichisch Österreicher/in
concerto *m*	Konzert
considerare	ansehen
diverso/a	unterschiedlich

emigrare	auswandern
essere sposato/a	verheiratet sein
fare parte di	gehören zu
gruppo *m*	Gruppe, Band
internazionale	international
Lazio *m*	Latium
mentalità *f*	Mentalität
meridionale *m/f*	Süditaliener/in
meridione *m*	Süditalien
pregiudizio *m*	Vorurteil
a proposito	übrigens
prussiano/a	Preuße
sconosciuto/a	unbekannt
settentrionale *m/f*	Norditaliener/in
Sicilia *f*	Sizilen
straniero/a	Ausländer/in
suonare	Musik machen, spielen
svedese *m/f*	Schwede, Schwedin
terzo mondo *m*	dritte Welt
tradizionalista *m/f*	Traditionalist
Non vedo l'ora!	Ich kann es kaum erwarten!

Grammatik

Das Passiv im Präsens

Es gibt im Italienischen grundsätzlich zwei Möglichkeiten, das Passiv im Präsens auszudrücken. Man kann entweder essere oder venire als Hilfsverb verwenden. In beiden Fällen wird jedoch das Partizip II als infinites Verb angehängt:

Bsp.:
Magda è invitata da amici.
Magda wird von Freunden eingeladen.
Magda viene invitata da amici.
Magda wird von Freunden eingeladen.

Wie beim Passato Prossimo mit essere wird auch beim Passiv das Partizip II in beiden Fällen dem Numerus und dem Genus des vorliegenden Subjekts angeglichen.

Bsp.:
La bambina è/viene chiamata.
Das Mädchen wird gerufen.
Le bambine sono/vengono chiamate.
Die Mädchen werden gerufen.
Il programma è/viene guardato.
Das Programm wird angesehen.
I programmi sono/vengono guardati.
Die Programme werden angesehen.

Die Besonderheit von „grande"

Steht grande *groß* vor einem Substantiv, so kann seine Endung wegfallen, besonders wenn ein unbestimmter Artikel davor steht.

il gran carro	*der große Wagen*
in gran parte	*zum größten Teil*
una gran città	*eine große Stadt*

Die Präposition „a" vor Vokalen

Aus phonetischen Gründen wird a vor Vokalen zumeist durch ad ersetzt.

Bsp.:

Telefono ad Anna.	*Ich rufe Anna an.*
Vado ad Amsterdam.	*Ich fahre nach Amsterdam.*

Übung 1:

Kreuzen Sie die richtigen Antworten an! Lesen Sie den Text noch einmal genau.

1. a) Magda e Adriano sono sposati. ☐
   b) Magda e Adriano sono fidanzati. ☐
2. a) Magda è australiana. ☐
   b) Magda è austriaca. ☐
3. a) La mamma di Adriano è meridionale. ☐
   b) La mamma di Adriano è settentrionale. ☐
4. a) I milanesi sono i prussiani d'Italia. ☐
   b) I milanesi sono meridionali. ☐

5. a) A casa di Adriano si vende il pane. ☐
   b) Il pane vene fatto dalla mamma di Adriano in casa. ☐

6. a) Il gruppo è australiano. ☐
   b) Il gruppo è del Lazio. ☐

Übung 2:

Setzen Sie die richtigen Formen von „venire“ ein!

1. Anna _________ chiamata da Andrea.
2. Io _________ invitato da mia amica.
3. Le sorelle _________ adorate dagli zii.
4. Ad Andrea _________ presentata Magda.
5. L'idea _________ accettata.

Übung 3:

Kennen Sie die richtige Endung?

1. Maria viene invitat_ da Franco.
2. I nonni vengono chiamat_ da Marco.
3. Le bambine vengono vist_.
4. La musica viene suonat_ dal gruppo.
5. L'Italiano viene imparat_ da tante persone.
6. Magda viene sempre considerat_ una straniera.
7. Il conto viene pagat_ da Fiorello.
8. La valigia viene portat_ da Paolo.
9. Il ritratto viene dipint_ da Anna.
10. Le pere vengono vendut_ a € 4 il chilo.
11. La penna viene usat_ da Mauro.

B Viel gereist ...

Andrea ist auf dem Konzert einer australischen Popgruppe. Nach dem Konzert unterhält er sich mit der hübschen Sängerin Lisa.

Andrea: Allora ti piace l'Italia?
Lisa: Sì, tanto. È uno dei miei Paesi preferiti.
Andrea: Ah sì? E poi? Quale Paese ti piace ancora?
Lisa: Beh, l'Albania, l'Egitto, l'India, la Cina, il Giappone, la Turchia ...
Andrea: Ma tu conosci tutti questi posti?
Lisa: Sì, con il gruppo siamo sempre in giro per il mondo. Domani siamo per esempio in Svizzera, martedì in Belgio, giovedì in Francia e sabato in Spagna.
Andrea: Ma che vita! Da quanto tempo vivi così?
Lisa: Eh ... Due anni fa ho iniziato a lavorare nel gruppo.
Andrea: Ah!
Lisa: Sì e da allora sono sempre in giro per il mondo.
Andrea: E i tuoi? Quando li vedi?
Lisa: Ma veramente quasi mai! A volte mi incontro con mio fratello. Ha sposato un'irlandese e ora vivono in Irlanda.
Andrea: E tu sei sposata?
Lisa: No, ma sono fidanzata con un russo. Si chiama Ivan.

Andrea: E vive in Russia?

Lisa: No, vive in Olanda. Ci è stato mandato per lavoro.

Andrea: E la sua ditta è olandese?

Lisa: No, canadese, ma ormai è in tutto il mondo.

Andrea: Mamma mia! Che famiglia internazionale!

Vokabeln

mandare	schicken
mondo *m*	Welt
stare in giro per ...	unterwegs in ... sein
il mondo	
nazionale	national
paese *m*	Land, Dorf
posto *m*	Ort
preferito/a ...	Lieblings ...
scegliere	auswählen
viaggiare	verreisen
viaggiare per lavoro	eine Geschäftsreise machen
viaggiare per piacere	eine Vergnügungsreise machen
Qual è il tuo Paese preferito?	Welches ist dein Lieblingsland?
Il mio Paese preferito è ...!	Mein Lieblingsland ist ...!

Grammatik

Länder und deren Bewohner

Die sich aus den Ländernamen ergebenden Adjektive (Italia *Italien* wird zu italiano *italienisch*) werden in ihrer substantivierten Form zur Bezeichnung der Bewohner:

italiano *italienisch;* l'italiano *der Italiener*
tedesco *deutsch;* i tedeschi *die Deutschen*

Mit der Endung -a/-e handelt es sich um einen weiblichen Bewohner:

l'australiana	*die Australierin*
le austriache	*die Österreicherinnen*

Der Genus der substantivierten Adjektive mit der Endung -e wird auch hier wiederum allein durch den Artikel bestimmt:

il francese	*der Franzose*
la francese	*die Französin*
i cinesi	*die Chinesen*
le cinesi	*die Chinesinnen*

Infobox

Albania *f*	*Albanien*
albanese *m/f*	*Albaner/in, albanisch*
America *f*	*Amerika*
americano/a *m/f*	*Amerikaner/in, amerikanisch*
Australia *f*	*Australien*
australiano/a *m/f*	*Australier/in, australisch*
Austria *f*	*Österreich*
austriaco/a *m/f*	*Österreicher/in, österreichisch*
Belgio *m*	*Belgien*
belga *m/f*	*Belgier/in, belgisch*
Canada *f*	*Kanada*
canadese *m/f*	*Kanadier/in, kanadisch*
Cina *f*	*China*
cinese *m/f*	*Chinese/Chinesin, chinesisch*
Francia *f*	*Frankreich*
francese *m/f*	*Franzose/Französin, französisch*
Germania *f*	*Deutschland*
tedesco/a *m/f*	*Deutsche/r, deutsch*
Giappone *m*	*Japan*
giapponese *m/f*	*Japaner/in, japanisch*
Grecia *f*	*Griechenland*
greco/a *m/f*	*Grieche/Griechin, griechisch*
Inghilterra *f*	*England*
inglese *m/f*	*Engländer/in, englisch*

Italia *f*	*Italien*
italiano/a *m/f*	*Italiener/in, italienisch*
Olanda *f*	*Holland*
olandese *m/f*	*Holländer/in, holländisch*
Russia *f*	*Russland*
russo/a *m/f*	*Russe/Russin, russisch*
Spagna *f*	*Spanien*
spagnolo/a *m/f*	*Spanier/in, spanisch*
Svizzera *f*	*Schweiz*
svizzero/a *m/f*	*Schweizer/in, schweizerisch*
Turchia *f*	*Türkei*
turco/a *m/f*	*Türke/Türkin, türkisch*

Ländernamen werden im Italienischen grundsätzlich groß geschrieben.

Das Passiv im Passato Prossimo

Das Passiv im Passato Prossimo wird allein mit der Passato Prossimo – Form des Hilfsverbs essere gebildet. Dieses wird als finites Verb vorangestellt. Darauf folgt das Partizip II des konjugierten Verbs. Somit stehen zwei Partizipien hintereinander, die dem Numerus und Genus des Subjekts anzupassen sind.
Das Passato Prossimo kann sowohl mit Perfekt als auch mit Präteritum übersetzt werden.

Bsp.:
Andriano è stato mandato.
Adriano wurde geschickt/ist geschickt worden.
La chiave è stata trovata.
Der Schlüssel ist gefunden worden.
I fratelli Bandiera sono stati uccisi.
Die Gebrüder Bandiera wurden getötet.
Le sedie sono state comprate.
Die Stühle sind gekauft worden/wurden gekauft.
La casa è stata comprata da Pietro.
Das Haus wurde von Pietro gekauft.

Übung 4:

Setzen Sie die Sätze in die Passivform des Passato Prossimo!

1. La pizza _________ mangiata.
2. Le case _________ costruite.
3. La macchina _________ portata a Roma.
4. Il cellulare _________ pagato da suo padre.
5. Il vino _________bevuto dalle ragazze.
6. Le mele _________ comprate da Luigi.
7. L'albergo _________ scelto da Maria.
8. La ditta _________ fondata.

Übung 5:

Übersetzen Sie!

1. Das Buch ist von Marco gelesen worden.

   _________________________.

2. Das Geld ist von meinem Vater gewonnen (vinti) worden.

   _________________________.

3. Der Fernseher ist nicht ausgemacht worden.

   _________________________.

4. Die Fenster sind geöffnet worden.

   _________________________.

5. Die Autos sind angeboten worden.

   _________________________.

Übung 6:

Ergänzen Sie die Lücken mit den substantivierten Adjektiven!

1. John è di Londra. È __________.
2. Hans è di Berlino. È __________.
3. Mary è di New York. È __________.
4. Natalia è di Toronto. È __________.
5. Jaqueline è di Parigi. È __________.

Übung 7:

In welchen Ländern befinden sich die folgenden Städte?

1. Dov'è Atene? __________________.
2. Dov'è Bruxelles? ________________.
3. Dov'è Lugano? _________________.
4. Dov'è Amsterdam? _______________.
5. Dov'è Mosca (*Moskau*)? ____________.

C Ein wunderschönes Fest in den Bergen

Andrea fährt mit Magda und Adriano nach Allerona, einem in den Bergen gelegenen Ort. Dort findet am Abend ein Dorffest statt.

Magda: Questo villaggio di montagna è veramente carinissimo.

Adriano: Sì, è storico. È stato fondato dai Romani!

Magda: E queste mura sono anche romane?

Adriano: No, sono di un castello. È stato distrutto nel 1465 da Carlo VIII.

Andrea: Ah. Lì c'è una locandina della sagra di stasera.

Magda: La sagra del cinghiale e delle pappardelle. Che cosa sono le pappardelle?

Adriano: Sono un tipo di pasta. Assomigliano un po' alle tagliatelle.

Magda: Mamma mia! Quanti tipi di pasta! Come faccio a ricordarli tutti?

Andrea: Non ti preoccupare. Neanche gli italiani li conoscono tutti. Sono troppi. È poi in ogni regione c'è una pasta tipica. Le pappardelle per esempio non si trovano sicuramente in Sicilia.

Magda: Bene, va fatta una lista.

Andrea: Eh, sì. Quando comincia la sagra? Ho già fame.

Adriano: Alle otto!

Magda: E come funziona?

Andrea: Ma, di solito si sceglie fra due o tre piatti. Sono molto buoni ed economici. Poi vanno comprati gli scontrini.

Adriano: Sì, questi vanno presentati ai cuochi e loro ti danno poi i cibi.

Magda: Insomma. È un po' come all'autogrill. E da bere?

Adriano: Sì, qui preparano cibo per

qualche centinaio di persone. Perciò le cose vengono organizzate per bene. E da bere c'è di tutto, ma io ti consiglio il vino!

Andrea: I piatti vanno preparati alla svelta. Ma la pasta deve essere fatta lo stesso con molta cautela.

Adriano: Non deve essere cotta per troppo tempo. Se no non è al dente. E un italiano non mangia la pasta scotta! E gli spaghetti non si mangiano con il cucchiaio!

Magda: Sì, lo so! Poi beviamo un cappuccino?

Andrea: No, il cappuccino si beve solo la mattina a colazione; dopo pranzo o dopo cena si beve il caffè!

Magda: Ah! Però, ragazzi! Che posto romantico. E che bella vista!

Adriano: Qui siamo al confine con il Lazio, la Toscana e l'Umbria, tre delle regioni più belle d'Italia. A proposito, quante sono le regioni d'Italia?

Magda: Ma smettila! A volte sei peggio del mio insegnante d'italiano!

Vokabeln

al dente	bissfest
assomigliare	ähneln
autogrill *m*	Raststätte
castello *m*	Burg, Schloss
cautela *f*	Aufmerksamkeit
centinaio *f*	etwa hundert
cibo *m*	Essen
confine *m*	Grenze
di solito	normalerweise
distruggere	zerstören
fondare	gründen
lista *f*	Liste
lo stesso	trotzdem
locandina *f*	Plakat
montagna *f*	Berg
mura *f/pl*	Mauer
organizzare	organisieren
preparare	zubereiten
presentare	vorzeigen
regione *f*	Region
ricordare	erinnern
romano/a *m/f*	Römer/in, römisch
romantico/a	romantisch
sagra *f*	Dorffest
scotto/a	verkocht
storico/a	historisch
svelta *f*	Eile
Toscana*f*	Toskana
tipico/a	typisch
Umbria *f*	Umbrien
villaggio *m*	Dorf
La pasta non deve essere scotta, ma al dente!	Die Nudeln dürfen nicht weich sein, sondern müssen bissfest sein!
Smettila!	Hör auf!
Un italiano non mangia la pasta scotta!	Ein Italiener isst keine weichen Nudeln!

Infobox

Die Religionen

buddismo *m*	*Buddhismus*
christianesimo *m*	*Christentum*
ebraismo *m*	*Judentum*
induismo *m*	*Hinduismus*
islamismo *m*	*Islam*

Grammatik

„Andare" als Modalparaphrase mit passiver Bedeutung
Im Italienischen hat ein Satz, in dem das Modalverb dovere in Verbindung mit dem Infinitiv essere und dem Partizip II des konjugierten Verbs benutzt wird, passive Bedeutung.

Bsp.:
Il lavoro deve essere fatto.
Die Arbeit muss gemacht werden.
La lettera deve essere scritta.
Der Brief muss geschrieben werden.
I libri devono essere consegnati.
Die Bücher müssen geliefert werden.
Le signore devono essere salutate.
Die Damen müssen begrüßt werden.

Um diese komplizierte Konstruktion zu vereinfachen, kann man auch das Verb andare in Verbindung mit dem Partizip II benutzen. Andare fungiert hier als Modalparaphrase.

Bsp.:
Il lavoro va fatto.
Die Arbeit muss gemacht werden.
La lettera va scritta.
Der Brief muss geschrieben werden.
I libri vanno consegnati.
Die Bücher müssen geliefert werden.
Le signore vanno salutate.
Die Damen müssen begrüßt werden.

Übung 8:

Beantworten Sie die Fragen!

1. Chi ha fondato Allerona?

_ _.

2. Chi ha distrutto il castello di Allerona?

_ _.

3. Quando è stato distrutto il castello?

_ _.

4. Che cosa si mangia alla sagra?

_ _.

5. Che cosa sono le pappardelle?

_ _.

Übung 9:

Setzen Sie die richtigen Formen von „andare" in die Lücken ein!

1. La pasta _ _ _ _ _ _ _ _ _ _ cotta con cautela.
2. Oggi _ _ _ _ _ _ _ _ _ _ fatta la spesa.
3. Il conto _ _ _ _ _ _ _ _ _ _ pagato subito.
4. Le cose _ _ _ _ _ _ _ _ _ _ fatte per bene.
5. Una ragazza _ _ _ _ _ _ _ _ _ _ trattata (*behandeln)* con rispetto (*Respekt*).
6. C'è il sole! I fiori _ _ _ _ _ _ _ _ _ _ innaffiati.
7. Le batterie (*Batterien*) _ _ _ _ _ _ _ _ _ _ cambiate.

Übung 10:

Benutzen Sie die Modalparaphrase!

1. Il lavoro deve essere finito entro (*bis*) le dieci.

_ _.

2. La ragazza deve essere portata alla stazione.

_ _.

3. Il pranzo deve essere preparato velocemente.

_____________________________.

4. Le pere devono essere consegnate alle otto.

_____________________________.

Übung 11:

Kreuzen Sie die richtigen Antworten an!

1. a) L'Italia è uno dei Paesi preferiti di Lisa. ☐
   b) L'Italia è il Paese preferito di Lisa. ☐
2. a) Lisa odia il Giappone. ☐
   b) Lisa adora il Giappone. ☐
3. a) Lisa conosce tanti Paesi. ☐
   b) Lisa conosce solo l'Italia. ☐
4. a) Martedi Lisa è in Francia. ☐
   b) Sabato Lisa è in Spagna. ☐
5. a) Lisa sta sempre in giro. ☐
   b) Lisa sta sempre a casa. ☐
6. a) Il fratello di Lisa vive in America. ☐
   b) Il fratello di Lisa vive in Irlanda. ☐
7. a) Ivan è canadese. ☐
   b) Ivan lavora in una ditta canadese. ☐
8. a) Ivan vive in Olanda. ☐
   b) Ivan è olandese. ☐

Infobox

Regionen in Italien

Val d'Aosta *f*	*Aostatal*
Piemonte *m*	*Piemont*
Lombardia *f*	*Lombardei*
Liguria *f*	*Ligurien*
Alto Adige *m*	*Südtirol*
Veneto *m*	*Venetien*
Friuli-Venezia Giulia	*Friaul-Julisches Venetien*
Toscana *f*	*Toskana*
Umbria *f*	*Umbrien*
Emilia Romagna *f*	*Emilia Romagna*
Marche *f/pl*	*Marken*
Lazio *m*	*Lazium*
Abruzzo *m*	*Abruzzen*
Molise *m*	*Molise*
Campania *f*	*Kampanien*
Calabria *f*	*Kalabrien*
Basilicata *f*	*Lukanien*
Puglia *f*	*Apulien*
Sicilia *f*	*Sizilien*
Sardegna *f*	*Sardinien*

A Wo geht es hier zu ...?

Angela ist heute für einen Ausflug nach Bologna gefahren. Leider kennt sie sich in dieser Stadt überhaupt nicht aus.

Angela: Mi scusi!
Passante 1: Sì, mi dica!
Angela: Senta, non sono di qui, e vorrei andare in centro!
Passante 1: Ah, una turista! Allora, vediamo! Ha una pianta della città?
Angela: Sì, certo, ma io voglio solo andare in centro!
Passante 1: Ho capito, ma non so come si arriva in centro! Non sono di Bologna!
Angela: Allora, grazie, ma chiedo alla signora che passa ora. Arrivederci!
Angela: Scusi signora!
Passante 2: Sì, mi dica!
Angela: Vorrei andare in centro, ma non so come ci posso arrivare!
Passante 2: Allora, può prendere un autobus qualsiasi che va in quella direzione e tra 10 minuti è vicino a Piazza Maggiore! Scusi, è una turista?
Angela: Sì!
Passante 2: Allora, se posso, Le consiglio di andare al Parco della Montagnola che è proprio dietro la stazione. È un parco molto bello e che non viene visitato solo dai bolognesi e dagli studenti!
Angela: Ah, grazie mille! Ci vado senz'altro. Buona giornata!
Passante 2: Si figuri, arrivederci!
Angela: Scusi, quest' autobus va in centro?
Autista dell' autobus: No, quello che è appena partito va in centro e anche quello che è fermo dall'altra parte va in centro.
Angela: Ah, grazie! Allora vado!

Vokabeln

bolognese *f/m*	Bologneser/in bolognesisch
chiedere un'informazione	nach einer Auskunft fragen
consigliare	empfehlen
consiglio *m*	Ratschlag
dall'altra parte	auf der anderen Seite
dietro	hinter, hinten
direzione *f*	Richtung
fermo/a	stehend
informazione *f*	Auskunft, Nachricht
ora	jetzt, nun, Stunde
orientarsi	sich orientieren
passante *m/f*	Passant/in
passare	vorbeigehen
pianta della città *f*	Stadtplan
qualsiasi	irgendeine/r/s
senz'altro	ganz sicher
La signora che passa.	Die Frau, die vorbeigeht.
Non sono di qui.	Ich bin nicht von hier.
Un autobus che va in quella direzione.	Ein Bus, der in jene Richtung fährt.
Un parco che viene visitato.	Ein Park, der besucht wird.

12 In der Stadt

Grammatik

Das Relativpronomen „che"

Che ist ein unveränderliches Relativpronomen. Es kann als Subjekt (Nominativ) oder Objekt (Akkusativ) verwendet werden.

Bsp.:
L'autobus che è appena partito.
Der Bus, der gerade abgefahren ist.
La signora che passa.
Die Frau, die vorbeigeht.
Chi sono le persone che ti hanno salutato?
Wer sind die Leute, die dich begrüßt haben?
I libri che mi hai prestato.
Die Bücher, die du mir ausgeliehen hast.
Le amiche che ho conosciuto al mare.
Die Freundinnen, die ich am Meer kennen gelernt habe.

Die Präposition „su"

su + il	+ lo	+ l'(m)	+ l'(w)	+ la	+ i	+ gli	+ le
= sul	sullo	sull'	sull'	sulla	sui	sugli	sulle

„su" – Orts- und Richtungsangabe
Bsp.:

Salire sull'autobus.	*In den Bus einsteigen.*
Salire sulla montagna.	*Auf den Berg steigen.*
I libri sono sul tavolo.	*Die Bücher liegen auf dem Tisch.*

„su" – Angabe des Themas
Un libro su Goethe. *Ein Buch über Goethe.*

Weitere Präpositionen

per *für/um/wegen/nach*
Per te non sono partita per l'Italia.
Deinetwegen bin ich nicht nach Italien gefahren.
Per arrivare puntuale ho preso il taxi.
Um pünktlich anzukommen, habe ich ein Taxi genommen.
Questo è un piccolo regalo per te.
Das ist ein kleines Geschenk für dich.

con *mit*
Vengo con te, allora. *Ich komme also mit dir.*

dopo *nach*
Dopo pranzo vado a giocare a carte. *Nach dem Mittagessen gehe ich Karten spielen.*

durante *während*
Durante la cena abbiamo guardato la televisione. *Während des Abendessens haben wir ferngesehen.*

senza *ohne*
Il caffè lo prendo senza zucchero.
Den Kaffee nehme ich ohne Zucker.

sopra *auf/über (Synonym von „su")*
Sopra il divano c'è un regalo per te.
Auf der Couch liegt ein Geschenk für dich.

sotto *unter*
Il bambino è sotto il letto, perché non vuole prendere la medicina. *Das Kind ist unter dem Bett, weil es die Medizin nicht nehmen will.*

verso *gegen*
Ho preso il'autobus che parte verso le 10:00.
Ich habe den Bus genommen, der gegen 10:00 Uhr abfährt.

Übung 1:

Kreuzen Sie die richtige Antwort an!

	richtig	falsch
1. Angela è ancora a Firenze.	☐	☐
2. Angela è arrivata a Bologna.	☐	☐
3. A Bologna chiede informazioni.	☐	☐
4. Angela conosce bene Bologna.	☐	☐
5. Il primo passante aiuta Angela.	☐	☐
6. Il secondo passante dà ad Angela un consiglio.	☐	☐

Übung 2:

Ergänzen Sie mit der richtigen Präposition und setzen Sie sie ein!

1. Voglio salire __________ montagna ora.
2. Non sono andato al mare __________ venire qui da te.
3. Il parco è __________ la stazione.
4. Il libro è __________ tavolo in cucina.
5. Sono arrivata __________ le 9:30 e non ho trovato più nessuno.
6. Sono partita subito __________ cena!
7. Ho comprato dei fiori __________ Paola.
8. La camicia pulita è __________ il letto.

B Kennen Sie sich in dieser Stadt aus?

Angela ist mit dem Bus im Zentrum angekommen und hat auch schon die Piazza Maggiore gesehen. Sie fragt einen Passanten in der Nähe, ob er sich hier auskennt.

Angela: Scusi!
Passante: Sì?
Angela: Può aiutarmi, per favore?
Passante: Mi dica!
Angela: Vorrei andare in Piazza della Mercanzia, dove sono le due torri. Mi sa dire come ci arrivo?

Passante: Ah, sì. È facilissimo. Deve girare alla prossima strada che vede a destra ed è in via Altabella, poi deve andare dritto per tre isolati e di fronte a Lei c'è la piazza con le torri! Poi, se cammina ancora un po', è in Piazza Rossini!
Angela: Ah, perfetto, grazie, ma Piazza Rossini è bella?
Passante: Tutte le piazze che non si conoscono sono belle ed interessanti!
Angela: Ha ragione, grazie ed arrivederci!
Passante: Arrivederci!
Angela: Mi scusi, un caffè e un bicchiere d'acqua, per favore!
Barista: Subito! Ecco a Lei!
Angela: Senta, mi sa dire come arrivo alle due torri? Ho già parlato con un signore, al quale ho chiesto come arrivarci, ma mi sono persa lo stesso!
Barista: Non fa niente! Allora, quando esce dal bar deve attraversare la strada e proseguire. Alla fine della strada deve girare a destra. Lì vede un'edicola, di fronte alla quale si trova l'inizio di Piazza della Mercanzia.
Angela: E quella è la piazza in cui ci sono le torri?
Barista: Esatto!
Angela: Allora esco dal bar e proseguo fino alla fine della strada, poi giro a sinistra e ...

Barista: No, deve girare a destra!
Angela: Ah, già a destra e poi c'è l'edicola!
Barista: Sì, esatto!
Angela: Bene, allora pago e ci vado subito!
Barista: In tutto fa € 2,20!
Angela: E l'informazione?
Barista: Offre la casa!!
Angela: Arrivederci!

Vokabeln

a destra	nach rechts
aiutare	helfen
a sinistra	nach links
attraversare	überqueren
di fronte a	gegenüber
dritto	geradeaus
edicola *f*	Zeitungskiosk
esatto	genau
fino alla fine	bis zum Ende
girare	abbiegen
interessante	interessant
isolato *m*	Block
perdersi	sich verfahren, sich verlaufen
proseguire	weitergehen, fortsetzen
sbagliare strada	den falschen Weg nehmen
strada *f*	Weg, Straße
torre *m*	Turm
trovarsi	sich befinden
Alla fine della strada deve girare a destra/ sinistra.	Am Ende der Straße müssen Sie nach rechts/ links abbiegen.
Come arrivo a ...?	Wie komme ich zu ...?
Deve attraversare la strada.	Sie müssen die Straße überqueren.
Deve proseguire lungo la strada.	Sie müssen die Straße entlang gehen.
Di fronte all'edicola c'è ...	Gegenüber vom Zeitungskiosk gibt es ...
Deve andare sempre dritto.	Sie müssen immer geradeaus gehen/fahren.
Mi può aiutare?	Können Sie mir helfen?
Mi sa dire come/ dove ...?	Können Sie mir sagen, wie/wo ...?
Offre la casa!	Geschenk des Hauses!

Grammatik

Die Relativpronomen „il quale" und „cui"
Il quale besteht aus zwei Teilen, nämlich dem bestimmten Artikel und quale. Es wird im Plural zu quali. Sonst bleibt es unverändert. Was sich ändert, ist der bestimmte Artikel.

Oft steht vor quale eine Präposition, die mit dem Artikel verschmolzen wird. Es kann als Subjekt (wobei es viel stärker als che ist) oder als indirektes Objekt verwendet werden.

Cui bleibt immer unverändert und wird ausschließlich als indirektes Objekt und nie als Subjekt oder direktes Objekt verwendet. Vor cui steht immer eine Präposition (ohne Artikel). Quale und cui sind austauschbar.

Bsp.:
Il bambino del quale/di cui ti ho parlato, è venuto a salutarmi.
Das Kind, von dem ich dir erzählt habe, ist gekommen, um mich zu begrüßen.
La bicicletta sulla quale/su cui sei andato è ora rotta.
Das Fahrrad, auf dem du gefahren bist, ist jetzt kaputt.
La città, nella quale/in cui ho trascorso tanto tempo, mi manca molto.

Die Stadt, in der ich viel Zeit verbracht habe, fehlt mir sehr.
La persona per la quale/per cui hai sofferto tanto tempo, si è scusata!
Die Person, für die du so lange gelitten hast, hat sich entschuldigt.
Questo è il castello, nel quale/in cui si vogliono sposare!
Das ist das Schloss, in dem sie heiraten wollen.

Infobox

Verkehrsmittel in der Stadt

autobus *m*	*Bus*
metropolitana *f*	*U-Bahn*
tassi *m*	*Taxi*
tram *m*	*Straßenbahn*

Übung 3:

Kreuzen Sie den richtigen Satz an!

1. a) Angela chiede informazioni per arrivare alla stazione. ☐
   b) Angela chiede informazioni per arrivare alle torri. ☐
2. a) È facilissimo arrivare alla piazza con le torri. ☐
   b) È molto difficile arrivare alla piazza con le due torri. ☐
3. a) Angela trova subito la piazza. ☐
   b) Angela non trova la piazza. ☐
4. a) Angela va in un bar per chiedere ancora informazioni. ☐
   b) Angela va in una pizzeria per chiedere ancora informazioni. ☐
5. a) Il barista è molto gentile e le spiega la strada. ☐
   b) Il barista non le spiega la strada. ☐

Übung 4:

Ersetzen Sie in den folgenden Sätzen die Verbindung „Präposition + cui" durch „Artikel + quale"!

1. Il film di cui/_____ __________ mi hai parlato è veramente bello.
2. La donna con cui/_____ __________ esco stasera è molto simpatica.
3. I libri per cui/_____ __________ sei venuta sono sul tavolo.
4. Le lampade di cui/_____ __________ ti ho parlato sono già state riparate (*repariert*).

Übung 5:

Setzen Sie das richtige Relativpronomen che oder il quale/cui ein!

1. Il libro __________ hai letto l'ha scritto quel mio amico ________ ti ho parlato.
2. La ragazza con __________ esci non è molto simpatica!
3. Questi sono gli amici __________ ti ho parlato e con __________ vado al cinema domani.

Übung 6:

Übersetzen Sie!

1. Das Auto, mit dem du gekommen bist, ist sehr schön.

____________________________.

2. Die Frau, die mit dir gesprochen hat, ist sehr nett.

_ _.

3. Die Kinder, mit denen mein Sohn spielt, sind sehr müde.

_ _.

C Ein Termin in Mailand

Herr Moratti befindet sich aus beruflichen Gründen in Mailand. Er erkundigt sich an der Rezeption des Hotels, wie er zu seinem Treffpunkt kommt.

Portiere: **Buona sera!**

Signor Moratti: **Buona sera! Senta, domani mattina ho un appuntamento, ma non so come arrivarci. Mi può aiutare?**

Portiere: **Certo! Mi dica dove andare!**

Signor Moratti: **Devo andare in via D'Annunzio, dove mi attendono i miei colleghi.**

Portiere: **Un attimo, guardo sulla cartina. Ah, ecco! Non è lontana da qui. Allora, deve attraversare la strada e arrivare fino al parco. Poi deve svoltare a destra e continuare per circa 300 metri. Dopo l'ufficio postale c'è una pompa di benzina e dopo, sulla destra, inizia via D'Annunzio.**

Signor Moratti: **Ah, bene! Quanto tempo ci vuole a piedi?**

Portiere: **Mah, ci vogliono dieci minuti!**

Signor Moratti: **Quindi non conviene andare in taxi!**

Portiere: **No!**

Signor Moratti: **Perfetto, grazie infinite!**

Portiere: **Non c'è di che!**

Vokabeln

arrivare fino al parco	bis zum Park gehen
attendere	warten
circa	ungefähr
continuare	weiter gehen
convenire	sich rentieren
domani mattina	morgen früh
indicare	zeigen
pompa di benzina *f*	Tankstelle
prima di ...	vor ...
quindi	also
sulla destra/sinistra	auf der rechten/linken Seite
svoltare a destra/sinistra	nach rechts/links abbiegen
ufficio postale *m*	Postamt
Devo andare in via ...!	Ich muss in die ... Straße.
Dopo l'ufficio postale ...	Hinter dem Postamt ...
Mi dica dove deve/vuole andare.	Sagen Sie mir, wo Sie hin müssen/wollen.
Non c'è di che!	Keine Ursache!
Non è lontano da qui!	Es ist nicht weit von hier!
Quanto tempo ci vuole a piedi?	Wie lange braucht man zu Fuß?
Quanto tempo ci vuole in macchina?	Wie lange braucht man mit dem Auto?
Quanto tempo ci vuole in treno/metropolitana/tram?	Wie lange braucht man mit dem Zug/der U-Bahn/Straßenbahn?

Un attimo, guardo sulla cartina! — Einen Moment, ich schaue auf die Karte!

Infobox

In der Stadt

deviazione *f*	*Umleitung*
fermata dell'autobus *f*	*Bushaltestelle*
ingorgo *m*	*Stau*
parcheggio *m*	*Parkplatz*
ponte *m*	*Brücke*
senso unico *m*	*Einbahnstraße*
zona pedonale *f*	*Fußgängerzone*

Grammatik

Das Relativadverb „dove"

Auch dove kann eine relative Bedeutung erlangen, wenn es zwei Sätze miteinander in Verbindung bringt.

Bsp.:
Questo è il ristorante di cui ti ho parlato, dove si mangia benissimo.
Das ist das Restaurant, von dem ich dir erzählt habe und in dem man sehr gut isst.
Qual è la casa dove abiti?
Welches ist das Haus, in dem du wohnst?

Präpositionale Verbindungen

vicino a neben
Vicino alla stazione c'è un parco molto bello.
Neben dem Bahnhof ist ein sehr schöner Park.

di fronte a gegenüber
Di fronte alla chiesa c'è un museo.
Gegenüber der Kirche gibt es ein Museum.

davanti a vor
Faccio sempre colazione al bar davanti a casa mia.
Ich frühstücke immer in der Bar vor meinem Haus.

fino a bis zu
Deve proseguire la strada fino alla fine.
Sie müssen die Straße entlang bis zum Ende gehen.

in mezzo a mitten in
In mezzo alla piazza c'è monumenta.
Mitten auf dem Platz ist ein Denkmal.

insieme a zusammen mit
Insieme ai vostri amici siete molto simpatici.
Ihr seid zusammen mit eueren Freunden sehr nett.

prima di vor (zeitlich)
Ieri sono uscito dall'ufficio prima delle 17:00.
Gestern bin ich vor 17:00 Uhr aus dem Büro gegangen.

oltre a außer
Oltre all'arte mi interessa anche la letteratura.
Außer der Kunst interessiert mich auch die Literatur.

Übung 7:

Kreuzen Sie den richtigen Satz an! Lesen Sie hierfür den Text noch einmal genau!

	richtig	falsch
1. Il Signor Moratti deve andare in via D'Annunzio.	☐	☐
2. Il Signor Moratti chiede informazioni al cameriere.	☐	☐
3. Via D'Annunzio non è lontana.	☐	☐
4. Il portiere guarda sulla cartina.	☐	☐
5. Deve arrivare fino al parco.	☐	☐
6. Dopo l'ufficio postale c'è un bar.	☐	☐

7. A piedi ci vogliono 10 minuti. ☐ ☐

8. Non conviene andare in taxi. ☐ ☐

Übung 8:

Füllen Sie die Lücken mit „che, „il" „quale", „cui" oder „dove" aus!

1. A casa di Alice, __________ si mangia sempre bene, sono sempre tutti allegri.
2. Alla fermata degli autobus si prendono i bus __________ vanno in centro.
3. La scuola __________ sono andata da bambina è stata chiusa.
4. Gli amici con __________ esco sempre sono in vacanza.
5. L'autobus __________ è appena partito.

Übung 9:

Übersetzen Sie folgende Sätze!

1. Ich habe ein Buch über die Toskana gekauft.

___________________________.

2. Die Schlüssel, die du suchst, habe ich auf den Tisch gelegt (*mettere*).

___________________________.

3. Vor meiner Wohnung gibt es immer Blumen.

___________________________.

D Im Touristenbüro

Frau Gaspani ist gerade in der Stadt angekommen. Sie braucht eine Unterkunft.

Impiegata: Buon giorno, desidera?
Signora Gaspani: Buon giorno, sono appena arrivata in città con un'amica e cerchiamo un hotel. Non conosciamo per niente la città. Sono sicura che Lei può aiutarmi.
Impiegata: Certo! Si accomodi! Allora, questa è la cartina della città e quelli che vede sono tutti gli hotel che ci sono!
Signora Gaspani: Ah, bene! L'hotel Principe mi sembra abbastanza vicino! Come ci arriviamo?
Impiegata: Allora, deve tornare sulla strada principale e tornare indietro per un chilometro. Al secondo semaforo deve girare a destra e proseguire fino alla chiesa che vede sulla sinistra. Dopo la chiesa deve girare a sinistra e vede il municipio. A 200 metri dal municipio, dopo il primo incrocio, c'è il Principe sulla sinistra.
Signora Gaspani: Sembra complicato e lontano!
Impiegata: No, non lo è! Ci sono anche molti cartelli che indicano la strada giusta! Sono certa che lo trova senza problemi. Non ci vogliono più di dieci minuti!

Signora Gaspani: Può indicarmi anche qualche buon ristorante?

Impiegata: Certo! Proprio dietro il Principe c'è un ristorante tipico, ma Le consiglio di prenotare!

Signora Gaspani: Mi scusi, un'ultima cosa! Conosce un buon parrucchiere?

Impiegata: Ah, sì! Vicino alla chiesa, in una traversa c'è una parrucchiera molto brava!

Signora Gaspani: Grazie infinite. È stata molto gentile!

Vokabeln

autostrada *f*	Autobahn
cartello *m*	Schild/Wegweiser
chiesa *f*	Kirche
complicato/a	schwierig
dopo il ponte	nach der Brücke
girare a destra/sinistra	nach rechts/links abbiegen
incrocio *m*	Kreuzung
indicare la strada	den Weg zeigen/sagen
lontano/a	weit/entfernt
municipio *m*	Rathaus
parrucchiere/a	Friseur/in
semaforo *m*	Ampel
strada giusta *f*	richtige Straße, richtiger Weg
strada principale *f*	Hauptstraße
strada sbagliata *f*	falsche Straße, falscher Weg
strada secondaria *f*	Nebenstraße
traversa *f*	Querstraße
ufficio touristico *m*	Touristenbüro
vicino/a	in der Nähe von
A duecento metri da ...	Zweihundert Meter von ... entfernt.
Si accomodi.	Nehmen Sie Platz.

Übung 10:

Übersetzen Sie!

1. Wo ist der Bahnhof?

__________________________.

2. Entschuldigung, wie lange braucht man bis zum Hotel?

__________________________.

3. Ist die Autobahn sehr weit weg?

__________________________.

4. Ich kenne mich in der Stadt nicht aus.

__________________________.

13 Umwelt und Natur

A Schöne Pflanzenwelt

Anna und Angela gehen an einem Blumenstand vorbei. Angela will Anna eine Pflanze schenken.

Angela: Anna, guarda che bei fiori freschi che hanno qui!
Anna: Eh sì. Oh che belle, guarda! Quelle orchidee sono meravigliose!
Angela: Ti piacciono le piante?
Anna: Moltissimo anche se non ho il pollice verde, ma le adoro. Anche perché è grazie alle piante e agli alberi nei boschi se respiriamo e se l'inquinamento non ci ha ancora distrutti!
Angela: Prendi quell'orchidea se ti piace, è un mio regalo!
Anna: Ma no, figurati e poi ora non possiamo portarla in giro tutto il tempo.
Angela: Hai ragione, allora compriamola e poi la prendiamo quando torniamo a casa!
Anna: Se insisti!
Fioraia: Buon giorno, posso aiutarvi?
Angela: Sì, vorremmo quella bellissima orchidea bianca. Ora la paghiamo e oggi pomeriggio veniamo a prenderla. È possibile?
Fioraia: Certo!
Anna: Mi sembra un po' cara, Angela!
Angela: Non ti preoccupare! E poi è davvero una bella pianta!
Fioraia: Ecco lo scontrino! Non lo perda!
Anna: Scusi, mi dà un paio di consigli per la pianta?
Fioraia: Allora, non deve innaffiarla troppo, non deve esporla direttamente ai raggi solari e deve concimarla una volta al mese!
Anna: Grazie!
Angela: Va bene! Allora a dopo!
Fioraia: A dopo!
Anna: Grazie, Angela. Mi piace veramente molto.
Angela: Ho pensato di regalarti un mazzo di fiori, ma dopo 5-6 giorni appassiscono e non sono più belli!
Anna: Hai perfettamente ragione! Le piante vivono più a lungo!

Vokabeln

ambiente *m*	Umwelt
appassire	verwelken
arbusto *m*	Strauch
aria *f*	Luft
atmosfera *f*	Atmosphäre
bosco *m*	Wald
bouquet *m*	Bouquet
deve (Infinitiv: **dovere**)	Sie müssen
entrare	eintreten
esporre	ausstellen
inquinamento *m*	Verschmutzung
inquinare	verschmutzen
inquinato/a	verschmutzt
insistere	darauf bestehen
mazzo di fiori *m*	Blumenstrauß
più a lungo	länger
pollice verde *m*	grüner Daumen
portare in giro	mitnehmen
raggio *m*	Strahl

solare	sonnen
vaso *m*	Vase
Guarda! (Infinitiv: **guardare**)	Schau!
Mi dia ... (Infinitiv: **dare**)	Geben Sie mir ...
Non lo perda! (Infinitiv: **perdere**)	Verlieren Sie ihn nicht!

Infobox

Verschiedene Blumen

crisantemo *m*	*Chrysantheme*
azalea *f*	*Azalee*
gerbera *f*	*Gerbera*
orchidea *f*	*Orchidee*
ortensia *f*	*Hortensie*
papavero *m*	*Mohn*
viola *f*	*Veilchen*

Verschiedene Baumarten

abete *m*	*Tanne*
abete rosso *m*	*Fichte*
acero *m*	*Ahornbaum*
betulla *f*	*Birke*
castagno *m*	*Kastanienbaum*
faggio *m*	*Buche*
frassino *m*	*Esche*
pino *m*	*Kiefer*
pioppo *m*	*Pappel*
quercia *f*	*Eiche*
salice *m*	*Weide*

Infobox

Obstbäume haben im Italienischen zumeist dieselben Bezeichnungen wie deren Früchte. Nur die Endung lautet -o. Obstbäume sind also maskulin.

Bsp.:

Frucht	Baum
la pera	il pero
la mela	il melo

Grammatik

Der direkte Imperativ Präsens

Mit dem Imperativ bringt man Befehle und Aufforderungen zum Ausdruck.

	2. Pers. Sing.	2. Pers. Plur.
1. Verbklasse	-a	-ate

Innaffia le piante! *Gieß die Pflanzen!*
Mangiate piano! *Esst langsam!*

2. Verbklasse	-i	-ete

Prendi le medicine! *Nimm die Medizin!*
Leggete molto! *Lest viel!*

3. Verbklasse	-i	-ite

Dormi quanto vuoi! *Schlaf solange du willst!*
Fuggite ora! *Flieht jetzt!*

Unregelmäßige Bildung des Imperativs

Die zweite Person folgender Verben bildet eine unregelmäßige Imperativform.

andare	va'
dare	da'
fare	fa'
stare	sta'
dire	dì

Der Imperativ in Verbindung mit Pronomen

In nicht verneinten Sätzen wird das Pronomen mit dem Verb verschmolzen.

Bsp.:

Prendi le medicine!	*Nimm die Medizin!*
Prendile!	*Nimm sie!*
Andate al ristorante!	*Geht ins Restaurant!*
Andateci!	*Geht hin!*
Ditemi la verità!	*Sagt mir die Wahrheit!*
Aiutatelo!	*Helft ihm!*
Ditele quello che deve fare!	*Sagt ihr, was sie machen soll!*

13 Umwelt und Natur

Sie haben gerade gelernt, dass das Pronomen auf den Imperativ folgt und dass es angehängt wird. Dies trifft auch auf die Verben dare, fare, andare, stare und dire zu. Allerdings verdoppelt sich in der zweiten Person der Anfangskonsonant des Pronomens. Die Ausnahme hierbei ist gli.

Bsp.:

Vai dal dottore!	*Geh zum Arzt!*
Vacci!	*Geh dahin!*
Vai a vedere la bambina!	*Schau nach der Kleinen!*
Valla a vedere!	*Schau nach ihr!*
Dai un bicchiere a Lea!	*Gib Lea ein Glas!*
Fammi un favore!	*Tu mir einen Gefallen!*
Dimmi la verità!	*Sag mir die Wahrheit!*

Die Verneinung des Imperativs

Die Verneinung wird normalerweise wie gewohnt ausgedrückt (non steht vor dem Verb), aber bei der zweiten Person Singular sind non plus die Infinitivform des Verbs zu verwenden.

Wenn im Satz ein Pronomen vorkommt, steht es entweder zwischen non und dem Verb oder es wird mit dem Verb verschmolzen. Bei der 2. Pers. Sing. fällt der letzte Vokal des Verbs weg.

Bsp.:

Non dire niente!	*Sag nichts!*
Non innaffiare i fiori!	*Gieß die Blumen nicht!*
Non prendete i libri!	*Nehmt die Bücher nicht!*
Non mentite!	*Lügt nicht!*
Non dirlo! *oder* Non lo dire!	*Sag es nicht!*
Non farlo! *oder* Non lo fare!	*Mach es nicht!*

Infobox

Vorsicht in der Natur

Attenzione, correnti!	*Achtung, Strömung!*
Divieto di balneazione!	*Baden verboten!*
È pericoloso per i bambini?	*Ist es für Kinder gefährlich?*

Übung 1:

Ergänzen Sie die Sätze mit dem Imperativ!

1. Non ho fatto le valigie! __________ tu, per favore!
2. Non ho preparato il caffè. _____ voi oggi!
3. Non abbiamo comprato il pane! _____ tu!
4. Ah, ciao sei arrivato! Entr_ e sied_____.
5. Non cant_____ (voi), ho sonno!
6. Luisa, guard_ il treno è già arrivato!

Übung 2:

Bitten Sie einen Freund um folgende Gefallen!

1. Non chiamare Luigi. ______________!
2. Fare la spesa. __________________!
3. Chiedere un'informazione. __________!
4. Bere meno. ___________________!
5. Smettere di fumare. ______________!
6. Mettere a posto la stanza.____________!
7. Stirare la camicia. ________________!
8. Comprare dei fiori.______________!
9. Non arrivare tardi.______________!
10. Non giocare a calcio.____________!

Übung 3:

Verkürzen Sie den Satz wie im Beispiel!

Bsp.: Invita le vicine! Invitale!

1. Non comprare la verdura.

__________________________!

2. Prendi la bicicletta.

_ !

3. Chiama Luca.

_ !

4. Non prendere il vino.

_ !

5. Vai dal dottore.

_ !

6. Lava le mele.

_ !

7. Dai da mangiare al cane (*Hund*).

_ !

Infobox

Wie ist das Wetter?

Fa caldo.	*Es ist warm.*
Fa freddo.	*Es ist kalt.*
Nevica.	*Es schneit.*
Piove.	*Es regnet.*
Grandina.	*Es hagelt.*
Splende il sole.	*Es scheint die Sonne.*
Fa bel tempo.	*Es ist schönes Wetter.*
Fa brutto tempo.	*Es ist schlechtes Wetter.*

Grammatik

Das Futur I

Das Futur I wird unter anderem dafür verwendet, um über Ereignisse zu sprechen, die in der Zukunft geschehen werden. Die Bildung dieser Zeit erfolgt durch das Anhängen der entsprechenden Endung an den Verbstamm.

1. Verbklasse: „lavorare" arbeiten

io lavor-erò	*ich werde arbeiteten*
tu lavor-erai	*du wirst arbeiteten*
lui/lei lavor-erà	er/sie/es wird arbeiteten
Lei lavor-erà	*Sie werden arbeiteten*
noi lavor-eremo	*wir werden arbeiteten*
voi lavor-erete	*ihr werdet arbeiteten*
loro lavor-eranno	*sie werden arbeiteten*

2. Verbklasse: „prendere" nehmen

io prend-erò	*ich werde nehmen*
tu prend -erai	*du wirst nehmen*
lui/lei prend -erà	*er/sie/es wird nehmen*
Lei prend -erà	*Sie werden nehmen*
noi prend -eremo	*wir werden nehmen*
voi prend -erete	*ihr werdet nehmen*
loro prend -eranno	*sie werden nehmen*

3. Verbklasse: „partire" abfahren

io part-irò	*ich werde abfahren*
tu part-irai	*du wirst abfahren*
lui/lei part-irà	*er/sie/es wird abfahren*
Lei part-irà	*Sie werden abfahren*
noi part-iremo	*wir werden abfahren*
voi part-irete	*ihr werdet abfahren*
loro part-iranno	*sie werden abfahren*

Die Zukunftsform der Verben, die im Präsens -isc- erhalten

Die Verben auf -ire, die im Präsens die Silbe -isc enthalten, werden in der Zukunft ganz normal konjugiert, d. h. -isc fällt weg.

Infinitiv	Präsens	Futur
capire	capisco	capirò

Die Bildung der Zukunft von „essere" und „avere"

essere	*sein*
io sarò	*ich werde sein*
tu sarai	*du wirst sein*
lui/lei sarà	*er/sie/es wird sein*
Lei sarà	*Sie werden sein*
noi saremo	*wir werden sein*
voi sarete	*ihr werdet sein*
loro saranno	*sie werden sein*

avere	*haben*
io avrò	*ich werde haben*
tu avrai	*du wirst haben*
lui/lei avrà	*er/sie/es wird haben*
Lei avrà	*Sie werden haben*
noi avremo	*wir werden haben*
voi avrete	*ihr werdet haben*
loro avranno	*sie werden haben*

Der Imperativ in der Zukunft

Die Regeln zur Bildung des Imperativs bleiben gleich, außer, dass man die Endungen der Zukunftsform an das Verb anhängt und die Pronomen mit dem Verb nicht verschmolzen werden. Das Pronomen kann hier nur am Anfang stehen.

Bsp.:

Aspetterai il treno!	*Du wirst auf den Zug warten!*
Aspetterete!	*Ihr werdet warten!*
Lo aspetterai!	*Du wirst auf ihn warten!*
Prenderete il giornale!	*Ihr werdet die Zeitung nehmen!*
Lo prenderete!	*Ihr werdet sie nehmen!*
Metterai in ordine la cucina!	*Du wirst die Küche aufräumen!*
La metterai in ordine!	*Du wirst sie aufräumen!*
Chiederai scusa!	*Du wirst dich entschuldigen!*

Infobox

Wettervorhersage

Roma: domani farà molto caldo e si raggiungeranno (*erreichen*) i 33°(gradi). Ma dopodomani le temperature (*Temperaturen*) scenderanno (*sinken*) e il cielo (*Himmel*) sarà limpido (*klar*) e azzurro. Tempo sereno (*heiter*).
Mosca: tutta la settimana ci sarà pioggia (*Regen*) e nebbia (*Nebel*), ma di notte nevicherà e forse cadrà (*fallen*) anche della grandine (*Hagel*). Il cielo sarà molto nuvoloso (*bedeckt*).

Monaco: farà bel tempo per tre giorni, splenderà il sole e il cielo sarà terso (*klar*) o con poche nuvole (*Wolken.*) Sarà sempre abbastanza ventilato (*windig*). Non si prevedono (*vorhersehen*) tempeste (*Stürme*) o temporali (*Gewitter*). Dopo avremo due giornate piovose (*regnerisch*) e fredde (*kalt*).

Übung 4:

Konjugieren Sie die Verben im Futur I!

1) ballare *tanzen*

io	_____	noi	_____
tu	_____	voi	_____
lui/lei	_____	loro	_____
Lei	_____		

2) credere *glauben*

io	_____	noi	_____
tu	_____	voi	_____
lui/lei	_____	loro	_____
Lei	_____		

3) capire *verstehen*

io	_____	noi	_____
tu	_____	voi	_____
lui/lei	_____	loro	_____
Lei	_____		

Infobox

Wichtige Begriffe aus Geografie und Umwelt

ambiente *f*	*Umwelt*
continente *f*	*Erdteil*
deserto *m*	*Wüste*

ecologia *f*	*Ökologie*
globo *m*	*Globus*
inquinamento *m*	*Verschmutzung*
montagna *f*	*Gebirge*
oceano *m*	*Ozean*
orizzonte *f*	*Horizont*
ozono *m*	*Ozon*
punto cardinale *m*	*Himmelsrichtung*
terremoto *m*	*Erdbeben*
valanga *f*	*Lawine*
vulcano *m*	*Vulkan*

B Im Zoo

Gianna und Paola machen einen Spaziergang durch den Zoo und beobachten die Tiere.

Gianna: Che bello lo zoo!

Paola: Eh, sì. È davvero bello ed interessante!

Gianna: Guarda, lì ci sono i cammelli! Sai che si possono cavalcare?

Paola: Sì, ma non ho voglia di provare!

Gianna: Neanch'io, ma la trovo una bella idea!

Paola: Quale animale vuoi vedere ora?

Gianna: Non lo so! Magari le scimmie!

Paola: Va bene! Andiamo dalle scimmie, ma io voglio vedere anche i felini!

Gianna: Certo!

Paola: Che ne pensi dei pinguini?

Gianna: Sono molto simpatici e graziosi, ma preferisco le foche!

Paola: A me le foche non piacciono, secondo me l'animale più bello è l'orso bianco!

Gianna: È vero, è un animale molto bello!

Paola: Guarda lì c'è il terrario, andiamo a vedere i rettili?

Gianna: Perché no?

Vokabeln

abbaiare	bellen
alce *m*	Elch
alligatore *m*	Alligator
animale selvatico *m*	Wildtier
ape *f*	Biene
aquila *f*	Adler
avere paura di qualcosa	vor etwas Angst haben
cammello *m*	Kamel
camoscio *m*	Gämse
cavalletta *f*	Heuschrecke
cavallo *m*	Pferd
cervo/a *m*	Hirsch
cinghiale *m*	Wildschwein
coccinella *f*	Marienkäfer
cucciolo *m*	Tierkind
dromedario *m*	Dromedar
elefante *m*	Elefant
falena *f*	Nachtfalter
farfalla *f*	Schmetterling
felino *m*	Katze
foca *f*	Robbe, Seelöwe
fornica *f*	Ameise
giraffa *f*	Giraffe
insetto *m*	Insekt
ippopotamo *m*	Nilpferd
leone *m*	Löwe
lumaca *f*	Schnecke
lupo *m*	Wolf
maiale *m*	Schwein
mammifero *m*	Säugetier
orso *m*	Bär
orso bianco *m*	Eisbär

pantera *m*	Panter
pappagallo *m*	Papagei
pecora *f*	Schaf
pinguino *m*	Pinguin
ruggire	brüllen
serpente *m*	Schlange
scimmia *f*	Affe
talpa *m*	Maulwurf
tartaruga *f*	Schildkröte
terrario *m*	Terrarium
tigre *f*	Tiger
vespa *f*	Wespe
zebra *f*	Zebra
zoo *m*	Zoo
Il mio animale preferito è ...!	Mein Lieblingstier ist ...!

Grammatik

Die unregelmäßigen Formen des Futur I

volere	*wollen*
io vorrò	ich *werde* wollen
tu vorrai	*du wirst wollen*
lui/lei vorrà	*er/sie/es wird wollen*
Lei vorrà	*Sie werden wollen*
noi vorremo	*wir werden wollen*
voi vorrete	*ihr werdet wollen*
loro vorranno	*sie werden wollen*

venire	*ankommen*
io verrò	*ich werde kommen*
tu verrai	*du wirst kommen*
lui/lei verrà	*er/sie/es wird kommen*
Lei verrà	*Sie werden kommen*
noi verremo	*wir werden kommen*
voi verrete	*ihr werdet kommen*
loro verranno	*sie werden kommen*

potere	*können/dürfen*
io potrò	*ich werde können*
tu potrai	*du wirst können*
lui/lei potrà	*er/sie/es wird können*
Lei potrà	*Sie werden können*
noi potremo	*wir werden können*
voi potrete	*ihr werdet können*
loro potranno	*sie werden können*

andare	*gehen*
io andrò	*ich werde gehen*
tu andrai	*du wirst gehen*
lui/lei andrà	*er/sie/es wird gehen*
Lei andrà	*Sie werden gehen*
noi andremo	*wir werden gehen*
voi andrete	*ihr werdet gehen*
loro andranno	*sie werden gehen*

dovere	*müssen/sollen*
io dovrò	*ich werde müssen/sollen*
tu dovrai	*du wirst müssen/sollen*
lui/lei dovrà	*er/sie/es wird müssen/sollen*
Lei dovrà	*Sie werden müssen/sollen*
noi dovremo	*wir werden müssen/sollen*
voi dovrete	*ihr werdet müssen/sollen*
loro dovranno	*sie werden müssen/sollen*

fare	*machen/tun*
io farò	*ich werde machen/tun*
tu farai	*du wirst machen/tun*
lui/lei farà	*er/sie/es wird machen/tun*
Lei farà	*Sie werden machen/tun*
noi faremo	*wir werden machen/tun*
voi farete	*ihr werdet machen/tun*
loro faranno	*sie werden machen/tun*

Das Futur II

Neben dem Futur I gibt es im Italienischen noch eine weitere Zukunftsform, das Futur II. Es wird mit dem Hilfsverb im Futur I plus Partizip gebildet.

partire	*abfahren*
io sarò partito/a	*ich werde abgefahren sein*
tu sarai partito/a	*du wirst abgefahren sein*
lui/lei sarà partito/a	*er/sie/es wird abgefahren sein*

Lei sarà partito/a	*Sie werden abgefahren sein*
noi saremo partiti/e	*wir werden abgefahren sein*
voi sarete partiti/e	*ihr werdet abgefahren sein*
loro saranno partiti/e	*sie werden abgefahren sein*

preparare	*vorbereiten*
io avrò preparato	*ich werde vorbereitet haben*
tu avrai preparato	*du wirst vorbereitet haben*
lui/lei avrà preparato	*er/sie/es wird vorbereitet haben*
Lei avrà preparato	*Sie werden vorbereitet haben*
noi avremo preparato	*wir werden vorbereitet haben*
voi avrete preparato	*ihr werdet vorbereitet haben*
loro avranno preparato	*sie werden vorbereitet haben*

Die Anwendung des Futur II
Wenn im Hauptsatz Futur I steht und im Nebensatz eine vorzeitige Handlung ausgedrückt wird, so steht der Nebensatz meist im Futur II.

Bsp.:
Andremo a casa, quando avremo trovato il tuo libro! *Wir werden erst nach Hause gehen, wenn wir dein Buch gefunden haben werden.*

Infobox

Die Haustiere

cane *m*	*Hund*
criceto *m*	*Hamster*
gatta *f*	*Katze*
gatto *m*	*Kater*
pappagallino *m*	*Wellensittich*
porcellino d' India *m*	*Meerschweinchen*
topo *m*	*Maus*

Übung 5:

Kreuzen Sie an!

	richtig	falsch
1. Gianna e Paola sono allo zoo.	☐	☐
2. Lo zoo non è interessante.	☐	☐
3. Gianna vuole cavalcare il cammello.	☐	☐
4. Gianna vuole vedere le scimmie.	☐	☐
5. Paola non vuole vedere i felini.	☐	☐
6. I pinguini sono simpatici e graziosi.	☐	☐
7. L'animale più bello è la foca!	☐	☐

Übung 6:

Setzen Sie die Verben in Klammern in die entsprechende Zukunftsform!

1. Andremo via, quando _ _ _ _ _ _ _ _ _ finito. (voi – avere)

2. Partirete, quando non ci _ _ _ _ _ _ _ _ _ più. (noi – essere)

3. I ragazzi _ _ _ _ _ _ _ _ _ con il prossimo autobus. (arrivare)

4. Cosa _ _ _ _ _ _ _ _ _ al tuo compleanno? (tu – fare)

Infobox

Meerestiere

balena *f*	*Walfisch*
cavalluccio marino *m*	*Seepferdchen*
gambero *m*	*Krabbe*
medusa *f*	*Qualle*
pescecane *m*	*Hai*
stella marina *f*	*Seestern*
tricheco *m*	*Walross*

Übung 7:

Lösen Sie das Rätsel!

1. Schwein 2. Vogel 3. Wildschwein 4. Schlange 5. Ameise 6. Schildkröte 7. Kater 8. Schnecke 9. Hund

1. _ _ _ _ □ _
2. □ _ _ _ _ _ _
3. □ _ _ _ _ _ _ _ _
4. _ _ _ _ □ _ _ _
5. _ _ □ _ _ _ _
6. _ _ _ □ _ _ _ _ _
7. _ _ _ _ □
8. _ _ _ _ _ _ _ _ □ _
9. _ □ _ _

Das geheimnisvolle Wort heißt:

_ _ _ _ _ _ _ _ _

A Hallo, wie war dein Urlaub?

Paolo trifft Silvia in einer kleinen Bar im Zentrum von Florenz. Seit ihrem Urlaub haben sie sich nicht mehr gesehen.

Silvia: Eh, Paolo! Come stai?
Paolo: Bene! Ma come sei abbronzata!
Silvia: Grazie. Sono stata al mare per due settimane nella laguna di Venezia. E prendevo il sole almeno per quattro ore al giorno.
Paolo: Che bello! Allora ti sei divertita?
Silvia: Guarda! In albergo c'erano degli animatori troppo simpatici. Prima facevamo sempre colazione tutti insieme e poi andavamo in spiaggia. Di mattina giocavamo di solito a pallavolo o a bocce. Prima di pranzo nuotavo in piscina o correvo un po'. È bellissimo correre sulla sabbia, ma anche faticoso.
Paolo: Allora è stata una vacanza sportiva?
Silvia: Sì abbastanza! Di pomeriggio giocavo spesso a tennis. In albergo c'erano anche i campi. I ragazzi invece giocavano intanto a calcio.
Paolo: Bello! Anche io vorrei giocare più spesso a calcio, ma non ho tempo.
Silvia: Eh, un po' di sport fa sempre bene! D'inverno andavo ogni lunedì in palestra. Ora voglio ricominciare. Perché non vieni anche tu?
Paolo: No grazie, la palestra non mi piace. Preferisco il basket.
Silvia: Allora cerca una squadra! Sei troppo pigro!
Paolo: Hai ragione. E di sera cosa facevi a Venezia?
Silvia: Beh, uscivamo! Andavamo spesso in discoteca o a giocare a bowling. Poi c'era il cinema all'aperto!
Paolo: L'adoro! Da bambino mi ci portava sempre mio padre.
Silvia: Io invece andavo sempre con mia madre all'opera. Senti! Ho due biglietti per il concerto di stasera al Teatro della Pergola. Vuoi venire? Ho prenotato dei posti in terza fila!
Paolo: No, guarda! Troppa cultura. Vado con Andrea a vedere la partita.
Silvia: Allora buon divertimento!

Vokabeln

abbronzato/a	gebräunt
animatore *m*	Animateur
animatrice *f*	Animateurin
basket *m*	Basketball
biglietto per il concerto *m*	Konzertkarte
cinema all'aperto *m*	Freiluftkino
concerto *m*	Konzert
correre	laufen
cultura	Kultur
discoteca *f*	Diskothek
divertimento *m*	Vergnügen
faticoso/a	anstrengend
fila *f*	Reihe
giocare a bocce	Boccia spielen

14 Hobbys und Freizeit

giocare a bowling	kegeln
giocare a calcio	Fußball spielen
intanto	inzwischen
laguna *f*	Lagune
nuotare	schwimmen
opera *f*	Oper
palestra *f*	Fitnessstudio, Turnhalle
pallavolo *m*	Volleyball
partita *f*	(Fußball)Spiel
piscina *f*	Schwimmbad
posto *m*	(Sitz)Platz
prendere il sole	sich sonnen
ricominciare	wieder anfangen
sabbia *f*	Sand
spiaggia *f*	Strand
sport *m*	Sport
squadra *f*	Mannschaft
teatro *m*	Theater
tempo libero *m*	Freizeit
trascorrere il tempo libero	Freizeit verbringen
Buon divertimento!	Viel Vergnügen!
Come trascorri il tuo tempo libero?	Wie verbringst du deine Freizeit?
Ho prenotato un posto in terza fila!	Ich habe einen Platz in der dritten Reihe reserviert!

Grammatik

Das Imperfekt – „Imperfetto"

Neben dem Perfekt gibt es im Italienischen noch eine weitere Vergangenheitsform, das Imperfekt.
Die Bildung des „Imperfetto" erfolgt durch das Anhängen der entsprechenden Endungen an den Wortstamm.

1. Klasse: „lavorare"	*arbeiten*
io lavor-avo	*ich arbeitete*
tu lavor-avi	*du arbeitetest*
lui/lei lavor-ava	*er/sie/es arbeitete*
Lei lavor-ava	*Sie arbeiteten*
noi lavor-avamo	*wir arbeiteten*
voi lavor-avate	*ihr arbeitetet*
loro lavor-avano	*sie arbeiteten*

2. Klasse: „vivere"	*leben*
io viv-evo	*ich lebte*
tu viv-evi	*du lebtest*
lui/lei viv-eva	*er/sie/es lebte*
Lei viv-eva	*Sie lebten*
noi viv-evamo	*wir lebten*
voi viv-evate	*ihr lebtet*
loro viv-evano	*sie lebten*

3. Klasse „partire"	*abfahren*
io part-ivo	*ich fuhr ab*
tu part-ivi	*du fuhrst ab*
lui/lei part-iva	*er/sie/es fuhr ab*
Lei part-iva	*Sie fuhren ab*
noi part-ivamo	*wir fuhren ab*
voi part-ivate	*ihr fuhrt ab*
loro part-ivano	*sie fuhren ab*

Das Perfekt drückt Handlungen aus, die bereits abgeschlossen sind.
Das „Imperfetto" bezeichnet ein Ereignis unbestimmter Dauer (1) sowie gewohnheitsmäßige Handlungen (2) und die Beschreibung von Situationen und Personen (3).

Bsp.:
(1) Sono andata a nuotare.
Ich bin schwimmen gegangen
Che cosa hai fatto ieri?
Was hast du gestern gemacht?
Alle otto avevo un appuntamento.
Ich war um acht Uhr verabredet.
In Agosto mi sono fatta male.
Im August habe ich mir wehgetan.

(2) Da bambino andavo spesso a teatro.
Als Kind bin ich oft ins Theater gegangen.
Di solito compravo un gelato.
Gewöhnlich habe ich mir ein Eis gekauft.

(3) Luigi era un uomo eccezionale.
Luigi war ein außergewöhnlicher Mann.
La donna aveva un gatto nero ed una scopa.
Die Frau hatte eine schwarze Katze und einen Besen.

Infobox

Schlüsselwörter für das Imperfekt

di solito *gewöhnlich*	ogni volta *jedes Mal*
spesso *oft*	sempre *immer*
a volte *manchmal*	raramente *selten*

Das Imperfekt ist eine völlig eigenständige Zeit, die durch keine andere ersetzt werden kann. Es spielt hierbei auch keine Rolle, wie lange das beschriebene Ereignis zurückliegt.

Weiterhin entspricht es dem deutschen Präteritum. Die Übersetzung kann somit, genau wie beim Passato Prossimo, sowohl im Perfekt als auch im Präteritum stehen.

Bsp.:
Alle quattro mangiavo una pizza.
Um vier habe ich eine Pizza gegessen./ Um vier aß ich eine Pizza.
Prendeva sempre del vino.
Er nahm immer Wein./Er hat immer Wein genommen.

Das „Imperfetto" von „essere" und „fare"

io ero	*ich war*
tu eri	*du warst*
lui/lei era	*er/sie/es war*
Lei era	*Sie waren*
noi eravamo	*wir waren*
voi eravate	*ihr wart*
loro erano	*sie waren*

io fac-evo	*ich machte*
tu fac-evi	*du machtest*
lui/lei fac-eva	*er/sie/es machte*
Lei fac-eva	*Sie machten*
noi fac-evamo	*wir machten*
voi fac-evate	*ihr machtet*
loro fac-evano	*sie machten*

„Esserci" im Imperfekt
Das ci von esserci wird natürlich auch im Imperfetto apostrophiert:

C'era un tavolo.	*Es gab einen Tisch.*
C'erano Paolo ed Anna.	*Paolo und Anna waren da.*
C'era una volta una principessa ...	*Es war einmal eine Fürstin ...*

Das Imperfekt der besonderen Verben mit „-isc-"
Die Verben, bei denen im Präsens vor dem Suffix -isc- steht, werden im Imperfetto ganz normal konjugiert, d. h. sie erhalten dieses Suffix nicht.

Bsp.:

Infinitiv	Präsens	Imperfekt
capire	capisco	capivi

Übung 1:

Konjugieren Sie die Verben im „Imperfetto"!

1) ballare *tanzen*

io	_____	noi	_____
tu	_____	voi	_____
lui/lei	_____	loro	_____
Lei	_____		

2) vedere *sehen*

io	_____	noi	_____
tu	_____	voi	_____
lui/lei	_____	loro	_____
Lei	_____		

3) venire *kommen*

io	_____	noi	_____
tu	_____	voi	_____
lui/lei	_____	loro	_____
Lei	_____		

Übung 2:

Setzen Sie die Sätze ins „Imperfetto"!

1. Vado spesso al mare.

___________________________.

2. Maria mangia a volte la caprese.

___________________________.

3. Giochiamo volentieri a tennis.

___________________________.

4. I fratelli nuotano solo in piscina.

___________________________.

B Mir ist langweilig!

Es ist Nachmittag. Andrea und Paolo sind zu Hause und wissen nicht recht, was sie machen sollen.

Paolo: A che ora dobbiamo essere allo stadio?

Andrea: Abbiamo ancora cinque ore.

Paolo: E che facciamo intanto?

Andrea: Ma non lo so! Giochiamo a scacchi?

Paolo: No! È noioso. E poi vinci sempre tu.

Andrea: Allora giochiamo a carte! Scopa?

Paolo: Se non abbiamo nemmeno le carte, dai!

Andrea: Un giro in bici?

Paolo: Fa troppo caldo. E poi è faticoso.

Andrea: Allora fai tu una proposta!

Paolo: Non so! Tanto non facciamo mai niente noi due! D'inverno almeno andavamo a sciare! Ma d'estate ...

Andrea: Dobbiamo cercare un nuovo hobby! Magari qualche sport.

Paolo: Ma dai! Già Silvia mi ha detto tutta la mattina che sono troppo pigro e che devo fare sport.

Andrea: Io volevo sempre suonare uno strumento.

Paolo: Tipo?

Andrea: Tipo chitarra, batteria, viola ...

Paolo: E no! Troppo rumoroso! Caso mai lo scacciapensieri.

Andrea: Mica sono siciliano! O collezionare qualcosa. Schede telefoniche, francobolli, sorprese ...

Paolo: Sì, guarda. È proprio l'hobby più eccitante del mondo! Mi sa che ci vuole troppo sangue freddo. Non fa per me.

Andrea: Ora mi è venuta l'idea del secolo!

Paolo: Osservare uccelli!

Andrea: No, no molto meglio! Imparare una lingua.

Paolo: Gran bella idea. Volevo sempre capire che cosa dice quell'africano che ha la bancarella qui sotto quando i bambini gli rubano gli accendini.

Andrea: Va bene, ho capito. Preferisci annoiarti!

Vokabeln

accendino *m*	Feuerzeug
africano/a	Afrikaner/in
andare a cavallo	reiten
andare in barca	Boot fahren
annoiarsi	sich langweilen
arabo *m*	arabisch
bancarella *f*	Stand
batteria *f*	Schlagzeug
bici(cletta) *f*	Fahrrad
caso mai	wenn überhaupt
chitarra *f*	Gitarre
collezionare	sammeln
collezione *f*	Sammlung
eccitante	aufregend
fare jogging	Joggen
ginnastica *f*	Gymnastik, Turnen
giocare a carte	Karten spielen
giocare a golf	Golf spielen
giocare a ping pong	Tischtennis spielen
giocare a scacchi	Schach spielen
giocare a tennis	Tennis spielen
giocare pallavolo	Volleyball spielen
hobby *m*	Hobby
karatè *m*	Karate
magari	vielleicht
noia *f*	Langeweile
noioso/a	langweilig
osservare	beobachten
passare il tempo	Zeit verbringen
pattinaggio su ghiaccio	Eis laufen
pescare	angeln
praticare uno sport	Sport treiben
proposta *f*	Vorschlag
rubare	stehlen
rumoroso/a	laut
sangue freddo *m*	Kaltblütigkeit
scacciapensieri *m*	Maultrommel
scheda telefonica *f*	Telefonkarte
sciare	Ski fahren
scopa *f*	Besen, italienisches Kartenspiel
secolo *m*	Jahrhundert
sorpresa *f*	Überraschung
stadio *m*	Stadion, Stadium
strumento *m*	Musikinstrument
suonare uno strumento	ein Instrument spielen
viola *f*	Violine
Che hobby hai?	Welches Hobby hast du?
Che sport pratichi?	Welche Sportart treibst du?
Pratichi uno sport?	Treibst du Sport?
Mica sono ...!	Ich bin ja nicht ...!
Non fa per me.	Das ist nichts für mich.
Tipo ...?	Was für eine/n ...?

Grammatik

Die unregelmäßigen Formen des Imperfekts

Folgende Verben bilden unregelmäßige Formen im Imperfetto:

dire	*sagen*
io dic-evo	*ich sagte*
tu dic-evi	*du sagtest*
lui/lei dic-eva	*er/sie/es sagte*
Lei dic-eva	*Sie sagten*
noi dic-evamo	*wir sagten*
voi dic-evate	*ihr sagtet*
loro dic-evano	*sie sagten*

tradurre	*übersetzen*
io traduc-evo	*ich übersetzte*
tu traduc-evi	*du übersetztest*

lui/lei traduc-eva	*er/sie/es übersetzte*
Lei traduc-eva	*Sie übersetzten*
noi traduc-evamo	*wir übersetzten*
voi traduc-evate	*ihr übersetztet*
loro traduc-evano	*sie übersetzten*

bere	*trinken*
io bev-evo	*ich trank*
tu bev-evi	*du trankst*
lui/lei bev-eva	*er/sie/es trank*
Lei bev-evo	*Sie tranken*
noi bev-evamo	*wir tranken*
voi bev-evate	*ihr trankt*
loro bev-evano	*sie tranken*

Übung 3:

Beantworten Sie die Fragen!

1. Quando devono essere allo stadio Andrea e Paolo?

_ .

2. Perché non giocano a carte?

_ .

3. Chi vince a scacchi?

_ .

4. Perché non fanno un giro in bici?

_ .

5. Qual è lo strumento preferito di Paolo?

_ .

Übung 4:

Setzen Sie das passende Verb „Imperfetto" ein! Wählen Sie aus!

(cercare, avere, bere, giocare, stare, dire, adorare, vendere, andare, essere)

1. La commessa _ _ _ _ _ _ _ _ _ _ ogni giorno tanti vestiti.
2. La donna _ _ _ _ _ _ _ _ _ _ sempre la verità.
3. Noi _ _ _ _ _ _ _ _ _ _ i funghi nel bosco *Wald.*
4. Il ragazzo _ _ _ _ _ _ _ _ _ _ la sua fidanzata.
5. Tu _ _ _ _ _ _ _ _ _ _ spesso a Firenze da bambino.
6. Voi _ _ _ _ _ _ _ _ _ _ a volte a scacchi.

Übung 5:

Setzen Sie die richtigen Endungen des „Imperfetto" ein!

1) incontrare *treffen*

io incontr_ _ _ _ _ _	noi incontr_ _ _ _ _ _
tu incontr_ _ _ _ _ _	voi incontr_ _ _ _ _ _
lui/lei incontr_ _ _ _	loro incontr _ _ _ _ _
Lei incontr_ _ _ _ _ _	

C Die schönen Künste!

Magda hat einen freien Nachmittag und trifft sich mit Andrea, der sie ein wenig in die italienische Literatur und Musik einführt.

Andrea: Cerchiamo di trovare un libro per te.
Magda: Sì, guarda! Mi devi veramente aiutare. Vorrei leggere un libro in italiano in Austria. Se no mi dimentico

tutto. Ma non conosco per niente la letteratura italiana.
Andrea: Ma conosci sicuramente Dante e Boccaccio.
Magda: Sì, naturalmente. Anche in Austria si conoscono „La Divina Commedia" ed „Il Decamerone". Ma gli autori più moderni sono poco conosciuti. Chi è per esempio un espressionista italiano?
Andrea: Beh, Italo Svevo. Conosceva molto bene le teorie di Freud. Ma forse è meglio rinunciarci. Usa uno stile un po' goffo.
Magda: Capisco. Non c'è un movimento, tipicamente italiano?
Andrea: Il futurismo. Erano artisti, che credevano soprattutto nel progresso. Ma le loro opere sono scritte in modo piuttosto propagandistico.
Magda: Allora magari qualcosa di più classico.
Andrea: Vediamo ... C'è il verismo. Lo scrittore più importante è sicuramente Verga. Descriveva la sofferenza dei poveri.
Magda: Ma per favore! Qualcosa di più allegro.
Andrea: Allora ti consiglio Stefano Benni, un satirico moderno. I suoi libri sono divertentissimi. Critica gli italiani, ma in modo carino e simpatico.
Magda: Bene. Ah, guarda, domani c'è un concerto. Conosci il cantante?
Andrea: Certo! Claudio Baglioni è molto famoso e anche molto bravo. La sua musica è sempre al passo con i tempi e le canzoni sono molto espressive. Dai, proviamo a trovare dei biglietti.
Magda: Va bene! Ma credi di trovarne ancora?
Andrea: Proviamo! È uno dei miei cantanti preferiti e poterlo vedere in concerto è certamente molto bello. Già quando ero piccolo ascoltavo la sua musica!
Cassiera: Buon giorno!
Andrea: Buon giorno, ci sono ancora dei biglietti per il concerto di Baglioni?
Cassiera: Sì, ci sono ancora tre biglietti che sono stati prenotati, ma non acquistati!
Andrea: Che fortuna! In quale fila?
Cassiera: Nella ventesima, i numeri sono 23, 24, 25.
Andrea: Bene, allora ne prendiamo due! Quanto costano?
Cassiera: € 65 l'uno!

Vokabeln

allegro	heiter
artista *m/f*	Künstler/in
autore *m*	Autor
cantante preferito/a	Lieblingssänger/in
classico/a	klassisch
commedia *f*	Komödie
credere in	glauben an

14 Hobbys und Freizeit

criticare	kritisieren
Decamerone *m*	Dekameron
descrivere	beschreiben
dimenticare	vergessen
divertente	unterhaltsam
divertirsi	sich amüsieren
divertirsi un mondo	sich sehr amüsieren
divino/a	göttlich
espressionista *m/f*	Expressonist/in
futurismo *m*	Futurismus
goffo/a	unbeholfen
importante	wichtig
l'uno/a	jeweils
letteratura *f*	Literatur
lettura *f*	Lektüre
libro *m*	Buch
moderno/a	modern
movimento *m*	Bewegung
musica *f*	Musik
musica classica *f*	klassische Musik
musica leggera *f*	Unterhaltungsmusik
musica pop *f*	Popmusik
musica rock *f*	Rockmusik
opera *f*	Werk
piacevole	angenehm
povero/a *m/f*	Arme
progresso *m*	Fortschritt
propagandistico/a	propagandistisch
rinunciare	verzichten
romanzo *m*	Roman
satirico/a *m/f*	Satiriker/in
scrittore *m*	Schriftsteller
sofferenza *f*	Leiden
stile *m*	Stil
teoria *f*	Theorie
A che ora inizia lo spettacolo/il concerto?	Um wie viel Uhr beginnt die Vorstellung/ das Konzert?
C'è un posto libero nella quinta fila, al numero 6!	Es gibt einen freien Platz in der fünften Reihe, Platz Nr. 6!

Che musica ti piace?	Welche Musik magst du?
Ci sono ancora biglietti per il concerto/lo spettacolo di ...?	Haben Sie noch Tickets für das Konzert/die Vorstellung von ...?
Mi piace la musica ...!	Ich mag ... Musik!
Qual è il tuo cantante preferito?	Welcher ist dein Lieblingssänger?
Quanto costa un biglietto?	Was kostet eine Karte?
Vorrei un biglietto per il concerto di ...!	Ich hätte gern ein Ticket für das Konzert von ...!

Grammatik

Das „Imperfetto" im temporalen Nebensatz

Werden temporale Nebensätze in der Vergangenheit durch die Konjunktion mentre *während* eingeleitet, stehen diese meist im Imperfetto.

Bsp.:
Mentre leggevo il giornale, sei arrivata.
Während ich die Zeitung gelesen habe, kamst du an.
Mentre Paola correva, ha cominciato a piovere.
Während Paola gelaufen ist, fing es an zu regnen.
Mentre stava all'estero, è nata sua figlia.
Während er im Ausland gewesen ist, wurde seine Tochter geboren.

Auch die Konjunktion quando *als* kann das Imperfetto nach sich ziehen.

Bsp.:
Quando ero un ragazzo, ho conosciuto Piera.
Als ich ein Junge war, lernte ich Piera kennen.
Quando nuotavo nel mare, ho visto un gabbiano.
Als ich im Meer schwamm, sah ich eine Möwe.

„In modo" als Adverbparaphrase

Gerade um komplexe Adverbien zu vermeiden, werden diese besonders in der Umgangssprache mit in modo umschrieben.

pensierosamente *gedankenvoll* — in modo pensieroso
paurosamente *angstvoll* — in modo pauroso
accuratamente *sorgfältig* — in modo accurato

Infobox

Das Adverb precipitevolissimevolmente *Hals über Kopf* gilt als das längste italienische Wort.

Übung 6:

Beantworten Sie die Fragen!

1. Perché Magda vuole leggere un libro in italiano?

_____________________________.

2. Come si chiama l'opera più famosa di Dante?

_____________________________.

3. Come si chiama l'autore più importante del verismo e che cosa descriveva?

_____________________________.

4. Chi è Stefano Benni?

_____________________________.

Übung 7:

Übersetzen Sie!

1. Als ich in China war, lernte ich meine Frau kennen.

_____________________________.

2. Als ich nach Florenz fuhr, verlor ich meine Schlüssel.

_____________________________.

3. Während ich „Die Göttliche Komödie" gelesen habe, kamst du an.

_____________________________.

Übung 8:

Umschreiben Sie die Adverbien mit „in modo"!

1. piacevolmente ________________.
2. grandiosamente ________________.
3. sicuramente ________________.
4. gravemente ________________.
5. giustamente ________________.

15 Feste und Feierlichkeiten

A Es gibt viel zu feiern!

Magda, Andrea und Silvia sitzen gemütlich zusammen und sprechen über italienische Feste.

Magda: Ciao, Andrea!

Andrea: Ciao, Magda, posso presentarti Silvia?

Magda: Sì, molto volentieri. Ciao Silvia!

Silvia: Ciao, Magda e buon ferragosto!

Magda: Grazie, ma che cos'è ferragosto?

Andrea: Beh, il culmine dell'alta stagione! Stasera festeggiano tutti!

Magda: Ah che bello! E voi, cosa fate?

Silvia: Siamo tutti invitati ad una festa da un'amica! Perché non vieni anche tu?

Magda: Sì, molto volentieri. Ma si fa qualcosa di particolare?

Andrea: No, veramente no. Si mangia, si beve e basta. Al massimo si fa una torta.

Magda: Il panettone per esempio?

Silvia: No, questo è per Natale.

Andrea: Veramente il panettone non si fa mai. Si compra.

Silvia: Beh, io mi ricordo mia nonna. Lei faceva sempre il panettone. E anche a Pasqua la colomba veniva fatta da lei.

Magda: La colomba? Ah, è, i vero in Italia si mangiano anche i piccioni.

Andrea: No, la colomba è anche un dolce. Solo la forma è quella di un piccione.

Magda: Ah, meno male! A me piace la Pasqua!

Silvia: Anche a me! A pasquetta veniva sempre preparato un picnic in campagna.

Magda: Che bello! Io credevo fino a nove anni al leprotto di Pasqua!

Silvia: Guarda: il „leprotto di Pasqua" non esiste in Italia!

Magda: Ah no?

Silvia: No, caso mai viene fatto al forno!

Magda: Mamma mia! E chi nasconde le uova, allora?

Andrea: Mah, veramente nessuno! Sono anche troppo grandi e ingombranti.

Magda: Questo è vero! Ma Babbo Natale c'è anche in Italia, no?

Silvia: Eh sì, e anche la befana!

Magda: Chi?

Andrea: La befana è una strega brutta, brutta, che, una settimana dopo San Silvestro, porta dei regalini ai bimbi buoni e del carbone a quelli cattivi.

Magda: Capisco! Ma non è il giorno dei Re Magi?

Andrea: Sì, proprio così, l'epifania!

Vokabeln

Babbo Natale *m*	Weihnachtsmann
befana *f*	Weihnachtshexe
cattivo/a	böse
colomba *f*	weiße Taube, Osterkuchen

culmine *m*	Höhepunkt
epifania *f*	Epifanie (Heilige drei Könige)
esistere	existieren
ferragosto *m*	Maria Himmelfahrt (15. August)
festeggiare	feiern
forma *f*	Form
ingombrante	sperrig
leprotto *m*	Häschen
nascondere	verstecken
Natale *m*	Weihnachten
pandoro	Weihnachtskuchen
Pasqua *f*	Ostern
pasquetta *f*	Ostermontag
piccione *m*	Taube
picnic *m*	Picknick
presepe *m*	Krippe
qualcosa di particolare	etwas Besonderes
Re Magi *m*	Heilige drei Könige
regalare	verschenken
San Silvestro *m*	Silvester
strega *f*	Hexe
torta *f*	Kuchen

Infobox

Wünsche, Wünsche, Wünsche

Auguri!	*Glückwunsch!*
Buon anno nuovo!	*Gutes neues Jahr!*
Buon appetito!	*Guten Appetit!*
Buon compleanno!	*Alles Gute zum Geburtstag!*
Buona fortuna!	*Viel Glück!*
Buon Natale!	*Frohe Weihnachten!*
Buona Pasqua!	*Frohe Ostern!*
Buon onomastico!	*Alles Gute zum Namenstag!*
Buon viaggio!	*Gute Reise!*
Buona vacanza!	*Schönen Urlaub!*
In bocca al lupo!	*Toi, toi, toi!*

Felicitazioni!	*Herzlichen Glückwunsch!*
Pronta guarigione!	*Gute Besserung!*
Tanti auguri!	*Alles Gute!*
Tanta felicità!	*Viel Freude!*

Grammatik

Das „Imperfetto" im Passiv

Die Bildung des Imperfetto im Passiv erfolgt mit der Imperfektform von venire und dem Partizip II, wobei dessen Endung Genus und Numerus des Subjekts angepasst wird.

Bsp.:
La colomba veniva fatta sempre da mia nonna. *Die Colomba wurde immer von meiner Oma gebacken.*
Ogni Natale veniva regalata una cravatta a mio nonno. *Zu jedem Weihnachtsfest wurde meinem Opa eine Krawatte geschenkt.*

„Si" als Passiversatz

Das Pronomen si *man* kann das Passiv ersetzen.

Bsp.:

È stato detto.	*Es wurde gesagt.*
Si è detto.	*Man hat gesagt.*
Veniva fatto così.	*Es wurde so gemacht.*
Si faceva così.	*So machte man es.*
Venivano ascoltati i poeti.	*Den Dichtern wurde zugehört.*
Si ascoltavano i poeti.	*Man hörte den Dichtern zu.*

Verstärkung durch Wiederholung

In der italienischen Umgangssprache werden Verstärkungen durch Wiederholung des Adjektivs ausgedrückt.

La befana è brutta brutta.	*Die Befana ist wirklich hässlich.*
La ragazza è bella bella.	*Das Mädchen ist wirklich hübsch.*

15 Feste und Feierlichkeiten

„Qualcosa di"

Um im Italienischen *etwas* in Verbindung mit einem substantivierten Adjektiv auszudrücken, muss man an qualcosa die Präpostion di und ein Adjektiv anhängen.

qualcosa di bello	*etwas Schönes*
qualcosa di particolare	*etwas Besonderes*
qualcosa di brutto	*etwas Hässliches*
qualcosa di carino	*etwas Nettes*

Übung 1:

Beantworten Sie die Fragen!

1. Che cosa fanno Silvia e Andrea stasera?

_ .

2. Che cos'è ferragosto?

_ .

3. Quando si mangia il panettone?

_ .

4. Che cos'è la colomba?

_ .

Übung 2:

Setzen Sie die Sätze ins „Imperfetto"!

1. Ogni giorno viene fatto il pane fresco.

_ .

2. A pasquetta viene fatto il picnic.

_ .

3. In questa casa il pesce viene mangiato con un coltello (*Messer*) speciale.

_ _

_ .

4. Ai bambini cattivi viene regalato il carbone.

_ .

5. Vengono nascoste le uova?

_ .

Übung 3:

Umschreiben Sie die Sätze im Passiv mit „si"!

1. Ogni domenica veniva organizzata una festa.

_ .

2. Veniva portata una torta.

_ .

3. Non è stata venduta la macchina.

_ .

4. Gli occhiali (*Brille*) venivano sempre persi.

_ .

B Ein schönes Fest

Es ist der 15. August. Silvia und Paolo sind auf dem Fest angekommen und warten auf Anna.

Silvia: Ma tu hai detto ad Anna l'indirizzo giusto?
Paolo: Perché?
Silvia: Perché non è ancora arrivata.
Paolo: Beh, questa è la via Mazzini, no?
Silvia: Ma Paolo! Questa è via Manzoni! L'hai mandata a Sesto Fiorentino!

Paolo: Non ti preoccupare! Ora la chiamo! Pronta Anna! Dove sei? ... Alla festa? Ma non sei in via Mazzini n° 13 a Sesto Fiorentino ... Ah, bene. E ti diverti? ... Bene ... No, noi non possiamo venire. È ... No, Silvia non sta tanto bene e ora sono andato a prenderle una medicina. Le faccio compagnia, sai ... No. Ormai rimani lì. Ci sono io, non ti preoccupare ... Sì, ci sentiamo domani. Ciao!

Silvia: Non dirmi che ora sta alla festa sbagliata.

Paolo: Eh sì, purtroppo sì.

Silvia: C'era anche lì una festa?

Paolo: E beh! È ferragosto! Tutta l'Italia festeggia!

Silvia: Ma ora viene qui?

Paolo: Ascolta, non ce l'ho fatta a confessarglielo. Si divertiva un mondo lì.

Silvia: Ora la chiamo e glielo dico io.

Paolo: No, non poi chiamare! Tu sei malata! Anzi, ti devi inventare una bella malattia.

Silvia: Almeno non conosce la padrona di casa. A proposito. Chi è?

Paolo: Vedi quella ragazza lì, mora, carina con gli occhiali?

Silvia: Con la camicetta rossa?

Paolo: Sì, brava. È lei. Maura!

Silvia: E dà questa festa immensa solo perché è ferragosto?

Paolo: No, festeggia anche il compleanno!

Silvia: Che bello! Me la presenti?

Paolo: Sì. Maura!

Maura: Ah, ciao Paolo!

Paolo: È la festa più bella dell'anno! Non volevo perdermela!

Maura: Chi è questa ragazza tanto carina?

Paolo: Questa? È solo Silvia. Una vecchia conoscente.

Silvia: Auguri, Maura. Grazie per l'invito.

Maura: Figurati! Gli amici di Paolo sono anche amici miei. Scusate! Portano la torta. Devo soffiare le candeline! A dopo!

Paolo: A dopo!

Silvia: Solo Silvia?

Paolo: Eh, scusa! Non volevo darle un'impressione sbagliata!

Silvia: L'ho capito, guarda! Ho capito tutto!

Vokabeln

anzi	vielmehr
auguri *m/pl*	Glückwünsche
candelina *f*	Kerze
confessare	gestehen
conoscente *m/f*	Bekannte/r
dare un'impressione	einen Eindruck vermitteln
dare una festa	ein Fest veranstalten
fare amicizia	Freundschaft schließen

15 Feste und Feierlichkeiten

fare compagnia	Gesellschaft leisten
festeggiare	Geburtstag
il compleanno	feiern
immenso/a	ungeheuer, riesig
impressione *f*	Eindruck
indirizzo *m*	Adresse
inventare	erfinden
malattia *f*	Krankheit, Erkrankung
occhiali *m*	Brille
onomastico *m*	Namenstag
ormai	jetzt
padrona di casa *f*	Gastgeberin
soffiare	ausblasen
sbagliata/o	falsch

Grammatik

Dativ- und Akkusativpronomen in demselben Satz

Werden in einem Satz sowohl das Dativ- als auch das Akkusativobjekt durch ein Pronomen ersetzt, so werden folgende Pronomen verwendet:

	Singular	Plural
1. Person:	me	ce
2. Person:	te	ve
3. Person:	glie/se	loro/glie

Das Dativpronomen steht hierbei stets vor dem Akkusativpronomen.

Me lo promette.	*Sie verspricht es mir.*
Te lo dico.	*Ich sag es dir.*
Se lo ricorda bene.	*Er erinnert sich gut daran.*
Ce lo prendiamo.	*Wir nehmen es uns.*
Ve lo ricordate.	*Ihr erinnert euch daran.*
Lo tolgono loro.	*Sie nehmen es ihnen weg.*

Die Besonderheiten von „glie"

Das Dativpronomen glie kann für die dritte Person sowohl im Singular als auch im Plural stehen, wobei seine Verwendung im Plural überwiegend die Alltagssprache betrifft. Glie kann also mit *ihm, ihr* und *ihnen* übersetzt werden. Es wird mit dem Akkusativpronomen zusammengezogen.
Daraus ergeben sich folgende Möglichkeiten:

glielo glieladr glieli gliele

Die Endung gibt hierbei jedoch allein Numerus und Genus des Akkusativobjekts an.

Bsp.:
C'è una mia amica. Gliela presento. *Hier ist eine Freundin von mir. Ich stelle sie ihm/ihr/ihnen/Ihnen vor.*
Vedi il libro? Glielo dai? *Siehst du das Buch? Gibst du es ihm/ihr/ihnen/Ihnen?*
Che pere! Gliele compri? *Was für Birnen! Kaufst du sie ihm/ihr/ihnen/Ihnen?*
Dove sono i gli occhiali? Glieli cerchi? *Wo ist seine Brille? Suchst du sie ihm/ihr/ihnen/Ihnen?*

Das Genus des Dativpronomens lässt sich allein aus dem Zusammenhang erkennen:

Bsp.:
È il cellulare di Anna. Glielo porti? *Das ist Annas Handy. Bringst du es ihr?*
Silvia non conosce Maura. Gliela presenti? *Silvia kennt Maura nicht. Stellst du sie ihr vor?*

Die Verbindung von Dativ- und Akkusativpronomen im Infinitiv und Imperativ

Bei Infinitivsätzen mit Akkusativ- und Dativpronomen werden diese zusammengeschrieben und an das Verb angehängt, wobei das -e des Infinitivs wegfällt.

Bsp.:
Non mi dimentico di dartelo. *Ich vergesse nicht, es dir zu geben.*
Penso di prestarglieli. *Ich denke, ich werde sie ihm/ihr/ihnen/Ihnen leihen.*
Spera di portarceli. *Er hofft, sie uns zu bringen.*

Credeva di raccontarvela. *Er glaubte, es euch zu erzählen.*
Ci penso io a mandargliela. *Ich kümmere mich darum, es ihm/ihr/ihnen/Ihnen zu schicken.*

Genauso werden die Pronomenverbindungen an den Imperativ angehängt:

Spediscimela! *Schick sie mir!*
Guardatela! *Schau sie dir an!*
Proibisciglielo! *Verbiete es ihm/ihr/ihnen!*
Spiegaglielo! *Erklär es ihm/ihr/ihnen!*

Infobox

Das Wort bravo/a wird gern zur Anerkennung einer Leistung benutzt. Es bedeutet dann so viel wie *Das hast du gut gemacht!*

Übung 4:

Kreuzen Sie die richtigen Antworten an!

1. a) Maura abita in via Mazzini. ☐
   b) Maura abita in via Manzoni. ☐
2. a) Via Mazzini è a Prato. ☐
   b) Via Mazzini è a Sesto Fiorentino. ☐
3. a) Anna è alla festa di Maura. ☐
   b) Anna è alla festa sbagliata. ☐
4. a) Silvia è malata. ☐
   b) Silvia deve inventarsi una malattia. ☐

Übung 5:

Ergänzen Sie mit den folgenden Wörtern in der passenden Form! Wählen Sie aus!

(Confessare/Le/compagnia/fare/inventare/mora/fare/bravo/conoscente/ferragosto/soffiare/dare/dare/festeggiare)

1. Mia madre è malata. _____ devo fare __________.
2. Il criminale (*Verbrecher)* __________ il furto (*Diebstahl).*
3. Alla festa ha __________ amicizia con Luigi.
4. Meuzzi ha __________ il telefono prima di Bell. (inventare)
5. Ieri Maura ha __________ il compleanno.
6. __________! Ha fatto un ottimo lavoro, Andrea.

Übung 6:

Ergänzen Sie die Pronomen!

1. Questo libro è bello. __________ ha (tu) regalato un tuo amico?
2. È buono il pane. __________ mangio.
3. È interessante la storia. Non __________ (lui) ricordava così.
4. È buona la minestra. __________ (lei) porti?
5. Che posto carino! __________ (io) fa vedere?
6. Prendi questo anello (*Ring*) e __________ (lei) metti.
7. Che fiori meravigliosi! __________ (noi) cogli *(pflücken)?*

Infobox

Kapelle ≠ cappella
banda = (Musik)Kapelle
capella = Kapelle (Kirche)

Übung 7:

Hängen Sie die richtigen Pronomen an die Verben an!

1. C'è una mela! Dam_____ (io)!
2. Vedi Maria? Saluta_____ (io)!
3. Rubano i soldi! Impedisci_____ (loro)!
4. Sono brutti i tuoi capelli! Taglia_____ (tu)!
5. Tua figlia vuole il cellulare! Compra_____ (lei)!
6. Che bella macchina! Presta_____ (noi)!
7. Adorano questo quadro! Regala_____ (loro)!
8. Non lo sa! Di_____ (lui)
9. Non l'abbiamo capito! Spiega_____ (noi)!

C Die Hochzeit der besten Freundin

Anna ist auf einer Hochzeit und sieht sich ein wenig um. Da begegnet sie Luca, einem alten Freund.

Anna: Luca! Ma che sorpresa! Che ci fai qui?

Luca: La sorella della sposa, Daniela, è la mia fidanzata. Ma quando ci siamo visti l'ultima volta? Sarà stato il fine settimana di Ognissanti.
Anna: Eh sì. Tu che hai fatto di bello intanto?
Luca: Ma guarda, è stato un anno molto movimentato! Subito dopo le feste ho cominciato un nuovo lavoro a Roma.
Anna: Vero, me l'hai detto allora.
Luca: Ma l'anno non è cominciato bene. Nel periodo di carnevale mi sono rotto una gamba e per mesi ho avuto problemi a camminare.
Anna: Oh, poverino!
Luca: E in più non mi è piaciuto per niente il lavoro e perciò mi sono licenziato ancora prima di Pasqua. Anche se avevo tanta paura di rimanere disoccupato e dovevo lasciare anche l'appartamento, che era della ditta.
Anna: Mi dispiace. Non lo sapevo.
Luca: Beh, non l'ho fatto sapere a nessuno. Stavo un po' giù in quel periodo. Anche perché mi ha lasciato la mia ragazza.
Anna: Ah sì, pure?
Luca: Eh sì! Era proprio il 1° maggio, la festa del lavoro. Tutti erano in piazza a vedere i concerti a festeggiare, mentre io stavo a casa e piangevo.
Anna: Allora è stato proprio un anno duro!

Luca: Eh sì. Ma poi ho conosciuto Daniela.

Anna: Ma ora stai meglio no?

Luca: Sì, sono tornato poi a Firenze e ho trovato quasi subito lavoro. Ma tu stai bene? Ti vedo un po' pallida!

Anna: No, tutto bene! Avevo una specie di crampo allo stomaco. Dicevi?

Luca: No, niente. Così si è svolto quest'anno. Ma è tutto bene, quel che finisce bene. Ora abitiamo insieme da due mesi. Non potevo immaginare di essere cosi felice!

Anna: Bene. Mi fa tanto piacere.

Luca: Scusami! Ora devo salutare gli altri invitati. Hai visto quanti sono?

Anna: Eh, sì! Gli sposi hanno molti amici. La festa del matrimonio è riuscita davvero bene! Sai dove vanno in viaggio di nozze?

Luca: Loro sono abbastanza tradizionalisti! In viaggio di nozze vanno due settimane in Brasile! Ti è piaciuta la messa in chiesa?

Anna: Sì, molto. L'addobbo era meraviglioso. Ma ora vado a fare gli auguri agli sposi, a dopo!

Vokabeln

addobbo *m*	Festschmuck
carnevale *m*	Karneval
cerimonia *f*	Zeremonie, Feierlichkeit
chiesa *f*	Kirche
congratulazioni *f/pl*	Gratulation
crampo allo stomaco	Magenkrampf
disoccupato/a	arbeitslos
fare qualcosa di bello	etwas Schönes machen
fare gli auguri	Glückwünsche aussprechen
festa *f*	Feiertag, Party
festeggiare	feiern
festeggiato/a *m/f*	Geburtstagskind
gamba *f*	Bein
immaginarsi	sich etwas vorstellen
invitato *m*	Gast
lasciare	verlassen
licenziare	kündigen
luna di miele *f*	Flitterwochen
matrimonio *m*	Hochzeit
messa *f*	Messe
movimentato	bewegt
Ognissanti *m/pl*	Allerheiligen
piangere	weinen
pallido/a	blass
perdere di vista	aus den Augen verlieren
periodo *m*	Zeit
prete *m*	Priester
rompere	kaputt machen
rompersi la gamba	sich das Bein brechen
specie *f*	Art, Sorte
sposa *f*	Braut
sposarsi	heiraten
sposi *m/pl*	Brautpaar
sposo *m*	Bräutigam
stomaco *m*	Magen
svolgere	ablaufen
testimone *m*	Trauzeuge
torta nuziale *f*	Hochzeitstorte
tradizione *f*	Tradition
tradizionalista *f/m*	traditionsbewusst
viaggio di nozze *m*	Hochzeitsreise

15 Feste und Feierlichkeiten

Grammatik

Die Besonderheiten des Imperfekts

Einige Verben ändern ihre Bedeutung, je nachdem, ob sie im Passato Prossimo oder im Imperfetto stehen:

Avevo paura.	*Ich hatte Angst.*
Ho avuto paura.	*Ich bekam Angst.*
Conoscevo già Daniela.	*Ich kannte Daniela bereits.*
Ho conosciuto Daniela in luglio.	*Ich lernte Daniela im Juli kennen.*
Sapevo la storia.	*Ich kannte die Geschichte.*
Non ho saputo la verità.	*Ich habe die Wahrheit nicht erfahren.*

Übung 8:

Beantworten Sie die Fragen!

1. Da quanto tempo non si sono visti Anna e Luca?

_ _.

2. Chi è Daniela?

_ _.

3. Quando ha cominciato Luca il nuovo lavoro?

_ _.

4. Per quanto tempo ha avuto problemi con la gamba rotta?

_ _.

Übung 9:

Erzählen Sie die Geschichte von Luca!

1. Dopo le feste _ _ _ _ _ cominciato _ _ _ _ _ _ _ _ _ _.

2. Nel periodo di carnevale si _.

3. Il 1° maggio gli _ _ _ _ _ _ _ _ _ _ _ _ _ _ _.

4. Ancora prima di Pasqua _ _ _ _ _ _ _ _ _ _ e _ _ _ _ _ _ _ _ _ _ lasciare _ _ _ _ _ _ _ _ _ _.

Übung 10:

Wie sagen Sie es?

1. Alles Gute zum Geburtstag!

_ _.

2. Viel Glück!

_ _.

3. Glückwunsch!

_ _.

4. Alles Gute!

_ _.

A Wo tut es denn weh?

Lucia geht es heute überhaupt nicht gut. Sie geht zum Arzt.

Lucia: Buon giorno dottore.
Dottore: Signorina, buon giorno. Cosa posso fare per Lei? Non sta bene?
Lucia: Salve Dottor Barberi. Purtroppo mi sento poco bene! Ieri sera ero a una festa e ho avuto dei crampi allo stomaco. Ho pensato che, dormendo e riposando, passava tutto!
Dottore: Ma non è stato così e ha pensato di venire da me! Bene! Ha mangiato qualcosa di particolare?
Lucia: Mah, non credo! Forse ho esagerato un po' con la torta! Già mangiandola mi sono sentita strana, ma non credevo di sentirmi male!
Dottore: Allora La visito e poi vediamo, va bene? Sarà stata un'indigestione!
Lucia: Ah!
Dottore: Prego, si metta sul lettino. Le misuro anche la pressione e cerco di tastare la pancia. Le faccio male?
Lucia: Ah, ora sì, fa molto male!
Dottore: Ah, ha una leggera colica! Allora voglio fare anche delle analisi! Ma non c'è motivo di preoccuparsi. Una colica così si cura velocemente!
Lucia: Mi può dare qualcosa per calmare i dolori?
Dottore: Certo! Le prescrivo dei calmanti. Prendendo questi calmanti regolarmente si sentirà presto meglio!
Lucia: Ah, grazie! Devo fare qualcos'altro?
Dottore: No, con i calmanti e un po' di riposo starà subito meglio! L'accompagno fuori e Le faccio fare la ricetta!
Lucia: Grazie!
Dottore: Samanta, prescrivi un calmante alla signorina, ha una leggera colica! E fissa un appuntamento per le analisi del sangue e delle urine.
Lucia: Bene, allora arrivederci dottore!
Dottore: A presto!

Vokabeln

allergia *f*	Allergie
ammalarsi	krank werden
analisi del sangue *f/pl*	Blutuntersuchung
analisi *f/pl*	Analyse
aprire la bocca	den Mund aufmachen
avere la febbre	Fieber haben
calmante *m*	Beruhigungsmittel
colica *f*	Kolik
curare	behandeln
diagnosi *f*	Diagnose
disinfettare	desinfizieren
dormendo (Infinitiv: **dormire**)	indem man schläft
esagerare	übertreiben
fare i raggi	röntgen

16 Beim Arzt

fare male	wehtun
febbre *f*	Fieber
guarire	genesen
indigestione *f*	Verdauungsstörung
iniettare	einspritzen
male *m*	Schmerz
mangiando (Infinitiv: **mangiare**)	während des Essens
misurare la pressione	den Blutdruck messen
mostrare la lingua	die Zunge zeigen
ospedale *m*	Krankenhaus
pasticca *f*	Tablette
pillola *f*	Pille
prelevare il sangue	Blut abnehmen
prescrivere	verschreiben
pressione *f*	Blutdruck
puntura *f*	Spritze
raggi *m/pl*	Röntgen
riposando (Infinitiv: **riposare**)	mit Erholung
riposo *m*	Erholung
sangue *m*	Blut
sciroppo per tosse *m*	Hustensaft
sentirsi meglio	sich besser fühlen
sentirsi peggio	sich schlechter fühlen
somministrare	verabreichen, geben
tastare	tasten/fühlen
urina *f*	Urin
visitare	untersuchen
È allergico a qualcosa?	Reagieren Sie auf irgendetwas allergisch?
Ho mal di denti/testa/gola.	Ich habe Zahnweh/Kopfweh/Halsweh.
Le analisi sono positive.	Die Analysen sind positiv.
Non sta bene?	Geht es Ihnen nicht gut?
Non stai bene?	Geht es dir nicht gut?
Quante volte al giorno devo prendere la medicina?	Wie oft am Tag muss ich die Medizin nehmen?
Sono allergico a …	Ich reagiere allergisch auf …
Sto male/bene/meglio.	Mir geht es schlecht/gut/besser.

Grammatik

Futur I und II – Weitere Anwendungen

Mit Futur I und II kann man auch eine Vermutung oder eine Schätzung über etwas zum Ausdruck bringen, dass in der Vergangenheit liegt.

Bsp.:

Sarà un'indigestione!	*Es wird wohl eine Verdauungsstörung sein!*
Sarà stata la torta!	*Es wird wohl der Kuchen gewesen sein.*
Avrai fame dopo così tanto lavoro!	*Du wirst nach soviel Arbeit Hunger haben.*
Sarà sicuramente già arrivato!	*Er wird sicher schon angekommen sein.*

Die einfache Form des Gerundiums

Die einfache Form des Gerundiums benutzt man im Präsens. Sie drückt eine Gleichzeitigkeit zu einer Haupthandlung aus.
Das Gerundium steht im Präsens, aber die Gleichzeitigkeit manifestiert sich im Präsens, Futur oder in der Vergangenheit. Es gibt im Deutschen keine wirkliche Entsprechung. Es wird je nach Kontext mit indem, und, wenn oder während übersetzt.
Es gibt pro Verb nur eine Form, die gebildet wird, indem man die Endung der Infinitivform durch die Gerundiumsform ersetzt.

Die Endung des Gerundiums der 1. Verbklasse -ando: parl-ando, mangi-ando, ripos-ando,

cant-ando, pens-ando, and-ando, ascolt-ando, pag-ando.
Aber: fac-endo, dic-endo und bev-endo

Bsp.:
Parlando siamo arrivati a casa. *Während wir sprachen, kamen wir zu Hause an.*
Pagando puntualmente non si hanno problemi. *Wenn man pünktlich zahlt, hat man keine Probleme.*

Die Endung des Gerundiums der 2. und 3. Verbklasse
Die Endung der zweiten und dritten Klasse lautet -endo: cred-endo, scriv-endo, conosc-endo, spend-endo, vend-endo ven-endo, sent-endo, ment-endo, cap-endo, fin-endo, guar-endo.

Bsp.:
Prendendo la medicina guarisce/guarirà/guariva.
Mit der Medizin genesen Sie/werden/wären Sie genesen.
Spendendo meno hai più soldi/avrai più soldi/avevi più soldi.
Wenn du weniger ausgibst, hast du mehr Geld/wirst du mehr Geld haben, hättest du mehr Geld.
Mentendo poco, si sta meglio!
Wenn man wenig lügt, fühlt man sich besser!

Infobox

Das Gerundium von essere und avere lautet avendo und essendo.

Übung 1:

Kreuzen Sie den richtigen Satz an!

1. a) Lucia va dal dottore. ☐
   b) Lucia è da un amico. ☐
2. a) Il dottore chiede ad Lucia alcune cose. ☐
   b) Il dottore non vuole sapere niente da Lucia. ☐
3. a) Lucia ha la febbre. ☐
   b) Lucia ha una leggera colica. ☐
4. a) Il dottore le dà delle medicine. ☐
   b) Il dottore le prescrive dei calmanti. ☐
5. a) Lucia deve fare delle analisi. ☐
   b) Lucia deve andare in ospedale. ☐
6. a) Lucia deve fare le analisi del sangue e delle urine. ☐
   b) Lucia deve fare i raggi. ☐

Übung 2:

Formulieren Sie folgende Vermutungen und Schätzungen!

1. Paolo è andato a piedi!

_ .

2. Anna ha mangiato troppa torta.

_ .

3. Sono arrivati in ritardo.

_ .

4. Partite di nuovo per la Grecia!

_ .

Übung 3:

Bilden Sie das Gerundium folgender Verben!

1. pranzare _ _ _ _ _ _ _ _ _ .
2. dire _ _ _ _ _ _ _ _ _
3. guarire _ _ _ _ _ _ _ _ _
4. sperare _ _ _ _ _ _ _ _ _
5. accendere _ _ _ _ _ _ _ _ _

6. spegnere _ _ _ _ _ _ _ _ _ _

7. trovare _ _ _ _ _ _ _ _ _ _

8. cercare _ _ _ _ _ _ _ _ _ _

9. cucinare _ _ _ _ _ _ _ _ _ _

B Im Krankenhaus

Lucia musste in der Nacht doch noch ins Krankenhaus eingeliefert werden. Ihre Schmerzen wurden immer schlimmer.

Infermiera: Buon giorno, come si sente oggi?
Lucia: Un po' meglio! Ma cos'ho?
Infermiera: Niente di grave, la colica è peggiorata e i dolori sono aumentati.
Lucia: Ma perché?
Infermiera: Avrà mangiato veramente troppa torta! Oppure è stato qualcos'altro. Non avendo fatto ancora le analisi, non lo sappiamo!
Lucia: Ma ho preso i calmanti che mi ha prescritto il dottore!
Infermiera: Spesso, pur prendendo i calmanti, la situazione peggiora. Ma vedrà che la facciamo uscire domani!
Lucia: Davvero?
Infermiera: Essendo già una notte in ospedale, avrà bisogno di qualcosa. Vuole chiamare qualcuno?
Lucia: Oh, sì, grazie. Chiamo la mia coinquilina!
Infermiera: Bene, è stata lei ieri sera a portarLa qui. VedendoLa così pallida si è spaventata ed è corsa qui. Se ha bisogno di qualcosa, sono nella stanza accanto!
Lucia: Grazie! Sì, Monia è molto carina. Ah, mi è venuto in mente che mi sono sentita male prima di mangiare la torta e che, mangiandola, ho pensato alla torta, ma sarà stato il pesce!
Infermiera: Brava, così troveremo prima un rimedio al Suo problema!

Vokabeln

aspirina *f*	Aspirin
aumentare	erhöhen
autoambulanza *f*	Krankenwagen
barella *m*	Krankenbahre
camera d'ospedale *f*	Krankenhaus-zimmer
caposala *f/m*	Stationsschwes-ter/-pfleger
cerotto *m*	Pflaster
chirurgo *m*	Chirurg
coinquilina *f*	Mitbewohnerin
collirio *m*	Augentropfen
corso (Infinitiv: **correre**)	gerannt
crema *f*	Kreme
dimettere	entlassen
disinfettante *m*	Desinfektions-mittel
dolore *m*	Schmerz
effetto collaterale *m*	Nebenwirkung
flebo *f*	Infusion
goccia *f*	Tropfen
infermiera *f*	Krankenschwester
infermiere *m*	Krankenpfleger, Sanitäter
migliorare	sich verbessern
operare	operieren

operazione *f*	Operation
pallido/a	blass
peggiorare	sich verschlechtern
pomata *f*	Salbe
pronto soccorso *m*	Notaufnahme
ricoverare	einliefern
rimedio *m*	Abhilfe
rimettere	erbrechen
sala operatoria *f*	Operationssaal
situazione *f*	Situation/Lage
spaventarsi	erschrecken
spaventato/a	erschrocken
supposta *f*	Zäpfchen
termometro *m*	Thermometer
Come si sente?	Wie fühlen Sie sich?
Come ti senti?	Wie fühlst du dich?
Dobbiamo operarLa!	Wir müssen Sie operieren!
L'operazione è andata bene/male.	Die Operation ist gut/schlecht verlaufen.
Non avendo fatto ...	Da ... noch nicht gemacht wurde ...
Quali sono gli effetti collaterali?	Welche Nebenwirkungen hat es?
Quando posso tornare a casa?	Wann kann ich wieder nach Hause?
Quanto dura l'operazione?	Wie lange dauert die Operation?

Grammatik

Gerundium und Nebensätze

Das Gerundium kann verwendet werden, um einen Kausalsatz, Konditionalsatz, Konzessivsatz oder einen Temporalsatz zu bilden.

Der Kausalsatz

In diesem Fall müssen die Subjekte des Haupt- und Nebensatzes nicht identisch sein.

Bsp.:

Avendo molta sete, ha ordinato una bottiglia d'acqua. *Da er/sie viel Durst hatte, hat er/sie eine Flasche Wasser bestellt.*

Essendo molto freddo, sono andata a casa in taxi! *Da es sehr kalt war, bin ich mit dem Taxi nach Hause gefahren.*

Der Konditionalsatz

In diesem Fall sind die Subjekte des Haupt- und Nebensatzes meistens identisch.

Bsp.:

Avendo pazienza si fa molto! *Wenn man Geduld hat, macht man viel!*

Lavorando si guadagna. *Wenn man arbeitet, verdient man.*

Leggendo si impara! *Wenn man liest, lernt man.*

Der Konzessivsatz

In diesem Fall müssen die Subjekte des Haupt- und Nebensatzes nicht identisch sein.

Bsp.:

Pur non sapendo leggere, osserva le immagini! *Obwohl er/sie nicht lesen kann, schaut er/sie sich die Bilder an.*

Pur nevicando, usciamo lo stesso.
Obwohl es schneit, gehen wir aus.

Der Temporalsatz

In diesem Fall müssen die Subjekte des Haupt- und Nebensatzes identisch sein.

Bsp.:

Ha mangiato leggendo il giornale!
Er hat gegessen während er die Zeitung las!
Ascoltando le tue parole, ho capito tutto!
Als ich deine Worte hörte, verstand ich alles!

Das Gerundium mit Pronomen

An das Gerundium können die Pronomen nur angehängt werden. Sie können nie davor stehen.

Bsp.:
Non vedendolo da molto tempo, non l'ho riconosciuto! *Da ich ihn für lange Zeit nicht gesehen habe, habe ich ihn kaum erkannt.*
Credendovi a Roma non vi abbiamo chiamati! *Da wir dachten, dass ihr in Rom seid, haben wir euch nicht angerufen.*
Vedendoci arrivare ha sorriso. *Als sie/er uns ankommen sah, hat sie/er gelächelt.*
Non vedendoti tornare mi sono preoccupata. *Da ich dich nicht zurückkommen sah, habe ich mir Sorgen gemacht.*

Infobox

Chirurgo *Chirurg* hat zwei Pluralbildungen: chirurghi oder chirurgi.

Übung 4:

Kreuzen Sie die richtige Antwort an!

	richtig	falsch
1. Lucia è in ospedale da una settimana.	☐	☐
2. Lucia è in ospedale da una notte.	☐	☐
3. La colica è migliorata.	☐	☐
4. Lucia potrà tornare presto a casa.	☐	☐
5. Lucia deve rimanere una settimana in ospedale.	☐	☐
6. Lucia vuole chiamare la mamma.	☐	☐
7. Lucia vuole chiamare la sua coinquilina che l'ha accompagnata.	☐	☐

Übung 5:

Bilden Sie Sätze mit Gerundium!

1. Aspetto e gioco.

_ .

2. Guardo la televisione e telefono.

_ .

3. Legge e ascolta la musica.

_ .

4. Maria mangia una mela e legge.

_ .

Übung 6:

Übersetzen Sie!

1. Mangiando la mela mi sono ricordato di te.

_ .

2. Vedendo la tua macchina ho capito che eri a casa.

_ .

3. Sapendoti a Parigi, ti volevo chiamare.

_ .

4. Pensandoti ho scritto una lettera.

_ .

5. PregandoLa di chiamarmi La saluto.

_ .

6. Sperando di rivedervi presto vi abbracciamo.

_ .

7. Pagando no notato (*bemerkt*) che ho dimenticato lo zucchero.

_ .

8. Andando da Sonia, mi sono fermato a comprare dei fiori.

___________________________.

C Ruh dich aus!

Lucia geht es wieder gut. Sie ist zu Hause. Eine Freundin ruft sie an und erkundigt sich, wie es ihr geht.

Lucia: Pronto?

Gaia: Ciao, Lucia. Come stai?

Lucia: Ora sto meglio, grazie! E sono contenta di essere di nuovo a casa!

Gaia: Anch'io sono stata male, ho avuto una forte cistite che ora è però passata!

Lucia: Oh, mi dispiace, so quanto è brutta!

Gaia: Eh, sì! Cosa fai?

Lucia: Leggo un libro per rilassarmi un po'. Ho ancora mal di testa e mi fa male la schiena, il letto dell'ospedale non era molto comodo!

Gaia: Mi dispiace, hai bisogno di qualcosa? Vado a fare la spesa e se vuoi passo a portarti qualcosa!

Lucia: Oh, che gentile! Forse della frutta, ma se per te non è un problema!

Gaia: No, lo faccio molto volentieri. Essendo stata tanto tempo al lavoro, ho proprio voglia di uscire.

Lucia: Ed io, avendo mangiato in ospedale, ho proprio voglia di qualcosa di buono.

Gaia: Bene allora vado a fare la spesa e te la porto! Vuoi anche un po' di carne?

Lucia: Oh, no per favore! Essendo stata in ospedale e avendo visto tutti quei malati, mi è completamente passata la voglia di carne.

Gaia: Ma perché?

Lucia: C'era gente con il braccio rotto o con la gamba mutilata, una cosa tremenda!

Gaia: Oh, capisco! Allora niente carne, solo frutta e verdura!

Lucia: Magari un po' di pasta!

Gaia: Perfetto! Allora a dopo!

Lucia: A dopo e grazie ancora!

Vokabeln

amputare	amputieren
amputato/a	amputiert
anca *f*	Hüfte
bacino *m*	Becken
bocca *f*	Mund
braccio *m*	Arm
cistite *f*	Blasenentzündung
collo *m*	Hals
cuore *m*	Herz
dente *m*	Zahn
dito *m*	Finger
esofago *m*	Speiseröhre
fegato *m*	Leber
femore *m*	Oberschenkelknochen

ferirsi	sich verletzen
ferita *f*	Verletzung
gamba *f*	Bein
gastrite *f*	Magenschleimhautentzündung
ginocchio *m*	Knie
gola *f*	Rachen
gomito *m*	Ellbogen
gusto *m*	Geschmack
intestino *m*	Darm
milza *f*	Milz
naso *m*	Nase
occhio *m*	Auge
olfatto *m*	Geruchssinn
orecchio *m*	Ohr
organo *m*	Organ
pancia *f*	Bauch
petto *m*	Brust
piede *m*	Fuß
polmone *m*	Lunge
rene *m*	Niere
schiena *f*	Rücken
seno *m*	Brust
senso *m*	Sinn
spalla *f*	Schulter
stomaco *m*	Magen
tatto *m*	Tastsinn
testa *f*	Kopf
udito *m*	Gehör
vescica *f*	Blase
vista *f*	Sehkraft, Sehen

Grammatik

Die zusammengesetzte Form des Gerundiums

Die zusammengesetzte Form des Gerundiums benutzt man in der Vergangenheit. Sie drückt eine Vorzeitigkeit zu einer Haupthandlung aus. Das Gerundium steht im Präteritum, aber die Vorzeitigkeit manifestiert sich im Präsens, Futur oder in der Vergangenheit.
Es wird mit der Gerundiumsform des Hilfsverbs plus dem Partizip des betreffenden Verbs gebildet.

Bsp.:
Avendo trascorso due giorni in ospedale, stava meglio. *Nach zwei Tagen im Krankenhaus ging es ihm/ihr besser.*
Essendo stata a casa aveva riposato. *Da sie zu Hause geblieben war, hatte sie sich ausgeruht.*
Non avendo avuto niente da fare ha letto un libro. *Da er/sie nichts zu tun hatte, hat er/sie ein Buch gelesen.*
Essendo nata in ospedale, è andato tutto bene. *Da er/sie im Krankenhaus geboren wurde, lief alles gut.*

Infobox

Il dito wird im Plural zu le dita, il ginocchio zu le ginocchia, l'orecchio zu le orecchie, il braccio zu le braccia.

Übung 7:

Setzen Sie folgende Sätze in die Vergangenheit!

1. Bevendo tanto sto meglio!

_ .

2. Passeggiando molto ho sete.

_ .

3. Andando al mare sto bene.

_ .

4. Camminando troppo non trovo la strada giusta.

_ .

5. Facendo la spesa ho pensato a te.

_ .

6. Mangiando il gelato siamo andati in città.

_ .

7. Vedendolo arrivare ho fatto il tè.

_________________________.

8. Prendendo la macchina siamo arrivati prima degli altri.

_________________________.

9. Leggendo sempre il giornale era sempre informato (*informiert).*

____

_________________________.

Infobox

Medikamente

gocce *pl*	*Tropfen*
pastiglie *pl*	*Tabletten*
pillole *pl*	*Pillen*
pomata *f*	*Salbe*

Übung 8:

Übersetzen Sie!

1. stomaco _________
2. Krankenschwester _________
3. Auge _________
4. vista _________
5. Krankenhaus _________
6. Rücken _________
7. malato _________
8. dente _________
9. gola _________
10. pallido _________

17 Post und Bank

A Was kostet das Paket?

Anna ist gerade auf der Post. Sie hat ihrer Mutter ein Päckchen gepackt und einer Freundin die letzten Neuigkeiten geschrieben.

Impiegato: Buon giorno, posso aiutarLa?

Anna: Sì, vorrei inviare questa lettera.

Impiegato: Sì, che servizio vuole utilizzare?

Anna: Dipende! Quali servizi ci sono?

Impiegato: Allora, la forma più economica è la posta ordinaria e un francobollo costa € 0,41, mentre se vuole spedirla con la posta prioritaria costa € 0,62.

Anna: Mi scusi, ma qual è la differenza?

Impiegato: Con la posta ordinaria arriverà tra tre giorni, mentre con la posta prioritaria arriverà domani stesso!

Anna: Ah, però! Niente male la prioritaria! Sto pensando di inviarla con la prioritaria.

Impiegato: Eh, sì. Ed è anche veramente affidabile!

Anna: Allora scelgo la prioritaria! E poi vorrei anche spedire questo pacchetto!

Impiegato: Allora dobbiamo prima pesarlo! Vediamo la bilancia sta pesando ...

Anna: Quanto pesa?

Impiegato: Ah, pesa solo 6 chili, quindi paga il minimo! Manca solo l'indirizzo del mittente e del destinatario e il modulo compilato!

Anna: Sì! E quant'è il minimo?

Impiegato: € 5,16!

Anna: Non è molto! Allora quanto fa in tutto?

Impiegato: € 5,78!

Anna: Ora che conosco la posta prioritaria la userò più spesso, anche se è un po' più cara!

Impiegato: Sì, Ma la posta arriva puntuale e ciò non ha prezzo!

Anna: Già, questo è vero! Ma bisogna venire alla posta!

Impiegato: No, non è vero! Gli adesivi ed i francobolli per la posta prioritaria si possono acquistare anche in una tabaccheria!

Anna: Ah, bene! Allora è davvero comodo!

Impiegato: Sì, desidera altro?

Anna: Sto pensando! Sì, prendo ancora due francobolli per la prioritaria e cinque per l'ordinaria!

Impiegato: Bene! Ecco a Lei!

Anna: Grazie, a Lei i soldi e arrivederLa!

Impiegato: ArrivederLa.

Vokabeln

adesivo *m*	Aufkleber
andare alla posta	auf die Post gehen

arrivare	ankommen
avviamento postale)	Postleitzahl
busta *f*	Kuvert
cartolina *f*	Postkarte
cartolina postale *f*	Postkarte
cassetta della posta *f*	Briefkasten
comodo/a	bequem/praktisch
compilare	ausfüllen
consegna *f*	Lieferung
destinatario *f*	Empfänger
francobollo *m*	Briefmarke
il massimo *m*	Maximum
il minimo *m*	Minimum
imbucare	einwerfen
impiegato/a *m/f*	Angestellte/r
inviare	schicken
inviare posta	Post verschicken
lettera *f*	Brief
mandare	senden
mittente *m*	Absender
modulo *m*	Formular
pacchetto *m*	Päckchen
pacco *m*	Paket
posta aerea *f*	Luftpost
posta *f*	Post
posta ordinaria *f*	normale Post
posta prioritaria *f*	Expresspost
raccomandata *f*	Einschreiben
ricevere posta	Post bekommen
servizio *m*	Service
spedire	schicken
spedire qualcosa contrassegno	etwas per Nachnahme schicken
telegramma *m*	Telegramm
ufficio postale *m*	Postamt
Mi dà una busta e un francobollo, per favore?	Geben Sie mir bitte einen Umschlag und eine Briefmarke!
Quando arriva la lettera se la spedisco oggi?	Wann kommt der Brief an, wenn ich ihn heute schicke?
Scusi, vorrei due francobolli!	Entschuldigung, ich hätte gerne zwei Briefmarken!
Sto pensando!	Ich denke gerade!
Vorrei spedire un pacco!	Ich will ein Paket abschicken!

Grammatik

Die Verlaufsform im Präsens

Stare *stehen/sich befinden* drückt in Verbindung mit dem Gerundium jedes Verbs eine durative Handlung aus, die gerade geschieht. Da es im Deutschen keine Verlaufsform gibt, wird es mit *gerade* oder mit *dabei sein, etwas zu tun* umschrieben. Stare wird als finites Verb verwendet und ein Gerundium wird angehängt.

Bsp.:
Sto studiando. *Ich lerne gerade.*
La signorina sta arrivando! *Das Fräulein kommt gerade an!*
Cosa state facendo? Stiamo leggendo un libro! *Was macht ihr gerade? Wir lesen gerade ein Buch!*
Ciao, cosa stanno facendo i bambini? Stanno giocando! *Hallo, was machen die Kinder gerade? Sie spielen (gerade)!*

Übung 1:

Kreuzen Sie den richtigen Satz an!

1. a) Anna è a casa. ☐
   b) Anna alla posta. ☐
2. a) Vuole spedire solo una cartolina. ☐
   b) Vuole spedire una lettera e un pacco. ☐
3. a) La posta prioritaria è meno veloce di quella ordinaria. ☐
   b) La posta prioritaria è più veloce di quella ordinaria. ☐
4. a) Anna sceglie la posta prioritaria. ☐
   b) Ad Anna non interessa la prioritaria. ☐

5. a) Il pacco è molto pesante. ☐
   b) Il pacco pesa poco e Anna paga il minimo. ☐

6. a) I francobolli e le buste si possono comprare anche in tabaccheria. ☐
   b) I francobolli e le buste si possono comprare solo alla posta. ☐

Übung 2:

Übersetzen Sie!

1. Ich gehe gerade auf die Post, weil ich ein Paket verschicken will.

_ _.

2. Welchen Film schaut ihr gerade an?

_ _.

3. Wir kochen gerade eine Gemüsesuppe.

_ _.

Übung 3:

Ergänzen Sie mit den richtigen Wörtern!

A: Buon giorno, posso aiutar_ _ _ _ _ (1)?

B: Buon giorno, Sì. Vorrei tre _ _ _ _ _ _ _ _ _ (2) da lettera.

A: Posta pri_ _ _ _ _ _ _ _ _ o ordi- _ _ _ _ _ _ _ _ _? (3)

B: Ma non so, può darmi un consiglio?

A: Certo! La posta _ _ _ _ _ _ _ _ _ (4) è quella standard ed un po' lenta, mentre la posta _ _ _ _ _ _ _ _ _ (5) è molto più veloce nella consegna.

B: Allora preferisco la prioritaria!

A: Bene, però è un po' _ _ _ _ _ _ _ _ _ (6) cara, ma la differenza non è elevata.

B Im Tabakwarengeschäft

Herr Guerretti geht in ein Tabakwarengeschäft. Er benötigt dringend ein paar Umschläge, Karten und Briefmarken.

Tabaccaio: Buon giorno!

Signor Guerretti: Buon giorno! Vorrei delle buste da lettera e dei francobolli da lettera!

Tabaccaio: Quante buste? 20, 30 o 40?

Signor Guerretti: 30!

Tabaccaio: Ecco a Lei!

Signor Guerretti: Grazie! Ah, stavo per dimenticare che mi servono anche delle cartoline, dove sono?

Tabaccaio: Sono lì dietro!

Signor Guerretti: Che belle! Allora prendo anche queste quattro cartoline e quattro francobolli da cartolina!

Tabaccaio: Perfetto!

Signor Guerretti: Senta, mi sa dire dove posso trovare la buca delle lettere?

Tabaccaio: Sì, certo, ce n'è una proprio dietro l'angolo!

Signor Guerretti: Sa, per caso, anche a che ora è la levata?

Tabaccaio: No, purtroppo no! Le serve altro?

Signor Guerretti: Sì, una scheda telefonica, per favore!

Tabaccaio: Da quanto?

Signor Guerretti: Da € 5!

Vokabeln

buca delle lettere *f*	Briefkasten
busta da lettera *f*	Briefumschlag
dietro l'angolo	um die Ecke
francobollo da cartolina *m*	Briefmarke (Postkarten)
francobollo da lettera *m*	Briefmarke (Briefe)
levata *f*	Leerung
postino *m*	Postbote
tabaccaio/a *m*	Tabakwarenverkäufer/in
tabaccheria *f*	Tabakwarengeschäft
scheda telefonica *f*	Telefonkarte
Ha anche delle schede telefoniche/ cartoline ...?	Haben Sie auch Telefonkarten/ Postkarten ...?
Quando passa il postino?	Wann kommt denn der Postbote?
Sa dov'è la buca delle lettere più vicina?	Wissen Sie, wo der nächste Briefkasten ist?
Sa quand'è la levata?	Wissen Sie, wann die Leerung ist?
Sono lì dietro!	Sie sind da hinten!
Stavo per dimenticare!	Ich hätte es fast vergessen!
Vorrei delle buste e dei francobolli!	Ich hätte gern Umschläge und Briefmarken!
Vorrei una scheda telefonica da ... Euro!	Ich hätte gerne eine Telefonkarte zu Euro ...!

Grammatik

Die Verlaufsform in der Vergangenheit

Aufgrund des durativen Charakters der Verlaufsform wird diese niemals im Passato Prossimo gebildet, sondern im Imperfetto.

Im Imperfetto drückt stare *stehen* in Verbindung mit einem Gerundium wiederum eine durative Handlung aus, die gerade in der Vergangenheit geschieht. Diese Konstruktion besteht aus der konjugierten Form von stare im Imperfetto und der Gerundiumform des betreffenden Verbs. Im Nebensatz steht stets Passato Prossimo.

Bsp.:
Stavi facendo la doccia? *Warst du gerade unter der Dusche?*
Stavamo preparando la cena. *Wir waren gerade dabei, das Abendessen zuzubereiten.*
Stavano festeggiando il compleanno di Luisa quando ha iniziato a piovere! *Sie haben gerade Luisas Geburtstag gefeiert, als es zu regnen anfing.*

Die Umschreibung der Verlaufsform

Die Verlaufsform kann allein mit dem Gerundium umschrieben werden.

Bsp.:
Sta prendendo il sole e saluta le amiche.
Prendendo il sole saluta le amiche.
Sie sonnt sich gerade und verabschiedet dabei ihre Freundinnen.

Hierbei ist wiederum zu beachten, dass die Subjekte in Haupt- und Nebensatz identisch sein müssen.

Die zweite Möglichkeit der Umschreibung ist ein Konjunktionalsatz mit mentre *während.*

Bsp.:
Stava andando verso Roma quando ha sentito il rumore.

Mentre andava verso Roma, ha sentito il rumore.
Auf dem Weg nach Rom hat er/sie das Geräusch gehört.

Infobox

Foto *Foto* ist feminin, obwohl es auf -o endet, da es die Abkürzung von „fotografia" ist. Im Plural bleibt foto wie jede Abkürzung unverändert.

Übung 4:

Lesen Sie den Text genau und kreuzen Sie die richtige Antwort an!

	richtig	falsch
1. Il signor Guerretti è alla posta.	☐	☐
2. Il signor Guerretti prende 30 buste.	☐	☐
3. Le cartoline sono finite *(aus)*.	☐	☐
4. Il signor Guerretti prende 4 cartoline.	☐	☐
5. Il tabaccaio ha anche le schede telefoniche.	☐	☐

Übung 5:

Setzen Sie die Verben in Klammern in die Verlaufsform!

1. __________ (io – andare) a casa quando ho sentito il fischio *(Pfeifen)* del treno.
2. __________ (noi – fare) un lavoro difficile mentre tu giochi a calcio.
3. __________ (lei – guidare) la macchina quando tu hai attraversato la strada.
4. __________ (voi – prendere) il caffè quando è successo il guaio (*Zwischenfall*).
5. __________ (loro – dimenticare) questa storia quando Anna l'ha raccontata un'altra volta.
6. __________ (tu – cercare) di mettere ordine e Paolo butta tutto a terra.
7. __________ (Lei – innaffiare) i fiori quando il gatto è saltato sul tavolo.
8. __________ (io – aggiustare (*reparieren*)) la lampada e tu hai acceso la luce.

C Ich muss noch Geld holen!

Anna will Geld abheben, aber der Automat funktioniert nicht. Sie sucht Hilfe bei einer Angestellten.

Anna: Buon giorno.
Impiegata: Buon giorno, posso aiutarLa?
Anna: Sì, volevo ritirare dei soldi, ma il bancomat non funziona!
Impiegata: Andiamo insieme a controllare!
Anna: Sì, grazie!
Impiegata: Allora, vediamo. Mettiamo la carta, può digitare il codice, per favore?
Anna: Ecco fatto!
Impiegata: Mmm! Dice che non riconosce la carta, ma non mi risulta che sia bloccata! Oggi ha già prelevato dei soldi?

Anna: No!
Impiegata: È l'unico utente della carta?
Anna: Sì!
Impiegata: Allora, la carta sarà difettosa. Dobbiamo compilare un modulo per ordinarne una nuova. Torniamo allo sportello!
Anna: Bene!
Impiegata: Allora vediamo ... Nome del richiedente?
Anna: Anna Serra.
Impiegata: Signora Serra ... È residente a ...
Anna: Firenze. Ma sono partecipante di questo vostro nuovo programma: conto per studenti a costo zero.
Impiegata: Ah, lo trovo molto conveniente.
Anna: Anch'io. Ma se poi non funziona la carta!
Impiegata: Mi dispiace!
Anna: Il problema è che mi servono i soldi. Posso versare questo assegno del mio committente e mi dà la metà della somma dell'assegno!
Impiegata: Sì, naturalmente. E qui ancora una firma per il modulo, per favore!
Anna: Ah, sì certo! E poi vorrei pagare un bonifico per la bolletta del telefono e della luce!
Impiegata: Nessun problema! Ma Lei sa che può anche mandare le Sue bollette direttamente sul conto e noi provvediamo a saldarle!
Anna: Allora lo faccio! Ma si paga una commissione?
Impiegata: No, anche questo è un nostro servizio.

Vokabeln

aprire un conto	ein Konto eröffnen
assegno in bianco *m*	Blankoscheck
assegno *m*	Scheck
banca *f*	Bank
bancomat *m*	Bankautomat
bloccare	sperren
bolletta del telefono *f*	Telefonrechnung
bolletta della luce *f*	Stromrechnung
bonifico *m*	Gutschrift
cambiare	wechseln
carta bancomat *f*	EC-Karte
carta di credito *f*	Kreditkarte
cassa di risparmio *f*	Sparkasse
chiudere un conto	ein Konto schließen
codice *m*	Code
committente *m*	Auftraggeber
compilare	ausfüllen
conto *m*	Konto
conto scoperto	überzogenes Konto
controllare	kontrollieren
conveniente	vorteilhaft
difettoso/a	defekt
estratto conto *m*	Kontoauszug
fare un assegno	einen Scheck ausstellen
firma *f*	Unterschrift
firmare	unterschreiben
funzionare	funktionieren
girare un assegno	einen Scheck unterschreiben

17 Post und Bank

libretto degli assegni *m*	Scheckheft
libretto di risparmio *m*	Sparbuch
ordinare	bestellen
partecipante *m/f*	Teilnehmer/in
prelevare	abheben
programma *m*	Programm
provvedere a	sich um etwas kümmern
residente *m/f*	wohnhaft
richiedente *m/f*	Antragssteller
rischiare	riskieren
risparmi *m/f*	Ersparnisse
risultare	angezeigt werden
saldare	zahlen/begleichen
sbloccare	freigeben
soprattutto	vor allem
sportello *m*	Schalter
trasferimento *m*	Überweisung
travels' cheques *m/pl*	Reiseschecks
utente *m/f*	Nutzer/in
versare	einzahlen
versamento *m*	Überweisung
Avrei bisogno di monete.	Ich brauche Münzen.
Dove posso cambiare i soldi?	Wo kann ich hier Geld wechseln?
Ho perso la mia carta bancomat!	Ich habe meine EC-Karte verloren!
Ho perso un assegno!	Ich habe einen Scheck verloren!
Il Suo conto è in rosso!	Sie sind im Minus!
Per favore, solo banconote.	Bitte nur Scheine!
Voglio prelevare dei soldi, ma il bancomat non funziona!	Ich möchte Geld abheben, aber der Automat geht nicht!
Vorrei aprire un conto!	Ich möchte ein Konto eröffnen!
Vorrei chiudere il mio conto!	Ich möchte mein Konto schließen!
Vorrei versare dei soldi sul mio conto!	Ich möchte Geld auf mein Konto einzahlen!

Grammatik

Das Partizip I (Partizip Präsens)

Das Partizip I wird im Italienischen als Adjektiv oder Substantiv benutzt, wobei der Bezug zum ursprünglichen Verb nicht immer gegeben ist und die Partizipien als eigenständige Wörter exisitieren.

Die Bildung des Partizip I
Generell wird das Partizip Präsens durch das Anhängen der Endung -nte gebildet, wobei der für die Konjugation charakteristische Vokal nach dem Wortstamm eingefügt wird.

Nur bei Verben der dritten Klasse wird das i wiederum durch ein e ersetzt oder an das -i ein -e angehängt:

amare	am-a-nte	*Liebhaber*
partecipare	partecip-a-nte	*Teilnehmer*
partire	part-e-nte	*abfahrend*
partorire	partor-ie-nte	*Entbindende*

Bei unregelmäßigen Verben wird wiederum auf den Stamm der ersten Person Singular Präsens zurückgegriffen.

fare	facente	*machend*
produrre	producente	*vorteilhaft*
dire	dicente	*sagend*
condurre	conducente	*Fahrer*

Das substantivierte Partizip Präsens
Am häufigsten wird das Partizip Präsens als Substantiv verwendet. Hierzu einige Beispiele:

cantare	cantante	*Sänger*
condurre	conducente	*Fahrer*
dirigere	dirigente	*Leiter*
emettere	emittente	*Sender*
emigrare	emigrante	*Auswanderer*
fabbricare	fabbricante	*Fabrikant*
ignorare	ignorante	*Ignorant*
insegnare	insegnante	*Lehrer*
trasmettere	trasmittente	*Sender*

Aus dem Partizip I gebildete Adjektive
Beim adjektivischen Gebrauch des Partizips gilt, dass zumeist nur gebräuchliche Partizipien verwendet werden.

Nachstehend finden Sie Beispiele für Partizipien, die häufig als Adjektive verwendet werden:

ardere	ardente	*glühend*
arrogare	arrogante	*arrogant*
avvincere	avvincente	*fesselnd*
ignorare	ignorante	*unwissend*
sorridere	sorridente	*lächelnd*
splendere	splendente	*glänzend*
vincere	vincente	*gewinnend*

Anders als im Deutschen wird das Partzip I nicht zur Umschreibung von Nebensätzen bei Gleichzeitigkeit benutzt. Zu diesem Zweck dient das Gerundium.

Infobox

Wichtige Wendungen

Per favore, firmi qui.	*Unterschreiben Sie bitte hier!*
Ha la sua carta d'identità?	*Haben sie Ihren Ausweis?*
Mi può aiutare?	*Können Sie mir helfen?*
Parla tedesco?	*Sprechen Sie Deutsch?*

Übung 6:

Beantworten Sie die Fragen!

1. Quale è il problema di Anna?

____

2. Perché non può prelevare i soldi?

____

3. Cosa deve fare ora?

____

Übung 7:

Bilden Sie das Partizip Präsens aus folgenden Verben!

1. amare ____________________
2. cantare____________________
3. fruire (*nutzen*) ________________
4. vedere ____________________
5. accogliere (*empfangen*) __________
6. produrre ___________________
7. indulgere (*nachgeben*) ___________
8. dichiarare (*erklären*) ____________
9. raccapricciare (*schaudern*) _________
10. partecipare_________________
11. affascinare (*faszinieren*) __________
12. coinvolgere (*mitreißen*) __________

D Probleme über Probleme ...

Paolo hat wieder vergessen, Geld auf das gemeinsame Konto mit Andrea einzuzahlen. Das führt zu Problemen!

Andrea: Abbiamo ricevuto una raccomandata dalla banca del nostro conto comune. È scoperto e ci hanno dato una settimana di tempo per saldarlo.
Paolo: Ecco quello che volevo sempre fare in banca! Ma sai! Lì a fianco c'è questa gelateria buona buona e mangiando il gelato uno si dimentica le cose.

Andrea: Paolo! Quelli stanno per mandarci l'ufficiale giudiziario e tu ti mangi il gelato davanti allo sportello invece di mettere i soldi sul conto? Sai che cosa fai ora? Vai da Franco, gli dai i soldi e lui ci fa il trasferimento via internet.

Paolo: Stavo per uscire ...

Andrea: Paolo!

Paolo: Tu non sai per caso il numero di Franco a memoria?

Vokabeln

a memoria *f*	auswendig
comune	gemeinsam
debiti *m/pl*	Schulden
denaro *m*	Geld
dovere qc a qd	jdm etwas schulden
faccendo di denaro	Geldangelegenheit
per caso	zufällig
somma di denaro	Geldbetrag
ufficiale giudiziario *f*	Gerichtsvollzieher

Grammatik

Das Verb „stare per" plus Infinitiv

Die konjugierte Form von stare im Präsens oder im Imperfekt plus die Präposition per *um* und

der Infinitiv des betreffenden Verbs, drückt eine Handlung aus, die unmittelbar bevor steht/stand, aber sich noch nicht verwirklicht hat.

Diese Konstruktion entspricht dem deutschen im Begriff sein/dabei sein.

Bsp.:

Sto per uscire.	*Ich bin im Begriff, auszugehen.*
Stiamo per fare colazione.	*Wir sind gerade dabei, zu frühstücken.*
Stanno per andare via.	*Sie sind im Begriff, wegzugehen.*
Stai per partire?	*Bist du gerade dabei, wegzufahren?*

„Stare per" in der Vergangenheit

Wie in der Verlaufsform steht auch stare per in der Vergangenheit nur im Imperfekt.

Bsp.:

Stavo per annullare la vacanza.

Ich war im Begriff, den Urlaub zu streichen.

Stavate per uscire!

Ihr wart im Begriff, auszugehen.

Übung 8:

Setzen Sie die Sätze in die Vergangenheit!

1. Sto per partire.

_ .

2. Stiamo per pranzare.

_ .

3. Sta per piovere.

_ .

4. Stanno per andarsene.

_ .

A Beziehungsprobleme

Andrea trifft sich mit Anna, weil sie einen Rat braucht. Sie hat ein Problem mit Paolo!

Andrea: Ma io sono certo che Paolo non ti ha mandato apposta alla festa sbagliata.
Anna: Guarda! Non sono sicura.
Andrea: E poi ha detto anche a me la via sbagliata.
Anna: E allora perché non sei venuto?
Andrea: Perché alla fine sono andato con un'amica a mangiare una pizza.
Anna: Ah, almeno tu ti sei divertito! Io no!
Andrea: E mica è colpa di Paolo. Mi sembra che tu stia esagerando un po'.
Anna: Spero solo che abbia una buona scusa!
Andrea: Spero che si chiarisca tutto.
Anna: So che tu sei un buon mediatore. Ma ora è necessario fare due passi per calmarsi!
Andrea: Secondo me dovete parlare e chiarire il vostro problema!
Anna: Ma lo sai che non è facile parlare con Paolo!
Andrea: È vero, ma ti consiglio di interromperlo e dirgli quello che pensi!
Anna: Credo che tu abbia ragione!

Vokabeln

a posta/apposta	absichtlich
chiarire	klären
esagerare	übertreiben
fare pace	sich mit jemandem versöhnen
improbabile	unwahrscheinlich
interrompere	unterbrechen
mediare	vermitteln
mediatore *m*	Vermittler
opinione *f*	Meinung
pazienza *f*	Geduld
Credo che lui sia in torto!	Ich denke, dass er im Unrecht ist!
Credo che tu abbia ragione!	Ich denke, dass du Recht hast!
È necessario ...!	Es ist nötig ...!
Fate pace!	Versöhnt euch!
Ho un problema, puoi aiutarmi?	Ich habe ein Problem, kannst du mir helfen?
Per me ha ragione lei!	Meiner Meinung nach hat sie Recht!
Secondo me ...!	Meiner Meinung nach ...!
Sono dell'opinione che ...!	Ich bin der Meinung, dass ...!
Ti consiglio di ...!	Ich rate/empfehle dir ...!

Grammatik

Die Bildung des Konjunktiv Präsens bei regelmäßigen Verben

Regelmäßige Verben der 1. Konjugation (lavorare)

io lavor-i	noi lavor-iamo
tu lavor-i	voi lavor-iate
lei, lui/Lei lavor-i	loro lavor-ino

Regelmäßige Verben der 2. Konjugation (vivere)

io viv-a	noi viv-iamo
tu viv-a	voi viv-iate
lei, lui/Lei viv-a	loro viv-ano

Regelmäßige Verben der 3. Konjugation (partire)

io part-a	noi part-iamo
tu part-a	voi part-iate
lei, lui/Lei part-a	loro part-ano

Die Bildung des Konjunktiv Präsens bei „essere" und „avere"

essere

io sia	noi siamo
tu sia	voi siate
lei, lui/Lei sia	loro siano

avere

io abbi-a	noi abb-iamo
tu abbi-a	voi abb-iate
lei, lui/Lei abbi-a	loro abb-iano

Die Verwendung des Konjunktivs

Anders als im Deutschen drückt der Konjunktiv keinen Irrealis aus. Er wird ausschließlich in Nebensätzen verwendet und vom Verb des Hauptsatzes bedingt, sofern dieses Folgendes ausdrückt:

a) Unsicherheit und persönliche Meinung

Non sono certo, se possa fidarmi di te. *Ich bin mir nicht sicher, ob ich dir vertrauen kann.*
Dubita che sia giusto. *Er/Sie bezweifelt, dass das richtig ist.*
Crediamo che tu abbia ragione. *Wir glauben, dass du Recht hast.*
Pensate che sia finito? *Glaubt ihr, es ist vorbei?*
Gli pare che non sia cosi. *Ihm scheint, dass es nicht so ist.*
Immaginiamo che non sia bello. *Wir stellen uns vor, dass es nicht schön ist.*
Suppongo che non vogliate andarvene. *Ich nehme an, ihr wollt nicht gehen.*
Sembra che tu abbia vinto. *Es scheint, als hättest du gewonnen.*

b) Gefühlszustände

Sono felice che si trovi bene. *Ich bin glücklich, dass es ihm/ihr gut geht.*
Mi rende triste che tu abbia problemi. *Es stimmt mich traurig, dass du Probleme hast.*
Mi dispiace che tu stia male. *Es tut mir Leid, dass es dir schlecht geht.*

c) Hoffnungen

Spero, che sia di tuo gradimento. *Ich hoffe, es ist zu deiner Zufriedenheit.*

d) Wahrscheinlichkeit und Möglichkeit

È probabile che non siate d'accordo. *Es ist wahrscheinlich, dass ihr nicht einverstanden seid.*
È impossibile che non sappiate la verità. *Es ist unmöglich, dass ihr die Wahrheit nicht kennt.*

e) Ängste und Befürchtungen

Teme che la situazione non si risolva. *Er/Sie befürchtet, dass sich die Situation nicht löst.*
Ho paura che tu ti faccia male. *Ich habe Angst, dass du dir wehtust.*

f) Erwartungen und Wünsche

Si aspetta che venga fatto presto. *Er/Sie erwartet, dass es bald gemacht wird.*
Pretendo che lui mi sposi. *Ich verlange, dass er mich heiratet.*
Desideriamo che veniate stasera. *Wir wünschen, dass ihr heute Abend kommt.*
Voglio che lo lasci. *Ich will, dass du ihn verlässt.*

g) Notwendigkeiten

È necessario, che Lei non faccia una brutta figura. *Es ist notwendig, dass Sie keinen schlechten Eindruck hinterlassen.*
Occorre che si tagli i capelli. *Sie müssen sich die Haare schneiden.*

Verben, die den Konjunktiv nicht verlangen

essere certo/sicuro *sicher sein*
essere chiaro/evidente *klar sein*
sapere *wissen*
vedere *sehen*

Dies gilt allerdings nur sofern sie nicht verneint werden:

Bsp.:
Non so, se Anna sia ancora malata.
Ich weiß nicht, ob Anna noch krank ist.
Non è chiaro, se possa andare a ballare.
Es ist unklar, ob er/sie tanzen gehen kann.

Die Personalpronomen im Konjunktiv

Aus den Konjugationstabellen lässt sich entnehmen, dass der Singular in allen Personen identisch ist.
Das führt auch dazu, dass man im Konjunktiv auch im Nominativ gerne die Personalpronomen verwendet, da sonst Unklarheit über die Person des Subjekts herrscht:

Bsp.:
Credo che sia un buon mediatore. *Ich glaube, ich bin/du bist/ er,sie ist/ Sie sind ein guter Vermittler.*

Sollte der Kontext hier keine Klarheit schaffen, ist es auf jeden Fall besser, ein Personalpronomen zu benutzen:

Bsp.:
Credo che io sia un buon mediatore.
Ich glaube, ich bin ein guter Vermittler.

Credo, che Lei sia un buon mediatore.
Ich glaube, Sie sind ein guter Vermittler.

Die Bildung des Konjunktiv Präsens bei unregelmäßigen Verben

andare

io vad-a	noi and-iamo
tu vad-a	voi and-iate
lui, lei, Lei vad-a	loro vad-ano

Sie sehen hier, dass die 1. und 2. Person Plural regelmäßig gebildet werden, wohingegen die anderen Personen die unregelmäßige Konjunktivform erforderlich machen.

Infinitiv	Indikativ	Konjunktiv
andare	vado	vada

Spero che lei vada a casa.
Ich hoffe, sie geht nach Hause.

dire	dico	dica

Voglio che voi diciate la verità.
Ich will, dass ihr die Wahrheit sagt.

fare	faccio	faccia

È sbagliato che lui faccia il possibile.
Es ist falsch, dass er sein Möglichstes gibt.

salire	salgo	salga

Sembra che lui salga.
Es scheint, als komme er herauf.

scegliere	scelgo	scelga

Desidera che la scelga io.
Er/Sie wünscht, dass ich sie erwähle.

uscire	esco	esca

Si dice che escano ora.
Man sagt, sie kämen jetzt raus.

venire	vengo	venga

È felice che venga la sorella.
Er/Sie ist glücklich, dass die Schwester kommt.

volere	voglio	voglia

Spero che vogliano rimanere.
Ich hoffe, sie wollen bleiben.

Ausnahmen:

dare	do	dia

Credo che lei gliela dia.
Ich glaube, sie gibt es ihm.

dovere	devo	debba

Teme che tu debba pagarla.
Er/Sie fürchtet, dass du dafür bezahlen musst.

sapere	so	sappia

È importante, che sappia queste cose.
Es ist wichtig, dass er/sie dies weiß.

stare sto stia
Non è detto che lui stia bene.
Es ist nicht gesagt, dass es ihm gut geht.

Übung 1:

Welcher Satz stimmt?

1. a) Anna ha un problema con Andrea. ☐
   b) Anna ha un problema con Paolo. ☐
2. a) Andrea sapeva che l'indirizzo era sbagliato. ☐
   b) Andrea non è venuto per un altro motivo (*Grund).* ☐
3. a) Andrea non è un buon mediatore. ☐
   b) Andrea è un buon mediatore. ☐
4. a) Andrea consiglia a Anna di chiarirsi con Paolo. ☐
   b) Andrea dice che non si deve chiarire con Paolo. ☐
5. a) È molto facile parlare con Paolo. ☐
   b) Non è facile parlare con Paolo. ☐
6. a) Anna non vuole fare due passi. ☐
   b) Anna vuole fare due passi. ☐
7. a) Anna deve interrompere Paolo. ☐
   b) Anna deve ascoltare Paolo. ☐

Übung 2:

Setzen Sie die Verben in den Konjunktiv!

1. credo _______ 2. andate ______
3. dimentica ____ 4. sappiamo _____
5. godete ______ 6. speri _______
7. do ________ 8. uscite _______
9. salgono _____ 10. stanno ______
11. ami ________ 12. viene _______
13. diciamo _____ 14. scegli _______
15. posso ______ 16. odio ________

B Nie räumst du auf!

Andrea und Paolo haben einen Streit, weil Paolo die Wohnung nicht aufgeräumt hat …

Andrea: Ma Paolo! Ti sembra il modo di lasciare le cose in giro così!
Paolo: Eh scusa. Avevo da fare! Ora ti do una mano.
Andrea: No, non mi dai una mano! Voglio che tu metta da solo a posto la casa!
Paolo: Ma come siamo nervosi!
Andrea: Sì, ed è sempre colpa tua.
Paolo: E perché?
Andrea: Perché ho dovuto convincere Anna tutto il pomeriggio che tu non l'abbia mandata a posta a quella festa.
Paolo: Ma ancora ci pensa? Veramente non pensavo che fosse così permalosa. Comunque non me ne importa niente se lei sia arrabbiata o meno.
Andrea: Ma dai! Pretendeva solo che tu ti scusassi.
Paolo: Ma perché mi devo sempre scusare io?
Andrea: Perché tu combini sempre guai!
Paolo: Ma può succedere che uno si sbagli.

Andrea: Sì, ma non era necessario che tu mentissi poi al telefono. I problemi sono nati dopo.

Paolo: Lo sapevo, che era un errore invitare pure Anna. È sempre così tesa!

Andrea: Sarà anche tesa, ma è anche comprensibile che si sia arrabbiata. Allora fai una bella cosa: domani la chiami e ti scusi.

Paolo: Va bene. Forse non è vero che lei abbia esagerato.

Andrea: Bravo. Temevo già che non cambiassi idea.

Paolo: Beh, solo gli stupidi non cambiano mai idea.

Andrea: Infatti! Mi ha fatto piacere che tu abbia capito.

Paolo: Sì comunque non ho cambiato idea, penso ancora che Anna sia pesante.

Andrea: Ma smettila!

Vokabel

arrabbiato/a	wütend
cambiare idea	die Meinung ändern
combinare	anstellen
comprensibile	verständlich
convincere	überzeugen
dare una mano	helfen
errore *m*	Fehler
fare una proposta	etwas vorschlagen
guaio *m*	Schwierigkeit
importare a qualcuno	wichtig sein für jdn
in giro	umher
litigare	streiten
mentire	lügen
nascere	entstehen
nervoso/a	nervös
pensarci	daran denken
pesante	schwer erträglich
pretendere	verlangen
proporre	vorschlagen
stupido/a *m/f*	Dummkopf
succedere	geschehen
teso/a	angespannt
Bisogna sempre discutere conte ...	Man muss mit dir immer diskutieren ...
Devi mettere a posto!	Du sollst aufräumen!
Devo fare sempre tutto io qui!	Hier muss immer ich alles tun!
Domani la chiami e ti scusi!	Morgen rufst du sie an und entschuldigst dich!
È comprensibile che sia arrabbiata!	Es ist verständlich, dass sie wütend ist!
Ma smettila!	Hör doch auf!
Non è giusto!	Es ist nicht richtig!
Non è vero!	Es stimmt nicht!
Non metti mai in ordine!	Du räumst nie auf!
Non ti credo!	Ich glaube dir nicht!
Non voglio litigare!	Ich will nicht streiten!
Sei sempre disordinato/a!	Du bist immer so unordentlich!
Tu combini sempre guai!	Du machst immer Probleme!

Grammatik

Der Konjunktiv im „Congiuntivo Passato"

Für den Konjunktiv in der Vergangenheit gelten dieselben Regeln wie im Präsens.

Die Bildung erfolgt durch die Konjunktivform von essere bzw. avere, an die das Partizip angehängt wird.

Das Hilfsverb „essere" im Konjunktiv

io sia andata/o	noi siamo andate/i
tu sia andata/o	voi siate andate/i
lui/lei/Lei sia andata/o	loro siano andate/i

Das Hilfsverb „avere" im Konjunktiv

io abbia preso	noi abbiamo preso
tu abbia preso	voi abbiate preso
lui/lei/Lei abbia preso	loro abbiano preso

Bsp.:
Credo che lei sia andata a Roma.
Ich glaube, sie ist nach Rom gefahren.
Pensiamo che lui abbia preso il treno.
Wir denken, er hat den Zug genommen.
Speri che lui abbia superato la prova.
Du hoffst, dass er die Prüfung bestanden hat.

Der Konjunktiv im „Imperfetto"

Die Bildung des Konjunktivs erfolgt im Imperfekt durch das Anhängen der entsprechenden Endung an den Verbstamm:

Verben der 1. Konjugation (lavorare)

io lavor-assi	noi lavor-assimo
tu lavor-assi	voi lavor-aste
lui/lei/Lei lavor-asse	loro lavor-assero

Verben der 2. Konjugation (vivere)

io viv-essi	noi viv-essimo
tu viv-essi	voi viv-este
lui/lei/Lei viv-esse	loro viv-essero

Verben der 3. Konjugation (partire)

io part-issi	noi part-issimo
tu part-issi	voi part-iste
lui/leiLei part-isse	loro part-issero

Unregelmäßige Verben im Konjunktiv Imperfekt (essere)

io fossi	noi fossimo
tu fossi	voi foste
lui/lei/Lei fosse	loro fossero

Die anderen unregelmäßigen Verben haben denselben Stamm wie im Konjunktiv Präsens.

bere	beva	bevessi
dire	dica	dicessi
fare	faccia	facessi

Ausnahmen hierzu sind:

dare	dia	dessi
stare	stia	stessi

Bsp.:
Pensa che Anna in quel momento fosse a casa.
Er/Sie denkt, dass Anna in diesem Moment zu Hause gewesen wäre.

Credeva che lei non andasse spesso al mare. *Er/Sie glaubte, sie würde nicht oft ans Meer fahren.*

All'improvviso ha avuto paura che perdesse spesso la pazienza. *Plötzlich bekam er/sie Angst, oft die Geduld zu verlieren.*

Steht der Hauptsatz jedoch in der Vergangenheit, so kann der Nebensatz nicht im Passato Prossimo stehen, auch wenn die Umstände eigentlich den Imperfekt verbieten.

Bsp.:
Ha fatto il possibile.
Er/Sie hat sein/ihr Möglichstes gegeben.
Dubitava che facesse il possibile.
Er/Sie bezweifelte, sein/ihr Möglichstes zu tun.
Era necessario, che io andassi da Silvia.
Es war nötig, dass ich zu Silvia gegangen bin.

Übung 3:

Kreuzen Sie die richtigen Antworten an!

1. a) Paolo mette sempre la casa a posto. ☐
   b) Paolo si dimentica di metterla a posto. ☐
2. a) Anna pretende che Paolo si scusi. ☐
   b) Anna vuole che Paolo metta a posto la casa. ☐
3. a) Anna è arrabbiata, perché Paolo ha mentito. ☐

b) Anna è arrabbiata perché Paolo ha detto che è permalosa. ☐

4. a) Paolo pensa che Anna abbia combinato un guaio. ☐
   b) Paolo pensa che sia stato un errore invitare Anna. ☐

5. a) Paolo è preoccupato perché Anna è arrabbiata. ☐
   b) Paolo non è preoccupato perché Anna è arrabbiata. ☐

6. a) Paolo chiamerà Anna. ☐
   b) Paolo non chiamerà Anna. ☐

7. a) Paolo ha cambiato idea. ☐
   b) Paolo non cambia mai idea. ☐

Übung 4:

Bilden Sie den Konjunktiv im Imperfetto und im Passato Prossimo!

	Imperfetto	Passato Prossimo
1. godiate	______	__________
2. lui dimentichi	______	__________
3. tu creda	______	__________
4. lei dia	______	__________
5. usciate	______	__________
6. salgano	______	__________
7. stiano	______	__________
8. dicano	______	__________
9. scegliate	______	__________
10. io possa	______	__________
11. tu venga	______	__________
12. vadano	______	__________
13. lui sappia	______	__________

Übung 5:

Setzen Sie die Nebensätze in die Vergangenheit!

1. Crede che parta.

______________________________.

2. Temo che abbia ragione.

______________________________.

3. Spero che non vada via.

______________________________.

4. Dubitiamo che si faccia sentire.

______________________________.

5. Sembra che sia contenta.

______________________________.

6. Non sei certa se lui ritorni?

______________________________?

C Das sehe ich anders!

Giulio äußert seine Zweifel! Er kann seinem Gesprächspartner nicht beipflichten!

Giulio: Se penso che Firenze era una volta la capitale d'Italia ...

Carlo: Ah, davvero? Non lo sapevo. Quando?

Giulio: Dal 1864 a 1870.

Carlo: E prima quale era la capitale?

Giulio: Torino! Ma i meridionali non erano felici, perché si sentivano comandati dal nord.

Carlo: E i torinesi erano d'accordo?

Giulio: Eh no! Hanno protestato! E come! Ci sono stati 42 morti e 123 feriti.

Carlo: Ma poi alla fine Roma è diventata la capitale.

Giulio: Sì, purtroppo sì.

Carlo: Perché? Tu non sei d'accordo?

Giulio: Beh, insomma. Dubito che sia stata la decisione giusta.

Carlo: Ma io credo che Roma sia storicamente predestinata. Già ai tempi di Giulio Cesare era il centro d'Italia, anzi del mondo.

Giulio: Infatti i tempi cambiano. E allora sono nati tanti problemi. Visto che i soldati italiani sono entrati a Roma con la forza, il Papa si è arrabbiato e non ci sono stati più contatti ufficiali fra il Vaticano e lo Stato italiano per sessant'anni. Penso che le persone religiose non fossero contente di questo.

Carlo: Ma era anche importante per unire tutta l'Italia. Sono dell'opinione che fosse necessario.

Giulio: Non sono d'accordo! Solo perché ora siamo abituati all'unità d'Italia. Ma sono sicuro che il meridione ha così tanti problemi economici perché è stato saccheggiato per tanto tempo dal settentrione. E ancora oggi dobbiamo pagare per questo errore.

Carlo: Hai ragione. Mi hai convinto! Anche a me comincia a piacere l'idea che Firenze sia la capitale. Ma dove mettiamo tutti i deputati e senatori?

Giulio: È vero. Già così la città è sovraffollata. È meglio rinunciarci.

Vokabeln

abituato/a	gewohnt
ai tempi di	zu Zeiten von
alla fine	letztendlich
capitale *f*	Hauptstadt
comandare	kommandieren, bevormunden
decisione *f*	Entscheidung
deputato/a *m/f*	Abgeordnete/er
economico/a	wirtschaftlich
ferito/a *m/f*	Verletzte/r
forza *f*	Gewalt
Giulio Cesare	Julius Cäsar
morta/o *m/f*	Tote/r
Papa *m*	Papst
predestinato/a	vorbestimmt
protestare	protestieren
religioso/a	religiös
saccheggiare	plündern
senatore *m*	Senator
senatrice *f*	Senatorin
settentrione *m*	Norden
soldato *m*	Soldat
sovraffollato/a	überfüllt
storicamente	aus historischen Gründen
torinese *m/f*	Turiner/in
convincere	überzeugen
ufficiale	offiziell
unire	vereinigen
D'accordo!	Einverstanden!
La penso diversamente!	Ich bin anderer Meinung!
Mi hai convinto!	Du hast mich überzeugt!
Non credo che ...	Ich glaube nicht, dass ...

Non riuscirai a convincermi del contrario!	Du wirst mich nicht vom Gegenteil überzeugen!
Non sono d'accordo con te!	Ich bin nicht deiner Meinung!
Non sono sicuro che sia giusto!	Ich bin nicht sicher, dass es richtig ist!
Non voglio impormi, ma spiegarti che ...!	Ich will mich nicht durchsetzen, sondern dir erklären, dass ...!
Sono di un'altra opinione!	Ich bin anderer Meinung!
Visto che ...	Angesichts der Tatsache, dass ...
Voglio farti capire che ...!	Ich will dir nur begreiflich machen, dass ...!

Grammatik

Der Konjunktiv als Irrealis

Im Nebensatz kann der Konjunktiv auch irreale Situationen darstellen:

Bsp.:
Mi è nuova l'idea che Firenze sia la capitale.
Die Idee, dass Florenz die Hauptstadt ist, ist mir neu.
Cerchiamo una cuoca che sappia fare gli gnocchi. *Wir suchen eine Köchin, die Gnocchis machen kann.*
Costruiscono un ponte, che regga mille anni. *Sie bauen eine Brücke, die tausend Jahre halten soll.*
Speriamo che il nuovo secolo porti tante cose positive. *Hoffentlich wird das neue Jahrhundert uns viel Positives bringen.*

Man benutzt den Konjunktiv hier also, wenn man von Dingen und Personen spricht, die man entweder nicht oder noch nicht kennt oder die es nicht oder noch nicht gibt.

Übung 6:

Lesen Sie den Text noch einmal durch! Kreuzen Sie die richtigen Antworten an!

1. a) Firenze è stata la capitale di Italia per più di venti anni. ☐
   b) Firenze è stata la capitale solo per pochi anni. ☐
2. a) Roma è diventa la capitale nel 1870. ☐
   b) Roma è sempre stata la capitale. ☐
3. a) Il Papa è arrabbiato perché Firenze è diventata la capitale. ☐
   b) Perché gli italiani sono entrati con la forza a Roma. ☐
4. a) Il nord ha saccheggiato il sud. ☐
   b) Il sud ha saccheggiato il nord. ☐
5. a) Il meridione ha tanti problemi economici. ☐
   b) Il sud è ricco. ☐

Übung 7:

Setzen Sie die Verben in den Indikativ oder in den Konjunktiv!

1. Penso che tu __________ (essere) una brava donna.
2. So che tu non _________ (avere) ragione.
3. Credevi che lei ____________ (partire)?
4. Voglio che voi la __________ (smettere).
5. È vero che io ti ____________ (amare).
6. Non sappiamo se tu__________ (potere) farcela.
7. Pretendo che Lei mi ___________(dare) i soldi.

A Der neue Job

Silvia hat endlich einen Job als Sekretärin gefunden. An ihrem ersten Arbeitstag lernt sie ihre Kollegin kennen.

Silvia: Salve, mi chiamo Silvia Benevento.
Galli: Molto lieta! Io sono la signora Galli. Lei è la nuova segretaria?
Silvia: Sì, oggi è il mio primo giorno.
Galli: Allora, ascolti! Qui ci sono tutti i fascicoli. Prenda le nuove fatture e le metta in ordine alfabetico a seconda del nome del cliente!
Silvia: Bene ho capito. E poi? Che devo fare ancora?
Galli: Beh, noi siamo una ditta di importazione. Deve archiviare i documenti delle partite in arrivo e in partenza.
Silvia: Scusi, ma non ho capito ancora che cosa importate.
Galli: Soprattutto soprammobili da tutto il mondo?
Silvia: Ah, che bello! Posso vedere un catalogo?
Galli: Apra il terzo cassetto della scrivania! Sì brava. Proprio questo. Lì trova un opuscolo pubblicitario che rappresenta tutta la gamma dei nostri articoli.
Silvia: Ma che belli! E a chi li vendete?
Galli: A negozi di articoli da regalo, ai grande magazzini.
Silvia: Capisco. Allora quando mi sposo, so già dove comprare gli accessori.
Galli: Sì! Intanto mi dia una mano a spostare queste scatole.
Silvia: Ci sono dentro dei soprammobili?
Galli: No, quelli stanno nel magazzino. Abbiamo ordinato articoli d'ufficio: matite, gomme per cancellare, evidenziatori, graffette, carta per la fotocopiatrice e la stampante. A proposito, Lei sa usare il computer?
Silvia: Sì abbastanza! Ho sempre lavorato con programmi per elaborazione testi.
Galli: Ah, molto bene. Allora scriva una lettera di sollecitazione alla ditta Storti. Vado a prendere i dati!
Silvia: Sì, solo una cosa! Dov'è il bagno?
Galli: Esca dalla stanza, segua il corridoio e apra la porta alla sua destra.
Silvia: Mille grazie.
Galli: Non c'è di che. E dopo la pausa pranzo vada dal caporeparto. La vuole conoscere.

Vokabeln

a seconda	je nach
accessorio *m*	Accessoire
alfabetico/a	alphabetisch
archivare	ablegen
articolo da regalo *m*	Geschenkartikel
articolo *m*	Artikel
cancellare	ausradieren
capo *m*	Chef
caporeparto *m/f*	Abteilungsleiter/in

carta *f*	Papier
cassetto *m*	Schublade
catalogo *m*	Katalog
cliente *m/f*	Kunde/Kundin
clientela *f*	Kundschaft
computer *m*	Computer
corridoio *m*	Gang
dati *m/pl*	Daten
ditta *f*	Firma
documenti *m*	Unterlagen
elaborazione testi *f*	Textverarbeitung
esportazione *f*	Export
evidenziatore *m*	Textmarker
fare uno sconto	einen Rabatt einräumen
fascicolo *m*	Akte
fattura *f*	Rechnung
fotocopiatrice *f*	Fotokopierer
gamma di prodotti *f*	Produktpalette
gomma da cancellare *f*	Radiergummi
graffetta *f*	Büroklammer
grande magazzino *m*	Kaufhaus
importare	importieren
importazione *f*	Import
in arrivo	eingehend
in partenza	ausgehend
intendere	verstehen
lettera di sollecitazione *f*	Mahnung
lieto/a	erfreut
magazzino *m*	Lager
matita *f*	Bleistift
opuscolo *m*	Prospekt
ordinare	bestellen
ordine *m*	Ordnung
partita *f*	Posten
pausa *f*	Pause
pausa pranzo *f*	Mittagspause
programma *m*	Programm
rappresentare	vorstellen
sala riunioni *f*	Konferenzraum
scaffale *m*	Regal
scatola *f*	Schachtel
sconto *m*	Rabatt
scrivania *f*	Schreibtisch
segretaria *f*	Sekretärin
seguire	folgen
spostare	wegräumen
stampante *f*	Drucker
testo *m*	Text
ufficio *m*	Büro
Chiami la ditta ...!	Rufen Sie bei der Firma ... an!
Esca!	Gehen Sie hinaus!
Prenda!	Nehmen Sie!
Scriva una lettera!	Schreiben Sie einen Brief!
Vada!	Gehen Sie!

Grammatik

Der Imperativ in der Höflichkeitsform

Um im Italienischen den Imperativ in der Höflichkeitsform auszudrücken, benutzt man den Konjunktiv Präsens in der 3. Person Singular.

Bsp.:

Mi dia il cartone!	*Geben Sie mir den Karton!*
Segua il consiglio!	*Befolgen Sie den Rat!*
Prenda un biscotto!	*Nehmen Sie sich einen Keks!*
Finisca il lavoro!	*Beenden Sie die Arbeit!*

Vorsicht:

Mostragliela!	*Zeig sie ihr!*
Aber:	
Gliela mostri!	*Zeigen Sie sie ihr!*
Dammela!	*Gib sie mir!*
Aber:	
Me la dia!	*Geben Sie sie mir!*

Die Verneinung mit „non"

Die Verneinung erfolgt wiederum durch das Voranstellen von non. Das Verb wird nicht in den Infinitiv gesetzt.

Non speri che lui ritorni!	*Hoffen Sie nicht, dass er zurückkommt!*

Non faccia niente!	*Machen Sie nichts!*
Non se la prenda!	*Machen Sie sich nichts daraus.*

Im Plural wird hingegen wiederum die Indikativform der 2. Person Präsens benutzt.

Bsp.:

Signore! Andate a casa!	*Meine Damen, gehen Sie nach Hause!*
Lasciate stare i fiori!	*Lassen Sie die Blumen in Ruhe!*
Scusate il disturbo!	*Entschuldigen Sie die Störung.*
Dimenticate tutto!	*Vergessen Sie alles!*

Hier können hingegen wiederum Pronomen angehängt werden:

Dimenticatela!	*Vergessen Sie sie!*
Mandatelo a Roma!	*Schicken Sie ihn nach Rom!*

Infobox

Programma *Programm* wird im Plural zu programmi.

Übung 1:

Lesen Sie den Text genau und kreuzen Sie die richtigen Sätze an!

1. a) Silvia lavora da tanto tempo nella ditta di importazione. ☐
   b) È il primo giorno di Silvia. ☐
2. a) Silvia deve archiviare documenti. ☐
   b) Silvia deve portare scatole in magazzino. ☐
3. a) La ditta importa articoli da regalo. ☐
   b) La ditta importa articoli da ufficio. ☐
4. a) La ditta vende solo un articolo. ☐
   b) La ditta vende tanti articoli. ☐
5. a) La ditta vende articoli a negozi. ☐
   b) La ditta vende articoli ad altri uffici. ☐
6. a) Silvia sta per sposarsi. ☐
   b) Silvia non sa, quando si sposa. ☐

Übung 2:

Setzen Sie die folgenden Substantive in der richtigen Form ein!
(articolo, carta, fattura, gomme, matita, graffetta, opuscolo, scatola, sconto, sollecitazione, soprammobili, stampante,
testo)

1. Scrivo con la __________. Così posso cancellare con la __________ se faccio un errore.
2. Hai già pagato la __________? Se no, ti mandano la lettera di __________.
3. I soprammobili sono __________ da regalo.
4. La macchina è troppo cara. Mi faccia uno __________!
5. Ho scritto un __________ con il computer. Ora mi serve la __________ per stamparlo (*drucken*) su __________.
6. Unisca i documenti con una__________!
7. È caduta la__________ ! Si saranno rotti i __________!
8. Nell' __________ ci sono tutti i nostri articoli.

Übung 3:

Setzen Sie die Sätze in die Höflichkeitsform!

1. Dammi una mano a archiviare i fascicoli!

_ _.

2. Vai a Firenze e prendi i documenti.

_ _.

3. Regalagliela!

_ _.

4. Esci da questa stanza e segui il corridoio.

_ _.

5. Aprile la porta!

_ _.

B In der Kantine

In der Mittagspause begleitet Frau Galli Silvia in die Kantine. Dort treffen sie auf Herrn Trapi.

Galli: Buongiorno, signor Trapi.

Trapi: Buongiorno, signora Galli.

Galli: Posso presentarLe la signora Benevento, una nuova collega.

Trapi: Lei è nuova qui?

Silvia: Sì, è il mio primo giorno, cioè la mia prima mattinata.

Trapi: Siccome lavoro qui da quasi dieci anni, La invidio! Finché si è agli inizi, va bene. Ma dopo qualche anno il lavoro diventa noioso.

Silvia: Beh, l'abitudine può essere brutta o bella.

Trapi: Giusto. Guardi la nostra bella mensa! Tutti la odiano profondamente, visto che il cibo è veramente cattivo. Tuttavia tutti i colleghi aspettano con ansia la pausa, mentre si lamentano, poi, della cucina.

Silvia: Dopo che ha lavorato qui per diversi anni, conosce sicuramente molto bene la ditta.

Trapi: Naturalmente! La ditta è piccola e perciò è facile capire le strutture interne.

Silvia: È come sono le strutture interne?

Trapi: È il posto di lavoro più bello del mondo. Almeno per uno che si intende di etologia. Per esempio, la nostra signora Galli è segretaria di direzione, finché ci sono direttori in giro, poi diventa lei la direttrice.

Galli: Ma La smetta! Lei è soltanto invidioso della mia posizione privilegiata.

Trapi: Però, quando sono venuti a trovarci quei membri del consiglio di amministrazione giapponese, ha fatto credere loro di essere il capo!

Galli: Ma quale consiglio di amministrazione?

Trapi: Della società ... Come si chiama? Quel fornitore dei tagliacarte a forma di spada da samurai.

Galli: L'impresa Katan limited?

Trapi: Sì, brava! Si sono inchinati ogni volta che Lei è passata.

Galli: Ma sono le loro usanze!

Trapi: Può darsi, eppure mi sembrava strano. Perché allora non l'hanno fatto con la donna delle pulizie?

Galli: Ma chi lo sa!

Trapi: Sicuramente non lo sa il direttore generale, che non hanno neanche conosciuto! Ora devo purtroppo tornare al lavoro. Vi do, però, ancora un consiglio. Prendete tutto tranne le cozze! È una settimana che le offrono e sono spariti un paio di colleghi!

Silvia: Grazie del consiglio!

Vokabeln

abitudine *f*	Gewohnheit
amministrazione *f*	Verwaltung
capo del *m* **personale**	Personalleiter
cio è	das heißt
collega *m/f*	Kollege/in
con ansia	angespannt
contabile *m/f*	Buchhalter/in
contabilità *f*	Buchhaltung
consiglio di	Vorstand
cozza	Miesmuschel
consiglio *m*	Rat
direttore *m*	Leiter
direttore generale *m*	Generaldirektor
direttrice *f*	Leiterin
etologia *f*	Verhaltensforschung
fornitore *m*	Lieferant
impresa *f*	Unternehmen
inchinarsi	verbeugen
intendersi di	sich mit etwas auskennen
interno/a	intern
invidiare	beneiden
lamentarsi	beschweren
membro *m*	Mitglied
mensa *f*	Kantine
odiare	hassen
passare	vorbeigehen
personale *m*	Personal
posizione *f*	Position
posto di lavoro *m*	Stelle
privilegiato/a	bevorzugt
produrre	herstellen
promozione *f*	Beförderung
reparto *m*	Abteilung
segretaria di direzione *f*	Chefsekretärin
società *f*	Gesellschaft
spada *f*	Schwert
sparire	verschwinden
struttura *f*	Struktur
tagliacarte *m*	Brieföffner
tenere la contabilità	die Buchhaltung machen
ufficio del personale *m*	Personalabteilung
un paio di ...	ein paar ...
usanza *f*	Gepflogenheit, Sitte

Grammatik

Die Konjunktionen

Konjunktionen verbinden Satzteile miteinander, drücken Gegensätze aus oder geben an, weshalb, wie oder wann etwas geschieht.

Bsp.:
Fanno una passeggiata e Luigi mangia un gelato con sua moglie.
Sie machen einen Spaziergang und Luigi isst mit seiner Frau ein Eis.

Fanno una passeggiata mentre Luigi mangia un gelato con sua moglie.
Sie machen einen Spaziergang, während Luigi mit seiner Frau ein Eis isst.

Konjunktionen, die Sätze verbinden

e	*und*
ma/però	*aber*
o	*oder*
quindi	*also*

Konjunktionen, die eine zeitliche Beziehung bezeichnen

dopo che	*nachdem*
mentre	*während*
prima che	*bevor*
quando	*als*

Konjunktionen, die den Grund bezeichnen

perciò	*deshalb*
perché	*weil*
siccome	*da*

Konjunktionen, die eine Bedingung aufstellen

se	*wenn, ob*
salvo che	*außer*
finché	*bis, so lange*
anche se	*auch wenn*

Infobox

Per in der Bedeutung von *um* steht stets in Verbindung mit dem Infinitiv.
Lo faccio per essere indipendente.
Ich mache das, um unabhängig zu sein.

Übung 4:

Kreuzen Sie die richtigen Antworten an! Lesen Sie den Text noch einmal ganz genau.

1. a) Il signor Trapi lavora nella ditta da 10 anni. ☐
   b) Il signor Trapi ci lavora da un'ora. ☐
2. a) La mensa è buona. ☐
   b) La mensa non è buona. ☐
3. a) La ditta è molto grande. ☐
   b) La ditta non è molto grande. ☐
4. a) Un fornitore della ditta è giapponese. ☐
   b) La ditta compra articoli solo dal Giappone. ☐
5. a) La ditta asiatica (*aus Asien*) produce spade vere. ☐
   b) La ditta produce tagliacarte. ☐
6. a) I giapponesi hanno salutato la donna delle pulizie. ☐
   b) I giapponesi si sono inchinati quando passava la signora Galli. ☐
7. a) Silvia mangerà le cozze. ☐
   b) Silvia non mangerà le cozze. ☐

Übung 5:

Setzen Sie die passenden Konjunktionen aus der Liste ein!

(affinché, che, cioè, dopo, finché, mentre, quando, salvo, se, siccome)

1. Mi chiede _________ posso venire.
2. Mi sono addormentata _________ guardavo la TV.
3. _________ ti ho visto, mi sono spaventato.
4. Sono pigro, _________ non lavoro volentieri.
5. Lo cerco _________ lo trovo.
6. _________ sono italiana, mi piace la pasta.

7. _ _ _ _ _ _ _ _ _ _ che ho fatto colazione, mi alzo.

C Sie sind doch ...!

Nach der Mittagspause geht Silvia in das Büro des Abteilungsleiters.

Fonti: Buon giorno, signora Benevento! Benvenuta nella nostra ditta.
Silvia: Mille grazie, Signor Fonti!
Fonti: Lei ha già conosciuto la signora Galli?
Silvia: Sì, è molto gentile.
Fonti: È proprio una brava persona! Lavora qui da quasi trent'anni ed è stata sempre molto corretta ed efficiente. Bene! Prima che Lei cominci a lavorare devo chiederLe alcune cose. È la prima volta che lavora in un'azienda di questo settore?
Silvia: No, ho lavorato in un'impresa di spedizioni. Sebbene io abbia archiviato anche lì delle fatture, era sicuramente tutto un'altra cosa.
Fonti: E perché?
Silvia: Sa! In un'impresa die spedizioni si lavora sempre sotto pressione qualunque cosa si faccia. Perciò mi sono licenziata. Qui l'atmosfera mi sembra molto più tranquilla, nonostante anche qui si lavori duramente.
Fonti: Sì, ma per noi è importante che i dipendenti si sentano a proprio agio. Ha firmato il contratto per un anno. Ha intenzione di prolungarlo eventualmente?
Silvia: Guardi, ora voglio prima aspettare il periodo di prova, benché la ditta mi abbia fatto una buona impressione. In genere mi piace l'idea di lavorare in un posto per un periodo piuttosto lungo, sempre a condizione che non succeda qualcosa di imprevedibile.
Fonti: Eh sì, purtroppo non si sa mai nella vita!
Silvia: Infatti. Per me è molto importante rimanere flessibile.
Fonti: La capisco troppo bene. Anch'io volevo sempre essere indipendente, ma quando si ha poi famiglia è diverso.
Silvia: Ah, lei ha famiglia?
Fonti: Sì, una moglie, tre figli e due cani. Vuole vedere le foto? Ce le ho sempre con me dovunque vada.
Silvia: Grazie! Che belle! Anch'io voglio tanto avere una famiglia grande.
Fonti: Sì, ma con l'aumentare delle responsabilità diminuisce anche la libertà nelle scelte, anche se io non sono mai stato così felice come ora nella mia vita.
Silvia: Bene, mi fa piacere.

Fonti: E a me ha fatto piacere averLa conosciuta. Comunque venga sempre da me, qualunque cosa La affligga.

Silvia: Mille grazie, signor Fonti! È veramente molto gentile.

Fonti: Si figuri! A presto e buon lavoro!

Silvia: Altrettanto.

Vokabeln

a condizione che	unter der Bedingung, dass
affliggere	bedrücken
altrettanto	ebenfalls
atmosfera *f*	Atmosphere
aumentare	zunehmen
azienda *f*	Firma
benché	obwohl
benvenuto/a	herzlich willkommen
corretto/a	korrekt
diminuire	abnehmen
dipendente *m/f*	Angestellte/r
diverso/a	anders
dovunque	wohin auch immer
duramente	hart
efficiente	effizient
eventualmente	eventuell
firmare	unterschreiben
flessibile	flexibel
impresa di spedizioni	Spedition
impressione *f*	Eindruck
imprevedibile	unvorhersehbar
indipendente	unabhängig
libertà *f*	Freiheit
nonostante	obwohl
periodo di prova *m*	Probezeit
pressione *f*	Druck
prima che	bevor
prolungare	verlängern
purché	vorausgesetzt
qualunque cosa	was auch immer
responsabilità *f*	Verantwortung
scelta *f*	Wahl
sebbene	obwohl
sentirsi a proprio agio	sich wohl fühlen
settore *m*	Branche
Che lavoro faceva?	Was haben Sie gearbeitet?
Da quanto tempo lavora in questa ditta?	Wie lange arbeiten Sie schon in dieser Firma?
Dove ha lavorato prima?	Wo haben Sie früher gearbeitet?
Ha intenzione di rimanere a lungo in ditta?	Haben Sie vor, lange in dieser Firma zu bleiben?
Le piace il Suo lavoro?	Gefällt Ihnen Ihre Arbeit?
Lei ha delle responsabilità!	Sie tragen Verantwortung!
Se ha dei problemi venga pure da me!	Wenn Sie Probleme haben, kommen Sie ruhig zu mir!

Grammatik

Die Konzessivsätze

Konzessivsätze werden mit folgenden Konjunktionen eingeleitet:

benché, sebbene, nonostante, anche se
= *obwohl*

Die mit den ersten drei Konjunktionen eingeleiteten Nebensätze stehen stets im Konjunktiv. Allein anche se zieht den Indikativ nach sich.

Bsp.:
Benché non sia pigro, non lavora tanto.
Obwohl er nicht faul ist, arbeitet er wenig.
È ancora una bella donna, sebbene abbia già sessant'anni.
Sie ist immer noch eine schöne Frau, obwohl sie schon sechzig ist.

Nonostante non venga mai alle feste, conosce tutti.
Obwohl er/sie nie zu den Festen kommt, kennt er/sie alle.
Anche se Marco ha tanti soldi, non spende tanto.
Obwohl Marco viel Geld hat, gibt er nicht viel aus.

Weitere Konjunktionen, die den Konjunktiv nach sich ziehen sind prima che *bevor*, purché *vorausgesetzt* und come *als ob*.

Bsp.:
Prima che venisse in Italia, non è stato mai felice.
Bevor er nach Italien kam, ist er niemals glücklich gewesen.
Ti aiuto, purché tu smetta di fare il cretino.
Ich helfe dir, vorausgesetzt du hörst auf, dich wie ein Dummkopf zu benehmen.
Si comportava come fosse il padrone.
Er hat sich benommen, als ob er der Hausherr wäre.

Andere Ausdrücke mit der Bedeutung *wenn, vorausgesetzt, dass* leiten ebenso einen Nebensatz im Konjunktiv ein. Hierzu gehören a patto che, a condizione che, basta che und supposto che.

Bsp.:
Ti do i soldi, a patto che me li restituisca entro un mese.
Ich gebe dir das Geld, vorausgesetzt, dass du es mir innerhalb eines Monats wiedergibst.
Faccio tutto quello che vuole, basta che Lei non canti più.
Ich mache alles was Sie wollen, wenn Sie nur nicht mehr singen.

Weiterhin wird bei nel caso che *falls* der Konjunktiv verwendet:
Si dimette nel caso che non riesca a vincere.
Er/Sie tritt zurück, falls er/sie nicht gewinnt.

Der Konjunktiv nach Adjektiven und Pronomen

Wenn Adjektive und Pronomen, die eine allgemeine Gültigkeit ausdrücken, einen Nebensatz einleiten, steht dieser ebenfalls im Konjunktiv.

Zu dieser Gruppe gehören qualunque, qualsiasi und chiunque *wer/was auch immer*, dovunque *wohin auch immer* und comunque *wie auch immer.*

Bsp.:
Le voleva bene, qualunque cosa accadesse.
Er mochte sie, was auch immer geschah.
Non mi convince, qualsiasi argomentito Lei adduca.
Sie überzeugen mich nicht, was für ein Argument Sie auch bringen.
Non mi piace, chiunque lui sia.
Ich mag ihn nicht, wer auch immer er ist.
Non ti dimentico, dovunque io vada.
Ich vergesse dich nicht, wohin ich auch gehe.
Stavano insieme, comunque andassero le cose.
Sie blieben zusammen, was auch immer geschah.

A Wie geht es jetzt weiter?

Paolo bekommt Besuch von seinem Vater. Nachdem er ihn vom Bahnhof abgeholt hat, gehen sie mittagessen.

Padre: Allora, Paolo, come vanno le cose?
Paolo: Benissimo!
Padre: È veramente così?
Paolo: Beh, altrimenti te lo direi! Lo sai, no!
Padre: No, purtroppo no. Paolo, è arrivata una lettera dell'università a casa, perché ancora non hai fatto registrare il tuo indirizzo a Firenze. Ti hanno buttato fuori.
Paolo: No, non è possibile. E se econdo te non lo saprei?
Padre: Sì, figliolo. Perché non ci sei andato per un semestre intero. Così dice la lettera.
Paolo: Non fare questa faccia! Ci andrei pure, ma poi me lo scordo sempre.
Padre: Non possiamo continuare così, Paolo. Lo dovresti capire.
Paolo: Sì, hai proprio ragione. Firenze non è la città giusta per me. È troppo antiquata!
Padre: Invece tu fai tutt'altra cosa! Ti cerchi un bel lavoro, perché io non ti mantengo più.
Paolo: Un lavoro? Bella l'idea. Guarda, lo farei pure. Ma poi andrei ogni giorno nello stesso posto! Non è vita questa!
Padre: Ti abituerai! E al posto tuo mi sbrigherei. Perché ho avuto un'altra lettera dalla tua banca.
Paolo: Ma queste banche! Stanno sempre a scrivere lettere! Io mi risparmierei tutti questi francobolli.
Padre: E falliresti come sempre!

Vokabeln

andrei (Infinitiv: **andare**)	ich ginge
anno scolastico *m*	Schuljahr
antiquato/a	antiquiert
buttare fuori	rausschmeißen
dare un esame	eine Prüfung ablegen
data di iscrizione *f*	Anmeldedatum
direi (Infinitiv: **dire**)	ich würde sagen
disciplina *f*	Fach
dovresti (Infinitiv: **dovere**)	du müsstest
esame *m*	Prüfung
falliresti (Infinitiv: **fallire**)	du gingest Pleite
far fare	tun lassen
fare una faccia	ein Gesicht machen
farei (Infinitiv: **fare**)	ich würde machen
formazione professionale *f*	Ausbildung
frequentare un corso	einen Kurs besuchen
immatricolarsi	sich immatrikulieren
immatricolazione	Immatrikulation
intero/a	ganze/r/s

20 Berufe und Weiterbildung

iscriversi	sich einschreiben
iscrizione *f*	Anmeldung
laurea *f*	Hochschul-abschluss
liceo *m*	Gymnasium
mantenere	finanziell unter-halten
materia *f*	Fach
mi sbrigherei (Infinitiv: **sbrigarsi**)	ich würde mich beeilen
modulo d'iscrizione *m*	Anmeldeformular
preferirei (Infinitiv: **preferire**)	ich zöge vor
registrare	eintragen
risparmierei (Infinitiv: **risparmiare**)	ich würde sparen
saprei (Infinitiv: **sapere**)	ich wüsste
scordarsi	vergessen
scuola *f*	Schule
semestre *m*	Halbjahr
università *f*	Universität
Al posto tuo/Suo!	An deiner/Ihrer Stelle!
Cercati un lavoro!	Such dir einen Job!
Non ti mantengo più!	Ich unterhalte dich nicht mehr finanziell!

Grammatik

Der Konditional

Der Konditional dient dazu, eine hypothetische Situation zu beschreiben.
Darin entspricht er dem deutschen Konjunktiv II und wird auch mit diesem übersetzt. Der Konditional steht jedoch meist nur im Hauptsatz.
Den Irrealis im Nebensatz drückt im Italienischen der Konjunktiv aus.

Bsp.:
Al posto tuo andrei a trovarLa.
An deiner Stelle würde ich sie besuchen.

Credevo che tu fossi più furbo.
Ich dachte, du wärst klüger.

Die Bildung des Konditional im Präsens
Der Konditional wird in der ersten und zweiten Konjugation durch das Anhängen von -ere- gebildet. Darauf folgt die durch die Personen bedingte Endung des Condizionale.

Regelmäßige Verben der 1. Klasse

io lavor-ere-i	*ich würde arbeiten*
tu lavor-ere-sti	*du würdest arbeiten*
lei, lui lavor-ere-bbe	*er/sie/es würde arbeiten*
Lei lavor-ere-bbe	*Sie würden arbeiten*
noi lavor-ere-mmo	*wir würden arbeiten*
voi lavor-ere-ste	*ihr würdet arbeiten*
loro lavor-ere-bbero	*sie würden arbeiten*

Regelmäßige Verben der 2. Klasse

io prend-ere-i	*ich würde nehmen*
tu prend-ere-sti	*du würdest nehmen*
lei, lui prend-ere-bbe	*er/sie/es würde nehmen*
Lei prend-ere-bbe	*Sie würden nehmen*
noi prend-ere-mmo	*wir würden nehmen*
voi prend-ere-ste	*ihr würdet nehmen*
loro prend-ere-bbero	*sie würden nehmen*

Regelmäßige Verben der 3. Klasse
Bei Verben der dritten Klasse wird das Suffix -ire benutzt:

io part-ire-i	ich *würde abfahren*
tu part-ire-sti	*du würdest abfahren*
lei, lui part-ire-bbe	*er/sie/es würde abfahren*
Lei part-ire-ebbe	*Sie würden abfahren*
noi part-ire-mmo	*wir würden abfahren*
voi part-ire-ste	*ihr würdet abfahren*
loro part-ire-bbero	*sie würden abfahren*

Die unregelmäßigen Verben im Konditional
Grundsätzlich orientiert sich die Bildung des Konditional aufgrund des hypothetischen Charakters der beiden Formen an der Zukunft.

So sind die Verben, die in der Zukunft regelmäßig sind, auch im Condizionale regelmäßig gebildet.

Infinitiv	Zukunft	Konditional
andare	andr-ò	andr-ei
avere	avr-ò	avr-ei
bere	berr-ò	berr-ei
dare	dar-ò	dar-ei
dire	dir-ò	dir-ei
dovere	dovr-ò	dovr-ei
essere	sar-ò	sar-ei
fare	far-ò	far-ei
pagare	pagher-ò	pagher-ei
potere	potr-ò	potr-ei
rimanere	rimarr-ò	rimarr-ei
sapere	sapr-ò	sapr-ei
stare	starò	star-ei
tenere	terr-ò	terr-ei
tradurre	tradurr-ò	tradurr-ei
vedere	vedr-ò	vedr-ei
venire	verr-ò	verr-ei
vivere	vivr-ò	vivr-ei
volere	vorr-ò	vorr-ei

Zum Vergleich einige Verben mit einer unregelmäßigen Partizip II-Form:

Infinitiv	Partizip II	Zukunft	Konditional
chiudere	chiuso	chiuder-ò	chiudere-i
mettere	messo	metter-ò	mettere-i
rendere	reso	render-ò	rendere-i
aprire	aperto	aprir-ò	aprire-i

Die Anwendungen des Konditional
Der Konditional wird wie der Konjunktiv II im Deutschen auch bei höflichen Fragen verwendet.
Weiterhin stehen Empfehlungen, Wünsche und Absichten im Konditional.

Bsp.:
Mi potrebbe dare la mia giacca?
Könnten Sie mir meine Jacke geben?

Vorrei un chilo di pomodori.
Ich hätte gern ein Kilo Tomaten.
Vi consiglierei una mattinata al mare.
Ich würde euch einen Vormittag am Meer empfehlen.

Vorrei fare qualcosa

Wünsche werden im Italienischen gerne mit vorrei fare qualcosa *ich würde gerne* ausgedrückt.

Dies erklärt sich durch die Entwicklung aus dem Indikativ Präsens.

Bsp.:

Voglio andare al mare.	*ich will ans Meer fahren.*
Vorrei andare al mare.	*Ich würde gerne/ möchte ans Meer fahren.*

Auch in Verbindung mit avere wird diese Konstruktion gerne benutzt:

Vorresti avere una bicicletta nuova.
Du hättest gern ein neues Fahrrad.

Übung 1:

Bilden Sie den Konditional!

1. vai ________	2. siamo _______
3. posso ______	4. dovete ______
5. dite________	6. speri _______
7. tengono _____	8. credo _______
9. stiamo ______	10. faccio _______
11. bevi _______	12. conduce _____
13. mettete _____	14. vedono ______
15. prova_______	16. traduce ______
17. hanno ______	18. date________
19. negate ______	20. vieni _______

Übung 2:

Formulieren Sie die Bitten höflicher, indem Sie das Verb in den Konditional setzen!

1. Mi dai la coperta rossa? ___________
2. Passate (*weitergeben*) le patate? ______
3. Mi aiuta un po' con le scatole? _______
4. Puoi andare a prendere i guanti? ______
5. Mi fate un piacere? ____________

Übung 3:

Übersetzen Sie!

1. Ich würde gern nach Florenz fahren.

__________________________.

2. Er würde gern in einem großen Haus leben.

__________________________.

3. Sie würden gern eine Pizza essen.

__________________________.

B Auf Jobsuche

Paolo sitzt zu Hause und blättert verzweifelt in einer Zeitung. Da kommt Andrea nach Hause und schaut ihn verwundert an …

Andrea: Cosa fai, Paolo?
Paolo: Sto leggendo gli annunci di lavoro!
Andrea: Perché? Hanno licenziato un tuo amico?
Paolo: No, sto cercando un lavoro per me!
Andrea: Non dirmi! Ma che tipo di occupazione cerchi?
Paolo: Eh, non lo so ancora. Da bambino avrei voluto diventare astronauta. Ma mi sa che non trovo neanche un posto vacante.
Andrea: Veramente, non so mai quando scherzi tu.
Paolo: Qui cercano un chirurgo cerebrale!
Andrea: Ma Paolo! Ci vuole una formazione di 20 anni per fare un lavoro del genere. Non prendono il primo che passa. E tu comunque non sei per niente cerebrale.
Paolo: Va bene. Però sarebbe stato interessante! Ehi, offrono un posto da restauratore.
Andrea: Ma anche qui ci vuole una qualifica! E poi non sai neanche fare l'imbianchino.
Paolo: Forse Anna mi potrebbe insegnare qualche trucco.
Andrea: Sarebbe stato possibile. Ma visto che non ti parla più, sarà difficile che ti insegni qualcosa.
Paolo: Comunque non l'avrei mai sopportata come insegnante! Ma ora ho trovato! Cercasi cuoco!
Andrea: Ma secondo te qualcuno pagherebbe per i piatti che prepari tu? Non è facile ingoiarli.

Paolo: Che ne sai tu! Ho cucinato una volta per te e hai pure detto che ti è piaciuto.
Andrea: Avresti preferito la verità?
Paolo: No, forse no!
Andrea: Ma tu non hai un'idea di quale professione potrebbe essere adatta a te?
Paolo: No, non lo so ancora!

Vokabeln

adatto/a	geeignet
ampliare	vergrößern
annuncio *m*	Anzeige
cartello *m*	Schild
cercasi	gesucht
cerebrale	Gehirn-, intellektuell
cervello *m*	Gehirn
formazione *f*	Ausbildung
gazzetta *f*	Zeitung
graffiare	kratzen
ingoiare	herunterschlucken
inserzione *f*	Anzeige
occupazione *f*	Beschäftigung
preparare	zubereiten
privo/a	ohne/-los
professione *f*	Beruf
qualifica *f*	Qualifikation
scherzare	scherzen
sopportare	ertragen
trucco *m*	Trick
vacante	frei
valore *m*	Wert
Cerco un lavoro!	Ich suche einen Job!
Certo, vuole fissare un appuntamento?	Sicher, möchten Sie einen Termin ausmachen?
Ci vuole una qualifica!	Man braucht eine Qualifikation!
È ancora libero il posto da ...?	Ist die Stelle als ... noch frei?
È difficile trovare un lavoro!	Es ist schwer, eine Arbeit zu finden!
Ho letto il Suo annuncio, Lei cerca ...!	Ich habe Ihre Anzeige gelesen, Sie suchen ...!
Mi dispiace il posto non è più libero!	Es tut mir Leid, die Stelle wurde schon vergeben!
Non dirmi!	Sag nicht so etwas!
Sto leggendo gli annunci di lavoro!	Ich lese die Jobanzeigen!

Infobox

Verschiedene Berufe

apprendista *m/f*	*Lehrling*
astronauta *m/f*	*Astronaut/in*
attore *m*	*Schauspieler*
attrice *f*	*Schauspielerin*
autista *m/f*	*Fahrer*
avvocato *m/f*	*Anwalt/Anwältin*
cantante *m/f*	*Sänger/in*
elettricista *m/f*	*Elektriker/in*
fabbro/a *m/f*	*Schmied*
falegname *m*	*Tischler*
farmacista *m/f*	*Apotheker/in*
giardiniere *m*	*Gärtner*
ingegnere *m/f*	*Ingenieur/in*
insegnante *m/f*	*Lehrer/in*
imbianchino *m*	*Anstreicher, Maler*
impiegata/o	*Angestellte/r*
medico *m/f*	*Arzt/Ärztin*
operaio/a *m/f*	*Handwerker/in*
pescatore *m*	*Fischer*
pizzaiolo/a *m/f*	*Pizzabäcker/in*
programmatore *m*	*Programmierer*
programmatrice *f*	*Programmiererin*
restauratore *m*	*Restaurator*
restauratrice *f*	*Restauratorin*
segretaria *f*	*Sekretärin*

Grammatik

Der Konditional in der Vergangenheit

Für den Konditional gibt es in der Vergangenheit nur eine Form. Man unterscheidet hier also nicht zwischen „Imperfetto" und „Passato Prossimo".

Diese zusammengesetzte Form wird mit der Konditional-Form der Hilfsverben avere bzw. essere gebildet, an das wiederum das Partizip II angehängt wird.

Die Wahl des Hilfsverbs erfolgt nach den gleichen Regeln wie bei der Bildung des „Passato Prossimo":

Verben mit dem Hilfsverb „essere"

io sare-i andato/a	*ich wäre gegangen*
tu sare-sti andato/a	*du wärst gegangen*
lei, lui sare-bbe andato/a	*er/sie/es wäre gegangen*

Lei sare-ebbe andato/a	*Sie wären gegangen*
noi sare-mmo andati/e	*wir wären gegangen*
voi sare-ste andati/e	*ihr wärt gegangen*
loro sare-bbero andati/e	*sie wären gegangen*

Wie beim „Passato Prossimo" wird die Partizipendung im Genus und Numerus dem Subjekt angeglichen.

Verben mit dem Hilfsverb „avere"

io avre-i fatto	*ich hätte gemacht*
tu avre-sti fatto	*du hättest gemacht*
lei, lui avre-bbe fatto	*er/sie/es hätte gemacht*

Lei avre-ebbe fatto	*Sie hätten gemacht*
noi avre-mmo fatto	*wir hätten gemacht*
voi avre-ste fatto	*ihr hättet gemacht*
loro avre-bbero fatto	*sie hätten gemacht*

Das Partizip endet wiederum immer auf -o. Nur bei Akkusativpronomen wird die Endung angeglichen:

Li avrei visti.	*Ich hätte sie gesehen.*

Die Bedeutung des Konditional in der Vergangenheit

Der zusammengesetzte Konditional drückt in der Vergangenheit eine hypothetische Situation aus, die nicht oder nicht mehr zu realisieren ist. Es entspricht somit dem deutschen Konjunktiv II in der Vergangenheit und wird auch mit diesem übersetzt.

Bsp.:
Ti avrebbe salutato, ma non ti ha visto.
Er/Sie hätte dich gegrüßt, aber er/sie hat dich nicht gesehen.
(D. h.: Er/Sie hat nicht gegrüßt und kann jetzt auch nicht mehr grüßen.)

Unpersönliche Ausdrücke im Infinitiv

Im Italienischen werden gerade in Anzeigen und auf Hinweisschildern gerne unpersönliche Ausdrücke im Infinitiv verwendet. Diese Form wird wegen ihrer Prägnanz und Kürze vorgezogen.

Die Bildung erfolgt durch den Verbstamm mit dem für die jeweilige Konjunktion charakteristischen Vokal, an den das unpersönliche Pronomen si angehängt wird. Bei der dritten Klasse weicht man jedoch wieder auf -e- aus.

si affitta	affittasi	*zu vermieten*
si cerca	cercasi	*gesucht*
si compra	comprasi	*zum Kauf gesucht*
si offre	offresi	*man bietet*

Übung 4:

Kreuzen Sie die richtigen Sätze an!

1. a) Paolo sta cercando un lavoro per Silvia. ☐
   b) Paolo sta cercando un lavoro per se stesso. ☐
2. a) Paolo legge la Gazzetta dello Sport. ☐
   b) Paolo legge gli annunci. ☐
3. a) Paolo cerca degli oggetti privi di valore. ☐
   b) Paolo deve trovarsi un'occupazione. ☐

Übung 5:

Setzen Sie die Sätze in die Vergangenheit!

1. Avrei un'ora di tempo. Vorresti bere un caffè con me?

_ _.

2. Mangeremmo ancora due patate.

_ _.

3. Giocherebbero fino all'alba (*Morgendämmerung*).

_ _.

4. SceglIereste sicuramente la strada sbagliata.

_ _.

5. Paolo sbaglierebbe la domanda.

_ _.

C Mein Lebenslauf

Silvia sitzt spät am Abend zu Hause und arbeitet am Computer. Plötzlich läutet es an der Tür. Sie steht auf und sieht nach.

Silvia: Chi è?

Paolo: Silvia? Sono io, Paolo. Ho bisogno di te!

Silvia: Allora ti faccio entrare. Vieni!

Paolo: Oh, grazie. Che carina che sei! Mi devi aiutare. Devo scrivere una domanda di impiego!

Silvia: A quest'ora? No, guarda Paolo. Domani ho un corso di aggiornamento per l'uso del computer e devo alzarmi molto presto. È a Genova!

Paolo: Ti prego! In nome della nostra vecchia amicizia!

Silvia: Ma se ci conosciamo da qualche mese.

Paolo: Beh, l'importante è l'affetto, no?

Silvia: Va bene. Ma solo un'oretta.

Paolo: Anche cinque minuti. Ho già preparato il curriculum vitae. Guardatelo un attimo.

Silvia: Ma Paolo, quante pagine sono?

Paolo: Beh, una ventina. Ma posso aggiungere ancora qualcosa.

Silvia: Ma non dovevi scrivere un romanzo autobiografico! Sarebbe bastata una tabella con nome, data e luogo di nascita, stato civile, residenza e gli studi che hai fatto.

Paolo: Ma loro vogliono anche sapere altre cose!

Silvia: No, non vogliono sapere altro! Facciamo una cosa. Ti faccio vedere il mio curriculum e poi cambiamo i dati e basta!

Paolo: Va bene!

Silvia: Concentriamoci sulla lettera di accompagnamento.

Paolo: Ah, ci vuole pure questa?

Silvia: Sì, per quale posto ti vuoi candidare?

20 Berufe und Weiterbildung

Paolo: Ma sai, ho sentito che la discoteca alle Cascine cerca un nuovo disk jockey.

Silvia: Paolo, sai che ti dico ... Buona notte!

Vokabeln

affetto *m*	Zuneigung
aggiornamento *m*	Fortbildung
autobiografico/a	autobiografisch
bozza *f*	Entwurf
candidarsi	sich bewerben
carino/a	nett
Cascine	Park in Florenz
colpa *f*	Schuld
concentrarsi su	konzentrieren auf
corso *m*	Kurs
curriculum vitae *m*	Lebenslauf
data di nascita *f*	Geburtsdatum
domanda di impiego *f*	Bewerbung
foto *f*	Foto
impiego *m*	Anstellung
lettera di accompagnamento *f*	Begleitbrief
luogo di nascita *m*	Geburtsort
nascita *f*	Geburt
residenza *f*	Wohnsitz
romanzo *m*	Roman
stato civile *m*	Familienstand
studi *m*	schulischer Werdegang
stupido/a	dumm
tabella *f*	Tabelle

Grammatik

Der Konditional mit auf die Zukunft gerichteter Bedeutung

Der Condizionale kann ebenfalls eine Handlung in der Vergangenheit ausdrücken, die sich auf die Zukunft richtet.

Bsp.:
Ho saputo che Anna sarebbe andata a Roma.
Ich habe erfahren, dass Anna nach Rom fahren wird.

Zum besseren Verständnis wird der Satz ins Präsens gesetzt:
So che Anna andrà a Roma.
Ich weiß, dass Anna nach Rom fahren wird.

Hieraus lässt sich erkennen, dass das Futur in der Vergangenheit mit dem zusammengesetzten Condizionale umschrieben wird.

Bsp.:
Pensavo che avrei ereditato tutto. *Ich dachte, ich würde alles erben.*

Non immaginavo che le cose sarebbero andate così. *Ich habe mir nicht vorgestellt, dass die Dinge so laufen würden.*

Der Konditional im Passiv

Auch den Condizionale kann man in den Passiv setzen. Im Präsens geschieht dies, indem venire in die Konditional-Form gesetzt wird.

Die Passivform des „Condizionale" im Präsens

io verre-i pagato/a	*ich würde bezahlt werden*
tu verre-sti pagato/a	*du würdest bezahlt werden*
lei, lui verre-bbe pagato/a	*er/sie/es würde bezahlt werden*
Lei verre-bbe pagato/a	*Sie würden bezahlt werden*
noi verre-mmo pagati/e	*wir würden bezahlt werden*
voi verre-ste pagati/e	*ihr würdet bezahlt werden*
loro verre-bbero pagati/e	*sie würden bezahlt werden*

Bsp.:
Verresti licenziata facendo questo?
Würdest du entlassen werden, wenn du das tätest?

In questo caso verremmo informati.
In diesem Fall würden wir informiert werden.

In der Vergangenheit wird hingegen das Passato Prossimo von essere in die Konditional-Form umgewandelt:

io sare-i stato/a pagato/a	*ich wäre bezahlt worden*
tu sare-sti stato/a pagato/a	*du wärst bezahlt worden*
lei, lui sare-bbe stato/a pagato/a	*er/sie/es wäre bezahlt worden*
Lei sare-bbe stato/a pagato/a	*wir wären bezahlt worden*
noi sare-mmo stati/e pagati/e	*ihr wärt bezahlt worden*
voi sare-ste stati/e pagati/e	*wir wären bezahlt worden*
loro sare-bbero stati/e pagati/e	*sie wären bezahlt worden*

Bsp.:
Sarebbe stata ferita in questo incidente.
Sie wäre in diesem Unfall verletzt worden.

Übung 6:

Beantworten Sie folgende Fragen!

1. Perché Paolo va da Silvia?

_____________________________.

2. Che cosa deve scrivere?

_____________________________.

3. Perché Silvia ha poco tempo?

_____________________________.

4. Dove deve andare Silvia il giorno dopo?

_____________________________.

5. Da quanto tempo si conoscono Silvia e Paolo?

_____________________________.

Übung 7:

Ergänzen Sie die fehlenden Substantive im vorliegenden Lebenslauf!

1. _________ Silvia Benevento
2. _________ 9.9.1979
3. _________ Siena
4. _________ nubile
5. _________ Firenze, Via Garibaldi, 4
6. _________ 85 – 89 Scuola elementare (*Grundschule*)

Übung 8:

Setzen Sie die Sätze in die Vergangenheit!

1. Crede che andrai a vederla.

_____________________________.

2. Sanno che tu cambierai lavoro.

_____________________________.

3. Temi che verrai lasciato da Daniela?

_____________________________.

4. Speriamo che tu non faccia niente di stupido.

_____________________________.

5. Sono sicuro che succederanno dei guai.

_____________________________.

A Kannst du mir einen Gefallen tun?

Andrea ist zu Hause und erhält einen Anruf von seinem Bruder Gianni.

Andrea: Pronto?

Gianni: Ciao, Andrea, sono io! Ti disturbo?

Andrea: Bèh, se pensi che sono le 6:00 ed è domenica!

Gianni: Scusa, hai ragione, ma se non parlo ora con te non posso partire!

Andrea: Parti?

Gianni: Sì, ho la grande opportunità di fare un servizio molto interessante e sono contentissimo!

Andrea: E di cosa si tratta, dove devi andare?

Gianni: Non lontano, a Bologna!

Andrea: Ah, credevo ti spedissero di nuovo all'estero!

Gianni: No, questa volta devo fare un servizio sull'università più antica d'Europa, e visto che il primato è italiano, mandano me!

Andrea: Interessante, ma non credi che ne siano già stati fatti abbastanza?

Gianni: Sì, ma questa volta, se tutto va bene, potremo addirittura seguire delle lezioni!

Andrea: Ah, bene, allora buona fortuna! Ma quando devi partire?

Gianni: Con il prossimo treno che parte tra 35 minuti.

Andrea: Se vuoi prenderlo devi sbrigarti!

Gianni: Lo so, ma prima volevo chiederti un favore!

Andrea: Sì, non ti preoccupare! Alle tue piante ci penso io!

Gianni: Grazie mille! Dovrei tornare tra cinque giorni, ma se sorgono problemi ti farò sapere!

Andrea: Non ti preoccupare! Resto a Firenze ancora un mese! Credo che per allora sarai tornato!

Gianni: Credo proprio di sì! Ma se rimarrò più del previsto ti telefonerò!

Andrea: OK, allora buon lavoro e a presto!

Gianni: Grazie e a presto! Andrea?

Andrea: Sì!?

Gianni: Scusa se ti ho svegliato!

Andrea: Non fa niente!

Vokabeln

abbastanza	ziemlich/genug
antico/a	alt/antik
chiedere un favore	um einen Gefallen bitten
disturbare	stören
estero *m*	Ausland
far sapere	wissen lassen
favore *m*	Gefallen
opportunità *f*	Gelegenheit
primato *m*	Rekord
più del previsto	länger als geplant

sbrigarsi	sich beeilen
sorgere	entstehen
svegliare	aufwecken
svegliarsi	aufwachen
Puoi richiamare tra un'ora?	Kannst du bitte in einer Stunde noch einmal anrufen?
Scusa se chiamo a quest'ora!	Entschuldige, dass ich um diese Uhrzeit anrufe!
Ti disturbo?	Störe ich dich?
Ti richiamo domani!	Ich rufe dich morgen wieder an!

Grammatik

Der reale Bedingungssatz im Falle einer realisierbaren Bedingung.

Im Präsens
Wenn im Nebensatz se + Indikativ Präsens steht, dann steht der Hauptsatz auch im Indikativ Präsens.

Bsp.:
Se vuoi prendere il prossimo treno (Nebensatz), devi sbrigarti (Hauptsatz)!
Wenn du den nächsten Zug bekommen willst, musst du dich beeilen.
Se non vuoi venire (Nebensatz), non devi (Hauptsatz)!
Wenn du nicht mitgehen willst, musst du nicht!

Im Futur
Wenn im Nebensatz se + Futur steht, dann steht der Hauptsatz auch im Futur.

Bsp.:
Se rimarrò più del previsto (Nebensatz), ti telefonerò (Hauptsatz)!
Wenn ich länger als geplant bleiben werde, werde ich dich anrufen.
Se non vorrai studiare (Nebensatz), dovrai lavorare (Hauptsatz)!
Wenn du nicht studieren willst, wirst du arbeiten müssen!

Präsens plus Futur
Wenn im Nebensatz se + Indikativ Präsens steht, dann steht der Hauptsatz im Futur.

Bsp.:
Se sorgono problemi (Nebensatz), ti farò sapere (Hauptsatz)!
Wenn Probleme entstehen, werde ich es dich wissen lassen.
Se mi aiuti (Nebensatz), ti farò un bel regalo (Hauptsatz)!
Wenn du mir hilfst, werde ich dir ein schönes Geschenk machen!

Übung 1:

Kreuzen Sie den richtigen Satz an!

1. a) Andrea stava dormendo. ☐
   b) Andrea era già sveglio. ☐
2. a) Gianni lo va a trovare. ☐
   b) Gianni lo chiama. ☐
3 a) Gianni deve partire in treno. ☐
   b) Gianni parte in macchina. ☐

Übung 2:

Bilden Sie mit den folgenden Satzteilen vollständige Bedingungssätze!

1. domani/se/torni/ti/una/bella/farò/cena/!

__________________________.

2. non/se/vedi/mi/preoccuparti/non/,/.

__________________________.

3. avrò/se/problemi/chiamerò/ti/.

__________________________.

4. sorgono/problemi/chiamerò/subito/polizia/la/se.

_____________________________.

5. vuoi/se/chiamami/.

_____________________________.

6. verrai/a/fammelo/Firenze/sapere/se.

_____________________________.

B Oh, das hatten wir vergessen!

Gianni ist gerade sehr in Eile, als er einen Anruf von der Zeitung erhält. Sie hatten vergessen, ihm etwas mitzuteilen.

Gianni: Pronto!
Redazione: Buon giorno, posso parlare con il Signor Bozzi, per favore?
Gianni: Sì, sono io!
Redazione: Ah, per fortuna non è ancora partito! Sono Sonia della redazione!
Gianni: Sì! Veramente, se non mi avesse chiamato Lei, sarei già per strada!
Redazione: Ma vede, devo parlarLe assolutamente!
Gianni: Mi dica!
Redazione: Ecco vede, abbiamo dimenticato di dirLe che dovrebbe anche tenere un discorso all'università!
Gianni: Cosa!??
Redazione: Sì, è stato deciso l'altro giorno!
Gianni: E perché non è stato detto anche a me?
Redazione: Ci dispiace, ma ci è sfuggito di mente!
Gianni: Però! Ma come faccio, non ho preparato niente! Se lo avessi saputo prima, mi sarei preparato!
Redazione: Lo so, ma forse riesce a preparare qualcosa in treno!
Gianni: Sa che il treno impiega solo 55 minuti da Firenze a Bologna? E poi ho appena perso il treno che volevo prendere!
Redazione: Mi dispiace moltissimo, ma anch'io l'ho appena saputo!
Gianni: Se almeno lo avessi potuto preparare ieri! E di cosa devo parlare?
Redazione: Del lavoro di giornalista!
Gianni: Almeno è un tema interessante e non complicato! Posso anche raccontare che non sempre ci si può fidare della redazione per la quale si lavora?
Redazione: Faccia Lei!
Gianni: Bene, ora devo andare però. Arrivederci!
Redazione: Arrivederci e buona fortuna!

Vokabeln

assolutamente	unbedingt
complicato/a	kniffelig
discorso *m*	Rede
fidarsi di	vertrauen/sich verlassen auf

impiegare	brauchen (zeitlich)
redazione *f*	Redaktion
sfuggire di mente	entfallen
tema *m*	Thema
tenere	halten
Parlo con il signor/ la signora ...?	Spreche ich mit Herrn/Frau ...?
Pronto, con chi parlo?	Hallo, mit wem spreche ich?
Sono ... posso parlare con ...?	Hier spricht ..., kann ich mit ... sprechen?
Sono ..., c'è il signor/ la signora ...?	Hier spricht ..., ist Herr/Frau ... zu sprechen?

Grammatik

Der irreale Bedingungssatz (im Falle einer nicht realisierbaren Bedingung)

Konjunktiv und Konditional
Wenn im Nebensatz se + Congiuntivo Trapassato (d. h. Konjunktiv Imperfekt des Hilfsverbs plus Partizip) steht, dann bildet sich der Hauptsatz im Konditional I oder II.

Bsp.:
Se lo avessi saputo prima (Nebensatz), mi sarei preparato (Hauptsatz)!
Wenn ich es früher erfahren hätte, hätte ich mich darauf vorbereitet.
Se non mi avesse chiamato (Nebensatz), sarei già per strada (Hauptsatz)!
Wenn Sie mich nicht angerufen hätten, wäre ich schon unterwegs!

Imperfetto
Wenn im Nebensatz se + Imperfetto Indikativ steht, dann steht auch der Hauptsatz im Imperfetto Indikativ.

Anche se prendevo il treno (Nebensatz), la situazione non cambiava molto (Hauptsatz).
Auch wenn ich den Zug bekommen hätte, wäre die Situation nicht anders.
Se mi chiamavi in tempo (Nebensatz), venivo anch'io (Hauptsatz).
Wenn du mich rechtzeitig angerufen hättest, wäre ich auch gekommen.

Infobox

Der Imperfekt im Bedingungssatz findet hauptsächlich in der Umgangssprache Anwendung.

Übung 3:

Kreuzen Sie die richtige Antwort an!

	richtig	falsch
1. Gianni è appena uscito quando chiama la redazione.	☐	☐
2. Gianni parla con la redazione.	☐	☐
3. La redazione ha dimenticato di dirgli che non deve più partire.	☐	☐
4. La redazione ha dimenticato di dirgli che deve tenere un discorso.	☐	☐
5. Gianni ha appena perso il treno per Bologna.	☐	☐
6. Il discorso è sul lavoro di dottore.	☐	☐
7. Gianni può fidarsi della redazione.	☐	☐

Übung 4:

Beantworten Sie folgende Fragen!

1. Cosa avrebbe fatto Gianni, se avesse saputo prima che dovera tenere un discorso?

_ _.

2. Cosa succedeva se la redazione chiamava più tardi?

_________________________.

3. Che cosa ha perso Gianni?

_________________________.

4. Quanto tempo impiega il treno da Firenze a Bologna?

_________________________.

Übung 5:

Übersetzen Sie!

1. Wenn Sie mich rechtzeitig angerufen hätten, hätte ich den Zug nicht verpasst!

_________________________.

2. Wenn du mich gestern eingeladen hättest, wäre ich mitgegangen.

_________________________.

3. Wenn du mitgegangen wärst, hättest du dich auch amüsiert.

_________________________.

C Ich hätte eine Bitte!

Die Redaktion telefoniert mit der Universität und bittet um die Verschiebung der Rede, die Gianni halten soll.

Redazione: Buon giorno, chiamo da parte della redazione della testata giornalistica che farà il servizio sulla Vostra università. Potrei parlare con il Signor Bellini?

Università: Credo sia in riunione. Un attimo, controllo! Pronto, la riunione è appena finita, Glielo passo! ArrivederLa!

Redazione: Grazie e arrivederLa!

Bellini: Pronto?

Redazione: Buon giorno, signor Bellini, sono Sonia de ...

Bellini: Sì, mi ricordo di Lei. Mi dica!

Redazione: Vede, abbiamo un piccolo problema per quanto riguarda il discorso che dovrà tenere il nostro inviato! Qui hanno dimenticato di avvertirlo ed ora non ha ancora un discorso. Sarebbe possibile dargli un pochino di tempo, o è indispensabile che lo tenga domani?

Bellini: Mmm, vedrò cosa posso fare. Provo a parlare con i miei colleghi, ma, se non dovessi riuscire a convincerli, dovrebbe tenerlo domani, come previsto! Guardi ci provo subito, attenda un momentino in linea!

Redazione: Bene, grazie tante.

Bellini: Signorina?!

Redazione: Sì?

Bellini: Allora va bene! Lo dovrebbe tenere domani, ma se non ci riuscisse lo potrà tenere dopodomani!

Redazione: La ringrazio infinitamente!
Bellini: Si figuri!

Vokabeln

avvertire	benachrichtigen/ warnen
inviato *m*	Berichterstatter
passare	durchstellen
riunione *f*	Versammlung
selezione diretta *f*	Durchwahl
testata giornalistica *f*	Zeitung
Attendere in linea!	Bleiben Sie in der Leitung.
Chiamo da parte di ...!	Ich rufe im Auftrag von ... an!
Fino a che ora è raggiungibile?	Bis wann ist er/ sie erreichbar?
Gli/Le posso riferire qualcosa?	Kann ich ihm/ihr etwas ausrichten?
La può richiamare lui/lei?	Kann er/sie Sie zurückrufen?
Mi dà il Suo numero?	Geben Sie mir Ihre Telefonnummer?
Mi dispiace, ma è in riunione!	Es tut mir Leid, er/sie ist in einer Besprechung!
Mi dispiace, ora è occupato/a!	Es tut mir Leid, aber er/sie ist im Moment beschäftigt!
Mi può passare il signor/la signora ...?	Können Sie mich mit Herrn/Frau ... verbinden?
Oggi non è in ufficio!	Heute ist er/sie nicht im Büro!
Può chiamare tra 10 minuti, sta telefonando su un'altra linea!	Rufen Sie bitte in 10 Minuten wieder an, er/sie telefoniert gerade auf der anderen Leitung!
Un attimo, guardo se è disponibile!	Einen Moment, ich sehe nach, ob er/sie verfügbar ist!
Vuole lasciare un messaggio?	Möchten Sie eine Nachricht hinterlassen?
Vuole riprovare domani?	Möchten Sie es morgen noch einmal versuchen?

Grammatik

Der potentielle Bedingungssatz

Der potentielle Bedingungssatz wird verwendet, wenn die Bedingung voraussichtlich nicht realisierbar ist.

Der Konjunktiv plus Präsens

Wenn im Nebensatz se + Konjunktiv Imperfekt steht, dann steht der Hauptsatz im Konditional Präsens.

Bsp.:
Se non riuscissi a spostare l'appuntamento (Nebensatz), dovrebbe tenere il discorso domani (Hauptsatz)!
Wenn ich es nicht schaffe, den Termin zu verschieben, muss er die Rede doch morgen halten.
Se mi chiamassi (Nebensatz), sarebbe un miracolo (Hauptsatz)!
Wenn du mich anrufen würdest, wäre es ein Wunder.

Der Konjunktiv plus Futur

Wenn im Nebensatz se + Konjunktiv Imperfekt steht, dann steht der Hauptsatz im Futur.

Bsp.:
Se non facessi in tempo, inizierete senza di me!
Wenn ich es nicht schaffe, werdet ihr ohne mich anfangen!
Se i computer non doveresso arrivare entro tre giorni, ci rivolgeremo ad un'altra ditta!
Wenn die PCs nicht innerhalb von drei Tagen

ankommen, werden wir uns an eine andere Firma wenden.

Die Verkleinerungsform (Diminutiv)

Substantive und auch Adjektive können durch das Anhängen eines Suffixes in den Diminutiv gesetzt werden.

-ino/a	momento	moment-ino	*Momentchen*
	tavolo	tavol-ino	*Tischchen*
	poco	poch-ino	*ganz wenig*
	bello	bell-ino	*sehr schön*
	bicchiere	bicchier-ino	*Gläschen*
	fazzoletto	fazzolett-ino	*Tüchlein*
-etto/a	libro	libr-etto	*Büchlein*
	bacio	bac-etto	*Küsschen*
	casa	cas-etta	*Häuschen*
	armadio	armadi-etto	*Sesselchen*
-(i)cino/a	posto	post-icino	*Örtchen/ Plätzchen*
	porta	porticina	*Türchen*

Übung 6:

Beantworten Sie folgende Fragen zum Text!

1. Perché Sonia chiama l'università?

___________________________.

2. Cosa sta facendo il signor Bellini?

___________________________.

3. Cosa chiede Sonia al signor Bellini?

___________________________.

Übung 7:

Übersetzen Sie!

1. Se tu non arrivassi puntuale, io andrei da sola.

___________________________.

2. Se lei rimanesse, andrei via io.

___________________________.

3. Se potessi, verrei subito da te!

___________________________.

4. Se davvero ti facessero male gli occhi, non leggeresti sempre.

___________________________.

Übung 8:

Bilden sie die Verkleinerungsform!

1. bicchiere ____________________.

2. gatto ____________________.

3. armadio ____________________.

4. fazzoletto ____________________.

D Gute Nachrichten!

Sonia will Gianni Bescheid sagen, dass er jetzt doch ein wenig mehr Zeit für die Rede hat.

Gianni: Pronto?

Sonia: Oh, Gianni, finalmente!

Gianni: Sonia?

Sonia: Sì, sono io. Come va?

Gianni: Dipende! Si è ricordata ancora qualcosa che devo fare e nessuno mi ha riferito?

Sonia: No, assolutamente. Volevo sapere dove si trova e come sta.

Gianni: Oh, all'improvviso la mia redazione mostra interesse per un inviato!
Sonia: Non sono in redazione! È da mezz'ora che cerco di raggiungerLa, ma la linea è sempre occupata oppure il cellulare è spento!
Gianni: Sì, così non potete darmi ulteriori brutte notizie!
Sonia: Perché ha risposto ora?
Gianni: Perché il Suo numero non lo conosco a memoria! Le sembra?
Sonia: Ah! Allora scusi se Le rubo del tempo, ma forse Le interessa sapere che ho parlato con l'università e ho chiesto se fosse possibile posticipare il Suo discorso!
Gianni: Guardi, non serve che lo dica, hanno sicuramente rifiutato!
Sonia: Credo sia necessario dirlo invece: hanno accettato!
Gianni: Ah, era ora che succedesse qualcosa di positivo!
Sonia: Tutto qua?
Gianni: Non basta? Cosa devo fare, mettermi a saltare?
Sonia: Magari, basterebbe anche un „grazie"!
Gianni: E di cosa? Lei ha fatto solo il Suo lavoro eseguendo gli ordini di qualcuno!
Sonia: Se Lei è convinto che non sia in grado di prendere delle iniziative, allora sarà sicuramente andata così! Arrivederci!
Gianni: Sonia, un attimo! È stata davvero una Sua idea per aiutarmi?
Sonia: Sì, ma ora me ne sono quasi pentita!
Gianni: Mi scusi, ma sono molto nervoso! La ringrazio moltissimo, non sa quanto Le sia grato!
Sonia: Già meglio!
Gianni: Vorrei invitarLa e cena per ringraziarLa di persona quando torno a Firenze. Che ne dice?
Sonia: Ottima idea. Allora, se è ancora di quest'avviso, mi chiami, quando è in città. A presto!
Gianni: A presto, Sonia, e grazie ancora!

Vokabeln

all'improvviso	plötzlich
cellulare *m*	Handy
chiamare	anrufen
di persona	persönlich
eseguire	ausführen
essere convinti	überzeugt sein
essere dell'avviso che	der Meinung sein, dass
essere grati	dankbar sein
gratitudine *f*	Dankbarkeit
interessare	interessieren
irraggiungibile	nicht erreichbar
mostrare interesse per qualcosa	Interesse an etwas zeigen
necessario	nötig
occupato/a	besetzt
ordine *m*	Befehl
pentirsi	bereuen

posticipare	verlegen
prendere iniziative	die Initiative ergreifen
raggiungere	erreichen
raggiungibile	erreichbar
riferire	ausrichten/mitteilen
rifiutare	verweigern
rubare	stehlen
saltare	springen
segreteria telefonica *f*	Anrufbeantworter
telefonare	telefonieren
telefonino *m*	Handy
Dipende!	Es kommt darauf an!
Glielo/a passo!	Ich verbinde Sie!
Il cellulare è spento!	Das Handy ist ausgeschaltet!
Il numero è sbagliato!	Die Nummer ist falsch!
La linea è finalmente libera!	Die Leitung ist endlich frei!
La linea è sempre occupata!	Die Leitung ist immer besetzt!
Lasciare un messaggio dopo il segnale acustico!	Hinterlassen Sie eine Nachricht nach dem Signalton!
Mi scusi, ho sbagliato numero!	Entschuldigung, ich habe mich verwählt!
Non basta?	Reicht es nicht?
Non risponde nessuno!	Es geht niemand dran!
Risponde la segreteria telefonica!	Es geht der Anrufbeantworter dran!

Grammatik

Die unpersönlichen Verben

Es gibt im Italienischen Verben, die allein einen Satz bilden können und die nur in der dritten Person Singular und Plural erscheinen! Bisogna gibt es z. B. nur in der dritten Person Singular.

Basta!	*Es reicht.*
Basta così?	*Reicht es so?*
Bastano le fragole?	*Reichen die Erdbeeren?*
Occorre!	*Es ist nötig!*
Occorre comprare del pane!	*Es ist nötig, Brot zu kaufen!*
Occorrerebbe anche del sale!	*Salz wäre auch nötig.*
Significa!	*Es bedeutet!*
Significa sì o no?	*Bedeutet es ja oder nein?*
Significa molto per me!	*Es bedeutet mir sehr viel!*
Bisogna!	*Man muss!*
Bisogna stare attenti!	*Man muss aufpassen/ aufmerksam sein!*
Bisognerebbe andare piano in macchina!	*Mit dem Auto müsste man langsam fahren!*

Der unpersönliche Gebrauch von Verben und Adjektiven

Bei einem Verb mit unpersönlichem Gebrauch und nach essere, z. B. in Verbindung mit si, steht das nachfolgende Adjektiv im Plural und ist maskulin!

Bsp.:
O si è buoni o si è cattivi!
Man ist entweder gut oder böse.
Bisogna essere sempre ospitali e simpatici!
Man muss immer gastfreundlich und sympathisch sein!

Übung 9:

Finden Sie Synonyme!

1. dimenticare ________________
2. telefonino ________________
3. gentile ________________
4. essere dell'opinione ________________

A Eine Nachfrage

Silvia muss für ihre Firma einen Lieferanten anschreiben, weil die Ware noch nicht angekommen ist.

Spett. le Ditta Max
Piazza Indipendenza, 8
40100 Bologna
all'attenzione del Signor Micheli

Oggetto: ns. ordine 12 m.s.

Firenze, 10.09.03

Egregio Signor Micheli,

In riferimento al ns. ordine di cui sopra segnaliamo con ns. rammarico che la merce ordinata non è ancora stata consegnata nonostante i tempi di consegna prestabiliti siano decorsi da gg. 7. Nella Vs. ultima avete infatti confermato che la merce sarebbe arrivata il 03 c.m. Pertanto Vi preghiamo di voler evadere tale consegna entro e non oltre il 15 c.m. In caso contrario ci vedremo costretti a rivolgerci a terzi, in quanto non intendiamo far attendere ulteriormente i ns. clienti. In attesa di un Vs. pronto riscontro porgiamo

distinti saluti

p.p. Silvia Benevento

Allegato: copia ns. ordine m.s.

Vokabeln

a.c. (anno corrente)	laufendes Jahr
all'attenzione di	zu Händen von
allegato *m*	Anlage
c.m./m.c. (corrente mese/mese corrente)	laufenden Monats
cliente *m*	Kunde
concedere uno sconto	einen Rabatt einräumen
condizioni di consegna *f/pl*	Lieferbedingungen
condizioni generali di contratto *f/pl*	Geschäftsbedingungen
confermare	bestätigen
consegna *f*	Lieferung
costringere	zwingen
decorrere	ablaufen
di cui sopra	wie oben erwähnt
distinti saluti	freundliche Grüße
domanda *f*	Nachfrage
entro e non oltre	bis spätestens
evadere	erledigen
fare lo spelling	buchstabieren
fornitore *m*	Lieferant
gg (giorni)	Tage
in attesa	in Erwartung
in caso contrario	andernfalls
in quanto	da
in riferimento a	in Bezug auf
intendere	wollen, vorhaben
intestazione *f*	Briefkopf
m.p. (mese prossimo)	kommenden Monats
m.s. (mese scorso)	vorigen Monats
merce *f*	Ware
ns.	unsere/r/s
offerta *f*	Angebot
oggetto *m*	Betreff
ordinato/a	bestellte/r/s
ordine *m*	Bestellung
p.p. (per procura)	im Auftrag
pertanto	daher
porgere	verbleiben
prestabilito/a	ausgemachte/r/s

pronto/a	baldige/r/s
rammarico *m*	Bedauern
rifornire	liefern
riscontro *m*	Antwort
risposta *f*	Antwort
rivolgersi	sich wenden
sconto del	Rabatt von
segnalare	etwas aufmerksam machen
sillabare	buchstabieren
soddisfare	befriedigen
spelling *m*	Buchstabieren
termini di consegna *m/pl*	Lieferzeiten
terzi *m/pl*	Dritte
u.s. (ultimo scorso)	vergangenen Monats
ulteriormente	weiter
vedersi costretti	sich gezwungen sehen
vocativo *m*	Anrede
Vs. ultima	Ihr letzter Brief
Egregio signor(e) ...,	Sehr geehrter Herr...,
Faccia lo spelling!	Buchstabieren Sie, bitte!
Gentile signora ...,	Sehr geehrte Frau ...,
La ditta può evadere l'ordine entro la data prestabilita!	Die Firma kann den Auftrag bis zum vereinbarten Termin erledigen!
Porgo distinti saluti.	Ich verbleibe mit freundlichen Grüßen.
Spett. le Ditta ...	Sehr geehrte Damen und Herren ...

Infobox

Vorsicht: Papier ≠ papiro
papiro = Papyrus
carto = Papier

Grammatik

Die indirekte Rede

Bei der Umwandlung der direkten in die indirekte Rede ändern sich bestimmte Satzteile. Die indirekte Rede wird meistens durch die Konjunktionen che *dass* oder se *ob*, oder durch die Interrogativpronomen chi *wer*, quando *wann/wenn*, quanto *wie viel*, perchè *warum/weil*, come *wie*, dove *wo/wohin*, quale *welche/r/s* eingeleitet.

Die Personalpronomen in der indirekten Rede

direkte Rede	indirekte Rede
io/tu	lui/lei
noi/voi	loro

Anna e Paolo hanno detto: „Noi veniamo."
Anna und Paolo haben gesagt: „Wir kommen."
Anna e Paolo hanno detto che vengono.
Anna und Paolo haben gesagt, dass sie kämen.

Die Possessivpronomen in der indirekten Rede

direkte Rede	indirekte Rede
mio/tuo	suo
nostro/vostro	loro

Silvia ha detto: „Mia madre è malata."
Silvia hat gesagt: „Meine Mutter ist krank."
Silvia ha detto che sua madre è malata.
Silvia hat gesagt, dass ihre Mutter krank sei.

Die Demonstrativadjektive in der indirekten Rede

direkte Rede	indirekte Rede
questo/a	quello/a

Loro dicevano: „Questo regalo è bello."
Sie sagten: „Dieses Geschenk ist schön."
Loro dicevano che quel regalo era bello.
Sie sagten, dass jenes Geschenk schön sei.

Die Lokaladverbien in der indirekten Rede

direkte Rede	indirekte Rede
qui/qua *hier*	lì/là *dort*

Anna dice: „Fa freddo qui!"
Anna sagt: „Hier ist es kalt."
Anna dice che lì fa freddo.
Anna sagt, dass es dort kalt sei.

Die Temporaladverbien in der indirekten Rede

direkte Rede	indirekte Rede
oggi *heute*	quel giorno *an jenem Tag*
ieri *gestern*	il giorno prima *am Tag davor*
domani *morgen*	il giorno dopo *am Tag danach*

Anna chiedeva a Paolo: „Cosa fai oggi?"
Anna fragte Paolo: "Was machst du heute?"
Anna chiedeva a Paolo che faceva quel giorno?
Anna fragte Paolo, was er an jenem Tag mache.

Wird die indirekte Rede durch ein Verb im Präsens eingeleitet, so ändern sich die Temporaladverbien nicht.

Gianni dice: „Vengo tra due giorni."
Gianni dice che viene tra due giorni.
Gianni sagt: „Ich komme in zwei Tagen."
Gianni sagt, dass er in zwei Tagen kommt.
Gianni diceva: „Vengo tra due giorni."
Gianni va che darebbe venuto due giorni dopo.
Gianni sagte: „Ich komme in zwei Tagen."
Gianni sagte, dass er zwei Tage später käme.

Die Verbformen in der indirekten Rede
Im Präsens verwendet man in der indirekten Rede nach einem Verb des Sagens oder des Fragens die gleiche Zeit, die in der direkten Rede verwendet wurde.

Andrea dice: „Mangio alle 13:00."
Andrea sagt: „Ich esse um 13:00 Uhr."
Andrea dice che mangia alle 13:00.
Andrea sagt, dass er um 13:00 Uhr isst.

In der Vergangenheit ergeben sich in der indirekten Rede nach einem Verb des Sagens oder des Fragens folgende Änderungen:

direkte Rede	indirekte Rede
presente	imperfetto

Anna ha detto: „Non ho sete."
Anna hat gesagt: „Ich habe keinen Durst."
Anna ha detto che non aveva sete.
Anna hat gesagt, dass sie keinen Durst hätte.

direkte Rede	indirekte Rede
presente	passato prossimo

Angela ha detto: „Vado al mercato!"
Angela hat gesagt: „Ich gehe auf den Markt!"
Angela ha detto che è andata al mercato.
Angela hat gesagt, sie würde auf den Markt gehen.

direkte Rede	indirekte Rede
futuro	condizionale passato

Andrea ha chiesto: „Quando andremo al mare?"
Andrea hat gefragt: „Wann werden wir ans Meer fahren?"
Andrea ha chiesto quando saremmo andati al mare.
Andrea hat gefragt, wann wir ans Meer fahren würden.

Infobox

Das Buchstabieren

A	come	Ancona
B	come	Bari
C	come	Como
D	come	Domodossola
E	come	Empoli
F	come	Firenze
G	come	Genova
H	come	hotel
I	come	Imola
L	come	Livorno
M	come	Milano
N	come	Napoli
O	come	Otranto
P	come	Palermo

22 Korrespondenz

Q	come	quadro
R	come	Roma
S	come	Savona
T	come	Torino
U	come	Udine
V	come	Venezia
Z	come	Zara

Übung 1:

Bitte kreuzen Sie den richtigen Satz an!

1. a) Silvia scrive una lettera di lavoro. ☐
   b) Silvia scrive una lettera privata. ☐

2. a) La ditta è a Firenze. ☐
   b) La ditta è a Bologna. ☐

3. a) La ditta è in ritardo con la consegna. ☐
   b) La ditta ha consegnato la merce sbagliata. ☐

4. a) La ditta ha ancora 20 gg. per consegnare la merce. ☐
   b) La ditta ha solo 5 gg. per consegnare la merce. ☐

Übung 2:

Beantworten Sie folgende Fragen!

1. Qual è il nome della ditta che non ha consegnato la merce?

-----------------------------------.

2. Quando sarebbe dovuta arrivare la merce?

-----------------------------------.

3. Quanto tempo ha la ditta per consegnare la merce?

-----------------------------------.

4. Cosa succede se la merce non viene consegnata entro i cinque giorni?

-----------------------------------.

Übung 3:

Übersetzen Sie!

1. In Bezug auf unsere Bestellung vom 8.8.03.

-----------------------------------.

2. Wir machen Sie darauf aufmerksam, dass ...

-----------------------------------.

3. Mit Bedauern.

-----------------------------------.

4. Wir bitten Sie.

-----------------------------------.

Übung 4:

Setzen Sie folgende italienische Sätze in die indirekte Rede!

1. Luigi dice: „Stasera vado al cinema con Giorgio."

-----------------------------------.

2. Anna chiede a Paolo: „Sai la strada?"

-----------------------------------.

3. La mamma dice: „Torno subito, vado a fare la spesa!"

-----------------------------------.

4. Gli amici hanno chiesto: „Andiamo a mangiare una pizza?"

-----------------------------------.

Übung 5:

Übersetzen Sie!

1. Frau Rossi, bestätigen Sie bitte die Lieferung!

_ _.

2. Die Ware ist noch am Zoll (*dogana*)!

_ _.

3. Können Sie mir einen Rabatt von 10 % geben?

_ _.

4. Die Lieferung muss bis zum 13.10. erfolgen.

_ _.

5. Können Sie bitte Ihren Namen buchstabieren?

_ _.

B Liebe Grüße aus den USA

Nadia schreibt ihrem Vater eine Postkarte aus Amerika, wo sie gerade ihren Urlaub verbringt.

Ciao papà,
sono qui da poco, ma posso già dire che l'America è un Paese incredibile. Come avrai notato dalla cartolina mi trovo a New York. Molti mi avevano detto di non andare a vedere la Statua della Libertà, ma è stupenda e per fortuna ci sono andata! Non so quanto rimarrò, perché vorrei vedere ancora tante cose, ma due settimane non sono molto lunghe.
I grattacieli sono davvero immensi e la gente corre per strada sempre impegnata. Stasera Paola ed io andremo in un locale tipico, poi ti racconterò! Il tempo è molto bello, anche se a volte fa troppo caldo. Non ti preoccupare eviteremo il Bronx!

Con affetto, tua figlia Nadia.

Vokabeln

esperienza *f*	Erlebnis
evitare	vermeiden
grattacielo *m*	Wolkenkratzer
immenso/a	riesig
impegnato/a	beschäftigt
incredibile	unglaublich
notare	merken
stupendo/a	wunderschön
vivere	erleben
Per fortuna!	Zum Glück!
Sono qui da poco!	Ich bin nicht lange hier!
Statua della *f* **Libertà**	Freiheitsstatue
Tanti saluti!	Viele Grüße!
Ti saluto!	Leb wohl!

Infobox

Vorsicht: Das Wort Karte hat im Italienischen zwei Übersetzungen:
il biglietto = Eintritts-, Fahrkarte
la cartolina = Ansichtskarte

Grammatik

Die indirekte Rede im Konjunktiv

direkte Rede	indirekte Rede
presente	imperfetto

La mamma ha detto: „Penso che siate stanchi!"
Die Mutter sagt: „Ich denke, ihr seid müde!"

La mamma ha detto che pensava che foste stanchi.
Die Mutter sagt, dass sie dachte, ihr wärt müde.

direkte Rede	indirekte Rede
passato	trapassato

Mario dice: „Credo che Luigi sia già arrivato!"
Mario sagt: „Ich glaube, Luigi ist schon angekommen!"
Mario pensava che Luigi fosse già arrivato.
Mario dachte, dass Luigi schon angekommen wäre.

Die indirekte Rede im Konditional

direkte Rede	indirekte Rede
condizionale presente	condizionale passato
Condizionale presente	condizionale passato

Luigi ha detto: Vorrei restare a casa!
Luigi hat gesagt: „Ich würde gerne zu Hause bleiben!"
Luigi ha detto che sarebbe voluto restare a casa.
Luigi hat gesagt, dass er gerne zu Hause bleiben würde.

Die Indirekte Rede im Imperativ

Es exisitieren zwei Möglichkeiten der Umsetzung in die indirekte Rede:

imperativo	di + infinito
imperativo	che + congiuntivo imperfetto

Franca ha detto a Roberto: „Siediti!"
Franca hat Roberto gesagt: „Setz dich hin!"
Franca ha detto a Roberto di sedersi/che si sedesse.
Franca hat Roberto gesagt, er soll sich hinsetzen.

Die indirekte Rede in Bedingungssätzen

Bei Bedingungssätzen hat man nur eine Möglichkeit der Umsetzung in die indirekte Rede:

Realer Bedingungssatz

Marta ha detto: „Se non ti alzi fai tardi al lavoro."
Marta hat gesagt: „Wenn du nicht aufstehst, kommst du spät in die Arbeit!"
Marta ha detto che se non si fosse alzato avrebbe fatto tardi al lavoro.
Marta hat gesagt, dass er, wenn er nicht aufsteht, spät in die Arbeit kommen würde.

Potenzieller Bedingungssatz

se + congiuntivo trapassato + condizionale passato

I bambini hanno detto: „Se fossi più gentile, potresti giocare con noi!"
Die Kinder haben gesagt: „Wenn du netter wärst, würdest du mit uns spielen dürfen!"
I bambini hanno detto che se lui fosse stato più gentile, avrebbe potuto giocare con loro.
Die Kinder haben gesagt, dass er, wenn er netter wäre, mit ihnen spielen dürfte.

Irrealer Bedingungssatz

Paolo dice: „Se avessi messo a posto in tempo, non avrei avuto problemi con Andrea."
Paolo sagt: „Wenn ich rechtzeitig aufgeräumt hätte, hätte ich keine Schwierigkeiten mit Andrea gehabt!"
Paolo dice che se avesse messo a posto in tempo, non avrebbe avuto problemi con Andrea.
Paolo sagt, dass er, wenn er rechtzeitig aufgeräumt hätte, keine Schwierigkeiten mit Andrea gehabt hätte.

Infbox

Vorsicht: Komma ≠ comma
virgola = Komma
comma = Absatz

Übung 6:

Setzen Sie folgende italienische Sätze in die indirekte Rede!

1. Angela ha detto: „Stasera non vorrei uscire."

_____________________________.

2. I genitori hanno detto: „Sai la strada?"

_____________________________.

3. La mamma dice: „Non litigate. Io torno subito!"

_____________________________.

4. Gli amici dicono: „Andiamo a mangiare una pizza?"

_____________________________.

Übung 7:

Setzen Sie folgende Bedingungssätze in die indirekte Rede.

1. Paolo ha detto: „Se avessi tempo, metterei a posto!"

_____________________________.

2. Silvia ha detto: „Se il lavoro mi fosse piaciuto, non mi sarei licenziata."

_____________________________.

3. Il nonno dice: „Se non ci fosse stata la guerra (*Krieg*), sarebbe stato meglio!"

_____________________________.

C Überraschungspost

Silvia kommt nach der Arbeit nach Hause und findet einen Brief ihrer Freundin im Briefkasten.

Cara Silvia,
sono al lavoro e visto che ho un po' di tempo, ho pensato di scriverti questa lettera! La settimana scorsa siamo tornati da una meravigliosa vacanza in Sicilia. È un'isola incantevole e ci sono dei palazzi fantastici, ma purtroppo non abbiamo avuto molto tempo per visitarli tutti. C'è un'atmosfera molto piacevole e simpatica e le persone sono molto gentili e amichevoli; sono sicura che piacerebbe anche a te!
Ho parlato con Mauro della cena per sabato prossimo e ha detto che gli avrebbe fatto piacere invitarti una volta a cena, visto che lavori molto e sei sicuramente stanca. Allora gli ho detto che volevi invitarci tu perché volevi festeggiare la tua nuova assunzione, ma che ha ragione e che sarebbe stato meglio invitarti fuori. Poi ho pensato che forse possiamo scendere ad un compromesso: hai voglia di venire tu da noi? Noi cuciniamo per te e tu ci fai compagnia e ci potresti viziare con una bottiglia di quel meraviglioso vino che bevi tu! Inoltre potremmo guardare le foto della vacanza

e il libro sui palazzi siciliani che mi ha regalato mio marito e ti potremmo raccontare altri particolari della nostra vacanza. Forse hai anche tu delle novità. Sai già quando e dove andrai in vacanza? Fammi sapere cosa ne pensi del nostro invito, a noi farebbe molto piacere. Ho già mandato Mauro dal macellaio perché ordinasse la carne!

Ti abbraccio

Manuela

Vokabeln

amichevole	freundlich
andare a cena fuori	auswärts Essen gehen
assunzione *f*	Anstellung
compromesso *m*	Kompromiss
fantastico/a	fantastisch
fare compagnia	Gesellschaft leisten
fare piacere	sich freuen
incantevole	entzückend
meraviglioso/a	wundervoll
palazzo *m*	Palast
particolare *m*	Detail
piacevole	angenehm
raccontare	erzählen
scendere a un compromesso	einen Kompromiss schließen
viziare	verwöhnen
Cara/o …	Liebe/r …
È molto che non ricevo tue notizie!	Ich habe schon lange keine Nachrichten mehr von dir erhalten!
Scrivimi presto!	Schreib mir bald!
Ti abbraccio!	Ich umarme dich!

Grammatik

Unveränderte Satzglieder in der Indirekten Rede

Infinitiv, Gerundium, Imperfekt, „Condizionale Passato" und Partizip bleiben unverändert.

Der indirekte Fragesatz

In indirekten Fragesätzen steht grundsätzlich der Konjunktiv. Sie werden mit se eingeleitet:

Bsp.:
Silvia chiede: „Sei un giornalista?"
Silvia ha chiesto, se tu sia un giornalista.
Silvia fragt: „Bist du Journalist?"
Silvia fragt, ob du Journalist seist?

Infobox

Vorsicht: Notiz ≠ notizia
notizia = Nachricht
appunto = Notiz

Übung 8:

Beantworten Sie folgende Fragen zum Text!

1. Chi scrive a Silvia?

_ .

2. Dov'è Manuela quando scrive a Silvia?

_ .

3. Dove è stata Manuela in vacanza?

_ .

4. Perché Silvia aveva invitato a cena Manuela e Mauro?

_ .

5. Che cosa risponde Mauro?

_ .

Übung 9:

Setzen Sie folgende Sätze in die indirekte Rede!

1. Mauro dice: „Se non avessi tempo non verrei!"

_ .

2. Paola dice: „Sono andata dal parrucchiere, affinché mi tagliasse i capelli!"

_ .

3. Angela chiede a Carla: „Cosa faresti al mio posto (*an meiner Stelle*)!"

_ .

4. Carla risponde: „Se potessi andrei via!"

_ .

5. Manuela dice: „Volevo solo fare una domanda!"

_ .

6. Mauro dice: „Volevamo essere gentili!"

_ .

Übung 10:

Übersetzen Sie und enträtseln Sie das Lösungswort!

1. Kunde ☐ _ _ _ _ _ _
2. Angebot _ _ _ _ _ _ ☐
3. Lieferant _ _ ☐ _ _ _ _ _ _
4. Anrede _ _ _ _ ☐ _ _ _
5. merken _ ☐ _ _ _ _
6. viele Grüße _ _ _ _ _ _ _ ☐ _ _ _
7. riesig ☐ _ _ _ _ _ _
8. erzählen _ _ _ _ _ ☐ _ _ _ _
9. Lieferung _ _ _ _ _ _ _ ☐

Lösung: _ _ _ _ _ _ _ _ _

23 Medien

A Hast du ein Abonnement?

Paolo sitzt zu Hause und sieht fern. Andrea erscheint mit einem Paket in der Hand im Zimmer.

Andrea: Guarda! Ho ricevuto un pacchetto da Gianni!
Paolo: Ti ha mandato di nuovo tutti quei giornali e quelle riviste?
Andrea: Sì, come giornalista gliele danno gratuitamente.
Paolo: Ma tutti questi periodici e neanche un numero di Topolino!
Andrea: Ma se tu hai l'abbonamento!
Paolo: Sì, ma può sempre esserci un'edizione particolare!
Andrea: Dai, guardati invece le riviste specializzate!
Paolo: „Casa e Cucina"? Ma dai!
Andrea: Qui ce ne'è una sulla fiera del libro!
Paolo: Beh, allora preferirei „Casa e Cucina".
Andrea: Ci sono anche un paio di quotidiani! C'è anche il Corriere.
Paolo: Bene, mi dai le pagine sportive?
Andrea: Ora aspetta un attimo! Non vorrei strapparlo! Do un'occhiata alla terza pagina e poi ...
Paolo: Ma se cominci con la terza, non finisci più! Dammi almeno il cruciverba!
Andrea: Ma prenditi un altro giornale! Leggi un po' di cronaca! Eccoti la prima pagina! E ora non disturbare più. Sto leggendo un reportage su Umberto Eco.
Paolo: Ora leggo l'oroscopo, che ne dici?
Andrea: Ecco bravo! Oppure fai le parole crociate!
Paolo: Tu di che segno sei?
Andrea: Acquario!
Paolo: Io invece sono toro!

Vokabeln

abbonamento *m*	Abonnement
articolo *m*	Artikel
corriere *m*	Kurier
cronaca *f*	Bericht
cruciverba *m*	Kreuzworträtsel
dare un'occhiata a ...	einen Blick werfen auf ...
edizione *f*	Ausgabe
fiera del libro *f*	Buchmesse
fiera *f*	Messe
giornale *m*	Zeitung
gratuitamente	umsonst
oroscopo *m*	Horoskop
pagine sportive *f/pl*	Sportteil
parole crociate *f/pl*	Kreuzworträtsel
periodico *m*	Zeitschrift
quotidiano *m*	Tageszeitung
reportage *m*	Reportage
rivista *f*	Zeitschrift
rivista specializzata *f*	Fachzeitschrift
segno (zodiacale) *m*	Sternzeichen
strappare *m*	zerreißen
terza pagina *m*	Kulturteil
Topolino *m*	Micky Maus
Di che segno sei?	Welches Sternzeichen bist du?
Hai comprato il giornale?	Hast du die Zeitung gekauft?
Hai tu le pagine sportive?	Hast du den Sportteil?
Ho l'abbonamento!	Ich habe abonniert!

Mi dai la prima pagina, per favore!	Gibst du mir bitte die erste Seite!

Grammatik

Das „Trapassato Prossimo"

Das Trapassato Prossimo entspricht in seiner Bedeutung und Anwendung dem deutschen Plusquamperfekt. Es drückt also ein Geschehnis aus, das vor einer Handlung in der Vergangenheit abgelaufen ist.

Bsp.:
Avevo già preparato la cena, quando è arrivata.
Ich hatte schon das Abendessen vorbereitet, als sie ankam.
Non eri ancora andata via nel momento in cui hanno cantato.
In dem Moment als sie gesungen haben, warst du noch nicht gegangen.

Die Bildung des „Trapassato Prossimo"
Das Trapassato Prossimo wird aus der Imperfetto-Form des Hilfsverbs und dem Partizip II gebildet. Die Auswahl des Hilfsverbs erfolgt hierbei wieder unter denselben Kriterien wie beim Passato Prossimo.

Verben mit „essere" im „Trapassato Prossimo"

io ero andato/a	*ich war gegangen*
tu eri andato/a	*du warst gegangen*
lui/lei era andato/a	*er/sie/es war gegangen*
Lei era andato/a	*Sie waren gegangen*
noi eravamo andati/e	*wir waren gegangen*
voi eravate andati/e	*ihr wart gegangen*
loro erano andati/e	*sie waren gegangen*

Es wird die Partizipendung im Genus und Numerus dem Subjekt angeglichen.

Verben mit „avere" im „Trapassato Prossimo"

io avevo fatto	*ich hatte gemacht*
tu avevi fatto	*du hattest gemacht*
lui/lei aveva fatto	*er/sie/es hatte gemacht*
Lei aveva fatto	*Sie hatten gemacht*
noi avevamo fatto	*wir hatten gemacht*
voi avevate fatto	*ihr hattet gemacht*
loro avevano fatto	*sie hatten gemacht*

Die Umformung von „Imperfetto" und „Passato Prossimo" ins „Trapassato"

Wichtig ist auch, dass im Trapassato Prossimo, ähnlich wie im Konditional, anders als in der ersten Vergangenheitsstufe, keine Unterscheidung wie zwischen Imperfetto und Passato Prossimo gemacht wird.

Bsp.:
Il nonno era un grand' uomo.
Der Großvater war ein großer Mann.
Il nonno era stato un grand' uomo prima di diventare senile.
Der Großvater war ein großer Mann, bevor er senil wurde.
Ieri sono stato a Roma.
Gestern war ich in Rom.
Dopo che ero stato a Roma, sono tornato a casa.
Nachdem ich in Rom war, bin ich nach Hause zurückgekommen.

Sowohl das Imperfetto als auch das Passato Prossimo werden also ins Trapassato Prossimo gesetzt.

Übung 1:

Kreuzen Sie die richtigen Sätze an!

1. a) Gianni ha mandato un pacchetto pieno di biscotti. ☐
   b) Gianni ha mandato un pacchetto pieno di giornali e riviste. ☐
2. a) Gianni li ha mandati perché non gli piacciono più . ☐
   b) Gianni li ha mandati perché non li deve pagare. ☐

3. a) Paolo compra ogni numero di Topolino. ☐
   b) Paolo preferisce „Casa e Cucina" a Topolino. ☐
4. a) Andrea legge sempre velocemente la terza pagina. ☐
   b) Andrea non finisce più di leggerla. ☐
5. a) Andrea è dei pesci. ☐
   b) Andrea è dell'acquario. ☐

Übung 2:

Setzen Sie die Verben in das „Trapassato Prossimo"!

1. sono stato _______ _______.
2. avevano _______ _______.
3. sono andati _______ _______.
4. avete fatto _______ _______.
5. stavamo _______ _______.
6. andavate _______ _______.
7. hanno detto _______ _______.
8. dicevi _______ _______.
9. ignorava _______ _______.
10. avete passato _______ _______.

B Was läuft im Fernsehen?

Julia macht einen Besuch bei Tina. Nachdem sie zusammen einen Kaffee getrunken haben, sehen sie etwas fern.

Tina: Ma sempre questi telegiornali! Prima abbiamo guardato il TG5 e ora vogliamo pure subire il TG1. Prendi il telecomando e cambia canale!

Julia: È importante informarsi non solo dai canali privati!

Tina: Privati o pubblici! Ultimamente non è che cambi molto fra la RAI e Mediaset. Solo che per la RAI paghi il canone.

Julia: Accontentati un po'! Prima abbiamo visto la tua telenovela, e poi ci siamo date a questo stupido quiz con i suoi balletti sessisti e vallette.

Tina: Anche questo è informativo e inoltre divertente! Dopo che allo sfidante era stata fatta l'ultima domanda, il campione era ancora in svantaggio. Ma dopo che il conduttore lo ha aiutato un po', è riuscito a vincere la serata.

Julia: Ma era già chiaro dall'inizio che avrebbe vinto il campione!

Tina: È un po' noioso guardare la TV insieme a te! Comunque dobbiamo ancora decidere se guarderemo il telefilm oppure la fiction.

Julia: Guarda! L'importante è che non andiamo a finire a casa del grande fratello.

Tina: Anche se il film è in prima visione, io sinceramente preferirei la fiction, visto che sarà l'ultima puntata della serie.

Julia: Io non mi metto neanche a proporre il documentario su Rete 4.

Tina: Perché? Guardo volentieri le trasmissioni culturali. È Matteo quello che guarda soltanto i cartoni animati!

Julia: Dopo le previsioni del tempo comunque me ne vado!

Tina: No, per favore! Rimani ancora un po'. Poi volevano ancora passare altri amici. E non dobbiamo guardare per forza la televisione.

Julia: Va bene, allora rimango. Vediamo che cosa ci propone il giornalista!

Vokabeln

abitudine *f*	Gewohnheit
accontentarsi	sich begnügen
addormentarsi	einschlafen
balletto *f*	Tanzeinlage
cambiare canale	den Sender wechseln
campione *m*	Champion
canale *m*	Sender
canone *m*	Fernsehgebühren
cartoni animati *m/pl*	Zeichentrickfilm
conduttore *m*	Moderator
culturale	kulturell
darsi a qualcosa	sich etwas widmen
divertente	unterhaltend
fiction *f*	Fernsehserie
film *m*	Film
filmato *m*	Filmaufnahme
inedito/a	unveröffentlicht
informarsi	sich informieren
informativo/a	informativ
Mediaset *f*	das private italienische Fernsehen
nido *m*	Nest
per forza	unbedingt
previsioni de tempo *f/pl*	Wetterbericht
prima visione *f*	Erstausstrahlung
privato/a	privat
proporre	vorschlagen
pubblicità *f*	Werbung
pubblico/a	staatlich
puntata *f*	Folge
quiz *m*	Quizshow
RAI *f*	das staatliche italienische Fernsehen
rete *f*	Netz
serie *f*	Serie
sessista *m*	sexistisch
sfidante *m*	Herausforderer
subire	ertragen
telefilm *m*	Fernsehfilm
telegiornale *m*	Fernsehjournal
telenovela *f*	Seifenoper
TG *m*	Fernsehnachrichten
telecomando *m*	Fernbedienung
trasmettere	zeigen/übertragen
trasmissione *f*	Sendung
valletta *f*	Assistentin
vincere	gewinnen
Cosa c'è stasera in tv?	Was läuft heute Abend im Fernsehen?
Cosa guardiamo?	Was schauen wir uns an?
Cosa trasmettono sul ...?	Was wird auf dem ... gezeigt?
Io vorrei vedere ...!	Ich würde gern ... sehen!
Non voglio vedere ...!	Ich will ... nicht sehen!
Scusi, ha ancora una copia del giornale di oggi?	Entschuldigung, haben Sie noch eine Zeitung von heute?

23 Medien

Grammatik

Das „Trapassato Prossimo“ im Passiv

Natürlich lässt sich das Trapassato Prossimo auch im Passiv bilden. Hierzu wird an die entsprechende Imperfetto-Form von essere das Partizip stato und das Partizip des konjugierten Verbs angehängt.
Auch hier werden wiederum die Partizipendungen dem Genus und Numerus des Subjekts angeglichen.

io ero stato/a scelto/a	*ich war gewählt worden*
tu eri stato/a scelto/a	*du warst gewählt worden*
lui/lei era stato/a scelto/a	*er/sie/es war gewählt worden*
Lei era stato/a scelto/a	*Sie waren gewählt worden*
noi eravamo stati/e scelti/e	*wir waren gewählt worden*
voi eravate stati/e scelti/e	*ihr wart gewählt worden*
loro erano stati/e scelti/e	*sie waren gewählt worden*

Wie die Aktivform verwendet man die Passivform des Trapassato Prossimo, um eine Vorzeitigkeit zu einer Handlung in der ersten Vergangenheitsstufe auszudrücken.

Bsp.:
Quando siamo arrivati, erano state già scelte.
Als wir ankamen, waren sie bereits gewählt worden.
Dopo che era stata avvisata, è andata subito in questura.
Nachdem sie informiert worden war, ist sie sofort ins Polizeipräsidium gegangen.

Die Zeitenfolge im Indikativ Präsens

Besteht im Nebensatz eine Nachzeitigkeit zum Hauptsatz im Präsens, so stehen im Nebensatz die Formen Futur, Präsens oder Konditional:

So che	arrivi domani. arriverai domani. arriveresti domani.
Ich weiß, dass	*du morgen ankommst.* *du morgen ankommen wirst.* *du morgen ankommen würdest.*

Herrscht jedoch zwischen Haupt- und Nebensatz Gleichzeitigkeit, so wird im Nebensatz Präsens oder die Verlaufsform verwendet.

So che	arrivi in questo momento. stai arrivando in questo momento. stai per arrivare in questo momento.
Ich weiß, dass	*du in diesem Moment ankommst.* *du gerade in diesem Moment ankommst.* *du im Begriff bist, in diesem Moment anzukommen.*

Bei Vorzeitigkeit steht im Nebensatz Passato Prossimo, Imperfetto, Condizionale Composto.

So che	sei arrivata ieri. arrivavi ieri. saresti arrivata ieri.
Ich weiß, dass	*du gestern ankamst.* *du gestern angekommen bist.* *du gestern angekommen wärest.*

Die Zeitenfolge im Konjunktiv Präsens

Besteht im Nebensatz eine Nachzeitigkeit zum Hauptsatz im Präsens, so steht im Nebensatz Konjunktiv Präsens oder Konditional:

Credo che	lei arrivi domani. lei arriverebbe domani.
Ich glaube, dass	*sie morgen ankommen wird.* *sie morgen ankommen würde.*

Herrscht jedoch zwischen Haupt- und Nebensatz Gleichzeitigkeit, so wird im Nebensatz Konjunktiv Präsens oder die Verlaufsform verwendet.

Crede che	lei arrivi in questo momento. lei stia arrivando in questo momento. lei stia per arrivare in questo momento.
Er/Sie glaubt, dass	*sie in diesem Moment ankommt.* *sie gerade in diesem Moment ankommt.* *sie im Begriff ist, in diesem Moment anzukommen*

Bei Vorzeitigkeit steht im Nebensatz Konjunktiv im Passato Prossimo, im Imperfetto oder Condizionale composto.

Crede che	lei sia arrivata ieri. lei arrivasse ieri. sarebbe arrivata ieri.
Er/Sie glaubt, dass	*sie gestern ankam.* *sie gestern angekommen ist.* *sie gestern angekommen wäre.*

Übung 3:

Kreuzen Sie an, ob die Sätze richtig oder falsch sind!

	richtig	falsch
1. Julia e Tina hanno guardato il telegiornale.	☐	☐
2. Tina vuole vedere il TG1.	☐	☐
3. Tina e Julia hanno guardato una telenovela e un telefilm.	☐	☐
4. Il campione non ha vinto stasera.	☐	☐
5. Tina preferisce la fiction.	☐	☐
6. Julia guarda solo cartoni animati.	☐	☐

Übung 4:

Übersetzen Sie folgende Wörter und enträtseln Sie das Lösungswort!

1. Herausforderer 2. gewinnen 3. sich informieren 4. Quizshow 5. Fernsehgebühren

1. ☐ _ _ _ _ _ _ _
2. _ _ _ _ ☐ _ _
3. _ _ _ _ ☐ _ _ _ _ _
4. _ _ ☐ _
5. _ _ _ _ _ ☐

Lösung: _ _ _ _ _

Übung 5:

Füllen Sie die Lücken mit den Verben in der richtigen Zeit und im richtigen Modus!

1. Penso che domani _ _ _ _ _ _ _ _ _ (andare) al cinema.
2. Credo che ora _ _ _ _ _ _ _ _ _ (essere) troppo tardi per uscire.
3. Loro pensano che io _ _ _ _ _ _ _ _ _ (lavorare) troppo.
4. Laura non crede che Enzo _ _ _ _ _ _ _ _ _ (leggere) molto.

5. Voi credete ancora che Livia __________ (venire) domani?

6. Sappiamo che loro ______________ (arrivare) ieri.

C Es klingelt!

Anna und Silvia schauen sich im Fernsehen einen Dokumentarfilm an. Plötzlich läutet es an der Tür.

Silvia: Ciao, ragazzi. Come state?
Andrea: Noi bene, e tu? Questo è un nostro amico!
Silvia: Ciao, piacere, sono Silvia!
Amico: Piacere! Sono Francesco!
Paolo: Ma c'è anche Anna. Che sorpresa!
Anna: Eh, ciao Paolo. È un bel po' che non ci si vede. Credevo che fossi morto!
Paolo: Ma che morto! Non hai ricevuto gli SMS che ti ho mandato una settimana fa?
Anna: No, Paolo mi dispiace! Se no avrei risposto!
Paolo: Ma dai, non è possibile. Li ho mandati tramite internet dall'ufficio.
Andrea: Non avete saputo ancora, che Paolo ora lavora presso una ditta di software. Lo fanno navigare in internet ore ed ore gratuitamente.
Paolo: Sì, faccio delle ricerche, scrivo delle e-mail, chatto, visito dei siti e mi pagano pure. Devo solo scrivere poi dei rapporti giornalieri su cosa ho visto e cosa mi piace! Ma non capisco ancora che fine abbiano fatto questi messaggini!
Anna: Ma quale numero hai fatto?
Paolo: Aspetta, che ce l'ho nel cellulare! 03498345 ...
Anna: Ma guarda, che questo non è il mio numero!
Paolo: È vero. È di quell'Anna lì. Meno male che non mi ha risposto. Mi dispiace, ma li ho salvati tutti. Non appena sono in ufficio domani, te li manderò!
Anna: Mi farebbe piacere!
Andrea: Ma che cosa state guardando?
Silvia: Un documentario.
Andrea: Ma sempre questa televisione. Posso accendere un po' la Radio? Stasera trasmettono „Il Nabucco" dall'Arena di Verona!
Silvia: Davvero? Che bello! Lo possiamo ascoltare?
Andrea: Un attimo, che mi sto sintonizzando. Sentite! È in onda!
Anna: Che bello il coro dei prigionieri!! Lo avevo sentito la prima volta dal vivo ancora a Napoli prima che mi trasferissi a Firenze!
Paolo: Ma tu sei ancora arrabbiata, perché ti ho mandato a quella festa lì?

Anna: Ma no! Figurati! Ho sempre saputo che non l'hai fatto a posta.

Paolo: Allora, amici come prima?

Anna: Ma sì. E ora direi che ascoltiamo un po' la radio e giochiamo a carte. Che ne pensate?

Andrea: Buona idea! Giochiamo!

Francesco: Io però devo andare a casa ora!

Silvia: Oh, che peccato! Allora ciao! E a presto!

Francesco: Ciao a tutti. È stato un piacere avervi conosciuti.

Vokabeln

chattare	chatten
coro *m*	Chor
e-mail *f*	E-Mail
essere in onda	übertragen werden
giornaliero/a	täglich
meno male	zum Glück
messaggino *m*	SMS
navigare in internet	im Internet surfen
prigioniero/a *m/f*	Gefangene/r
radio *f*	Radio
rapporto *m*	Bericht
ricerca *f*	Studien
ricevere	erhalten
salvare	speichern
sintonizzarsi	die Frequenz einstellen
sito internet *m*	Internetseite
tramite	mittels
trasmettere	übertragen
Ascoltiamo un po' la radio?	Wollen wir ein wenig Radio hören?
Cosa trasmettono alla radio?	Was wird im Radio gesendet?

Ho ricevuto il tuo messaggio!	Ich habe deine SMS erhalten!
Ti ho mandato un messaggio!	Ich habe dir eine SMS geschickt!

Grammatik

Die Zeitenfolge in der Vergangenheit

Besteht im Nebensatz eine Nachzeitigkeit zum Hauptsatz in der Vergangenheit, so steht im Nebensatz der Condizionale Composto oder das Imperfetto:

Ho saputo che saresti arrivata.
Sapevo che arrivavi.
Avevo saputo che saresti arrivata.

Ich hatte erfahren, dass du ankommen würdest.
Ich erfuhr, dass du ankamst.
Ich habe erfahren, dass du angekommen wärest.

Herrscht jedoch zwischen Haupt- und Nebensatz Gleichzeitigkeit, so wird im Nebensatz Imperfetto oder die Verlaufsform im Imperfetto verwendet.

Ho saputo che arrivavi.
Sapevo che stavi arrivando.
Avevo saputo che stavi per arrivare.

Ich hatte erfahren, dass du ankamst.
Ich wusste, dass du gerade ankamst.
Ich habe erfahren, dass du im Begriff warst anzukommen.

Bei Vorzeitigkeit steht im Nebensatz Trapassato Prossimo:

Ho saputo	
Sapevo	che eri arrivata.
Avevo saputo	

Ich hatte erfahren,
Ich wusste, *dass du angekommen warst.*
Ich habe erfahren,

Die Zeitenfolge im Konjunktiv in der Vergangenheit
Besteht im Nebensatz eine Nachzeitigkeit zum in der Vergangenheit stehenden Hauptsatz, so steht im Nebensatz Konjunktiv im Imperfetto oder Condizionale Composto:

Ho creduto che sarebbe arrivata.
Credevo che lei fosse arrivata.
Avevo creduto che lei fosse arrivata.

Ich hatte geglaubt, dass sie ankommt.
Ich glaubte, dass sie ankommen würde.
Ich habe geglaubt, dass sie ankommen würde.

Herrscht jedoch zwischen Haupt- und Nebensatz Gleichzeitigkeit, so wird im Nebensatz Konjunktiv im Imperfetto bzw. die Verlaufsform im Imperfetto verwendet.

Ho creduto che lei stesse arrivando.
Credevo che lei arrivasse.
Avevo creduto che lei stesse per arrivare.

Ich habe geglaubt, dass sie im Begriff war, anzukommen.
Ich glaubte, dass sie ankam.
Ich hatte geglaubt, dass sie gerade ankommt.

Bei Vorzeitigkeit steht im Nebensatz Congiuntivo Trapassato Prossimo:

Ho creduto che lei fosse arrivata.
Credevo che lei fosse arrivata.
Avevo creduto che lei fosse arrivata.

Ich hatte geglaubt, dass sie angekommen war.
Ich glaubte, dass sie angekommen war.
Ich habe geglaubt, dass sie angekommen war.

Übung 6:
Beantworten Sie die Fragen!

1. Come ha cercato Paolo di raggiungere Anna?

_ _.

2. Perché non ci è riuscito?

_ _.

3. Che lavoro fa Paolo ora?

_ _.

4. Cosa deve fare ogni giorno?

_ _.

Übung 7:
Füllen Sie die Lücken mit den Verben in der richtigen Zeit und im richtigen Modus!

1. Pensavo che domani tu _ _ _ _ _ _ _ _ _ _ (andare) a Roma.
2. Non sapevo che i romani _ _ _ _ _ (essere) anche in Asia.
3. Ho sentito Gianni, mentre _ _ _ _ _ _ _ _ _ _ (lavorare).
4. Dopo che mi _ _ _ _ _ _ _ _ _ _ (lavare), sono uscito.
5. I nonni gli _ _ _ _ _ _ _ _ _ _ (tagliare) i capelli e poi non voleva più uscire della sua stanza.

A Leonardo da Vinci

Leonardo da Vinci war eines der größten Genies der Renaissance. Doch er hinterließ nicht nur unvergleichliche Gemälde.

Leonardo da Vinci si occupò di molti settori, dall'idraulica alla meccanica, dal volo all'anatomia. I suoi manoscritti hanno cinquemila pagine, leggibili solo allo specchio perché furono scritte da destra verso sinistra. Leonardo fece studi nel campo dell'anatomia; fece scoperte sia di meteorologia sia di geologia, studiò l'effetto della luna sulle maree, studiò la formazione dei continenti e approfondì lo studio delle origini dei fossili. Fu anche uno degli iniziatori della scienza idraulica ed il primo a considerare la botanica una scienza autonoma. Progettò un efficace sistema di canalizzazione dei fiumi e inventò molte macchine ingegnose. Fino all'ultimo studiò e analizzò il volo degli uccelli, e le sue scoperte sul volo comprendono principi ancora validi di aerodinamica. Profondamente affascinato dal volo, passò interi anni a costruire macchine per volare.

Dopo aver abbandonato l'idea di azionare queste macchine con la sola forza muscolare, inserì parti meccaniche.

Vokabeln

aerodinamica *f*	Aerodynamik
aeroplano *m*	Flieger
analizzò (Infinitiv: **analizzare**)	er/sie/es analysierte
anatomia *f*	Anatomie
autonomo/a	selbstständig
azionare	betätigen
botanica *f*	Botanik
campo *m*	Branche
canalizzazione *f*	Kanalisierung
comprendere	verstehen
continente *m*	Kontinent
costruire	bauen
documentazione *f*	Dokumentation
effetto *m*	Effekt
efficace	wirksam/wirkungsvoll
elaborazione *f*	Bearbeitung
essere affascinato/a da	fasziniert sein von
fece (Infinitiv: **fare**)	er/sie/es machte
formazione *f*	Bildung
forza *f*	Kraft
forza muscolare *f*	Muskelkraft
fossile *m*	Fossil
fu (Infinitiv: **essere**)	er/sie/es war
furono (Infinitiv: **essere**)	sie waren
geologia *f*	Geologie
ingegnoso/a	einfallsreich
iniziatore *m*	Initiator
inserì (Infinitiv: **inserire**)	er/sie/es fügte ein
inventò (Infinitiv: **inventare**)	er/sie/es erfand
inventore *m*	Erfinder
invenzione *f*	Erfindung
leggibile	leserlich
luna *f*	Mond
manoscritto *m*	Manuskript
marea *f*	Gezeiten
meccanica *f*	Mechanik
meccanico/a	mechanisch
metereologia *f*	Meteorologie
origine *f*	Herkunft

24 Technik

osservare	beobachten
pagina *f*	Seite
passò (Infinitiv: passare)	er/sie/es verbrachte
principio *m*	Prinzip
profondamente	tief
progettò (Infinitiv: progettare)	er/sie/es plante
progetto *m*	Projekt/Plan
ricerca *f*	Forschung
scientifico/a	wissenschaftlich
scienza *f*	Wissenschaft
scoperta *f*	Entdeckung
settore *m*	Sektor/Branche
si occupò di (Infinitiv: **occuparsi**)	er/sie/es beschäftigte sich mit
sistema *m*	System
tecnica *f*	Technik
teoria *f*	Theorie
valido/a	gültig
volare	fliegen
volo *m*	Flug

Grammatik

Das Passato Remoto

Das Passato Remoto ist wie das Passato Prossimo eine Zeit der Vergangenheit. Es drückt die historische Vergangenheit aus und wird im Deutschen mit dem Imperfekt übersetzt, da es sonst keine Entsprechung gibt.

Auch hier wird an den Stamm des Verbs die Endung des Passato Remoto angehängt.

Die Konjugation der ersten Klasse

io -ai
tu -asti
lui/lei/Lei -ò
noi -ammo
voi -aste
loro -arono

arrivare

io	arriv-ai	*ich kam an*
tu	arriv-asti	*du kamst an*
lui/lei	arriv-ò	*er/sie/es kam an*
Lei	arriv-ò	*Sie kamen an*
noi	arriv-ammo	*wir kamen an*
voi	arriv-aste	*ihr kamt an*
loro	arriv-arono	*sie kamen an*

Die Konjugation der zweiten Klasse

io -ei (-etti)
tu -esti
lui/lei/Lei -è (-ette)
noi -emmo
voi -este
loro -erono (-ettero)

credere

io	cred -ei (-etti)	*ich glaubte*
tu	cred -esti	*du glaubtest*
lui/lei	cred -è (-ette)	*er/sie/es glaubte*
Lei	cred -è (-ette)	*Sie glaubten*
noi	cred -emmo	*wir glaubten*
voi	cred -este	*ihr glaubtet*
loro	cred -erono (-ettero)	*sie glaubten*

Die Konjugation der dritten Klasse

io -ii
tu -isti
lui/lei/Lei -ì
noi -immo
voi -iste
loro -irono

finire

io	fin -ii	*ich beendete*
tu	fin -isti	*du beendetest*
lui/lei	fin -ì	*er/sie/es beendete*
Lei	fin -ì	*Sie beendeten*
noi	fin -immo	*wir beendeten*
voi	fin -iste	*ihr beendetet*
loro	fin -irono	*sie beendeten*

Das Passato Remoto von „essere" und „avere"

essere

io	fui	*ich war*
tu	fosti	*du warst*
lui/lei	fu	*er/sie/es war*
Lei	fu	*Sie waren*
noi	fummo	*wir waren*
voi	foste	*ihr wart*
loro	furono	*sie waren*

avere

io	ebbi	*ich hatte*
tu	avesti	*du hattest*
lui/lei	ebbe	*er/sie/es hatte*
Lei	ebbe	*Sie hatten*
noi	avemmo	*wir hatten*
voi	aveste	*ihr hattet*
loro	ebbero	*sie hatten*

Das unregelmäßige Passato Remoto
Von der ersten Konjugation gibt es nur drei unregelmäßige Verben.

dare

io	detti	*ich gab*
tu	desti	*du gabst*
lui/lei	diede	*er/sie/es gab*
Lei	diede	*Sie gaben*
noi	demmo	*wir gaben*
voi	deste	*ihr gabt*
loro	diedero	*sie gaben*

stare

io	stetti	*ich stand*
tu	stesti	*du standest*
lui/lei	stette	*er/sie/es stand*
Lei	stette	*Sie standen*
noi	stemmo	*wir standen*
voi	steste	*ihr standet*
loro	stettero	*sie standen*

fare

io feci	ich machte
tu facesti	du machtest
lui/lei fece	er/sie/es machte
Lei fece	Sie machten
noi facemmo	wir machten
voi faceste	ihr machtet
loro fecero	sie machten

Die meisten Verben, die im Passato Remoto unregelmäßig sind, gehören zur zweiten Konjugation, wobei die zweite Person Singular, die erste Person Plural und die zweite Person Plural immer regelmäßig sind. Die unregelmäßigen Personen enden immer auf -i, -e, -ero.

leggere

io	less-i	*ich las*
tu	legg-esti	*du last*
lui/lei	less-e	*er/sie/es las*
Lei	less-e	*Sie lasen*
noi	legg-emmo	*wir lasen*
voi	legg-este	*ihr last*
loro	less-ero	*sie lasen*

scrivere

io	scriss-i	*ich schrieb*
tu	scriv-esti	*du schriebst*
lui/lei	scriss-e	*er/sie/es schrieb*
Lei	lscriss-e	*Sie schrieben*
noi	scriv-emmo	*wir schrieben*
voi	scriv-este	*ihr schriebt*
loro	scriss-ero	*sie schrieben*

bere

io	bevv-i	*ich trank*
tu	bev-esti	*du trankst*
lui/lei	bevv-e	*er/sie/es trank*
Lei	bevv-e	*Sie tranken*
noi	bev-emmo	*wir tranken*
voi	bev-este	*ihr trankt*
loro	bevv-ero	*sie tranken*

Unregelmäßig sind auch: accendere-accesi; chiedere-chiesi; chiudere-chiusi; conoscere-conobbi; correre-corsi; decidere-decisi; dire-dissi; vedere-vidi.

24 Technik

venire

io	venni	*ich kam*
tu	venisti	*du kamst*
lui/lei	venne	*er/sie/es kam*
Lei	venne	*Sie kamen*
noi	venimmo	*wir kamen*
voi	veniste	*ihr kamt*
loro	vennero	*sie kamen*

Übung 1:

Bitte kreuzen Sie die richtige Antwort an!

	richtig	falsch
1. Il testo è su Raffaello.	☐	☐
2. Leonardo da Vinci era un dottore.	☐	☐
3. Leonardo lavorò in molti settori.	☐	☐
4. Leonardo inventò la televisione.	☐	☐
5. Leonardo scrisse da sinistra a destra.	☐	☐
6. Non abbiamo nessun materiale di Leonardo.	☐	☐
7. I progetti di Leonardo erano tutti sbagliati.	☐	☐

Übung 2:

Beantworten Sie die Fragen zum Text!

1. Chi viene descritto nel testo?

_ .

2. In quali settori lavorò?

_ .

3. Qual è la caratteristica dei suoi manoscritti e quante pagine comprendono?

_ .

4. Cosa scoprì sui continenti?

_ .

Übung 3:

Konjugieren Sie folgende Verben im „Passato Remoto".

1. „mangiare"	2. „capire"
io _ _ _ _ _ _ _ _ _ _	io _ _ _ _ _ _ _ _ _ _
tu _ _ _ _ _ _ _ _ _ _	tu _ _ _ _ _ _ _ _ _ _
lui/lei _ _ _ _ _ _ _ _ _	lui/lei _ _ _ _ _ _ _ _ _
Lei _ _ _ _ _ _ _ _ _ _	Lei _ _ _ _ _ _ _ _ _ _
noi _ _ _ _ _ _ _ _ _ _	noi _ _ _ _ _ _ _ _ _ _
voi _ _ _ _ _ _ _ _ _ _	voi _ _ _ _ _ _ _ _ _ _
loro _ _ _ _ _ _ _ _ _	loro _ _ _ _ _ _ _ _ _ _

Übung 4:

Übersetzen Sie folgende Sätze und verwenden Sie dabei das „Passato Remoto".

1. Er studierte Botanik und Anatomie.

_ .

2. Nachdem er gezeichnet hatte, ging er ans Meer und beobachtete die Gezeiten.

_ .

3. Er war der Begründer der Hydraulik.

_ .

4. Sein Manuskript hat 5000 Seiten, viele davon kann man nur spiegelbildlich lesen.

_ .

B Eine Zeit ohne Computer

Heute ist der Computer aus den meisten Bereichen des Lebens nicht mehr wegzudenken. Natürlich war das nicht immer so.

Il computer è sicuramente fra le invenzioni che hanno cambiato il mondo del lavoro e la vita privata. Se prima ci volevano una macchina da scrivere, un fax, un impianto hifi o addirittura un televisore, oggi basta un solo apparecchio. Uno dei campi più importanti è sicuramente l'elaborazione testi. Ma anche nel settore della grafica si usano sempre di più i mezzi dell'informatica. Anche gli artisti hanno scoperto queste possibilità per migliorare le loro opere o per crearne di nuove solo sulla base di bit e bite. Sempre più importante diventa il collegamento internet. Navigare nella banca dati più grande del mondo può essere divertente ed informativo e tramite l'e-mail e le reti, si possono trasferire dati in tempo reale anche nel punto più lontano della Terra. Invece di aspettare per giorni una lettera dall'Australia, oggigiorno le informazioni possono essere messe immediatamente a disposizione. Collegando la tecnica dei cellulari e dei notebook si può lavorare da casa o dal parco pubblico. L'importante è che ci sia la rete!

Vokabeln

apparecchio *m*	Gerät
banca dati *f*	Datenbank
bit *m*	Bit
bite *m*	Bite
calcolatrice *f*	Rechner
campo *m*	Bereich
cd *m*	CD
collegamento *m* (a internet)	Verbindung (Internetanschluss)
collegare	verbinden, anschließen
computer *m*	Computer
creare	erschaffen
dischetto *m*	Diskette
disco rigido *m*	Festplatte
drive *m*	Laufwerk
elaborazione immagini *f*	Bildbearbeitung
elaborazione testi *f*	Textverarbeitung
fax *m*	Fax
file *m*	Datei
funzionare	funktionieren
grafica *f*	Grafik
immagine *f*	Bild
impianto hifi *m*	Stereoanlage
impianto *m*	Anlage
indirizzo e-mail *m*	E-Mail-Adresse
installare un programma	ein Programm installieren
internet *m*	Internet
inviare	versenden
macchina da scrivere *f*	Schreibmaschine
masterizzatore *m*	CD-Brenner
migliorare	verbessern
modem *m*	Modem
mouse *m*	Maus
multifunzionale	multifunktionell
multimediale	multimedial
notebook *m*	Notebook
pagina web *m*	Homepage
periferica *m*	Periferiegerät
portatile *m*	Notebook
programma *m*	Programm

protetto *m*	schreibgeschützt
rete *f*	Netzwerk, Netz
salvare	speichern
salvaschermo *m*	Bildschirmschoner
scanner *m*	Scanner
scaricare *m*	herunterladen
schermo *m*	Bildschirm/Monitor
stampante *f*	Drucker
stampare	drucken
sulla base di	basierend auf der
tastiera *f*	Tastatur
tecnologico/a	technologisch
tempo reale *m*	Echtzeit
trasferire	übertragen

Grammatik

Die Beziehung zwischen „Passato Remoto", „Passato Prossimo" und „Imperfetto"

Das Passato Remoto findet vor allem in literarischen und anderen erzählenden Texten Anwendung. Hinsichtlich seiner Bedeutung innerhalb der Zeitenfolge lässt es sich theoretisch stets durch das Passato Prossimo ersetzen.

Das Imperfetto hingegen kann niemals durch eine Passato Remoto-Form ausgedrückt werden. Die Wahl der Tempi erfolgt zumeist nach stilistischen Kriterien.

Bsp.:
Conobbero Anna un anno fa.
Hanno conosciuto Anna un anno fa.
Sie haben Anna vor einem Jahr kennen gelernt.

Die beiden Sätze sind von der Bedeutung her gleich. Der Unterschied ist hier rein stilistischer Natur. Den ersten Satz findet man eher in einem Roman, wohingegen der zweite der gesprochenen Sprache entspricht.

Das „Passato Remoto" im Passiv

Auch vom Passato Remoto existiert eine passive Form. Diese wird mit dem Hilfsverb essere oder mit venire im Passato Remoto gebildet, an die das Partizip II angehängt wird.

io fui/venni mandato/a	*ich wurde geschickt*
tu fosti/venisti mandato/a	*du wurdest geschickt*
lei/lui fu/venne mandato/a	*er/sie/es wurde geschickt*
noi fummo/venimmo mandati/e	*wir wurden geschickt*
voi foste/veniste mandati/e	*ihr wurdet geschickt*
loro furono/vennero mandati/e	*sie wurden geschickt*

Wie beim Passato Prossimo wird hier die Partizipendung im Genus und Numerus dem Subjekt angeglichen.

Übung 5:

Beantworten Sie die Fragen! Lesen Sie den Text hierzu noch einmal genau!

1. Qual è uno dei campi di applicazione più importante del computer?

_ .

2. Quale altro settore usa anche il computer?

_ .

3. Perché è meglio l'e-mail rispetto ad una lettera?

_ .

4. Navigare in Internet è solo informativo?

_ .

5. Dove si può scrivere un'e-mail?

_ .

Übung 6:

Setzen Sie die richtigen Vokabeln in die angegebenen Lücken ein!

1. L'_ _ _ _ _ _ _ _ _ _ è la banca dati più grande.
2. Word è un programma di _ _ _ _ _ _ _ _ _ _ .
3. Il _ _ _ _ _ _ _ _ _ _ è un computer portatile.
4. Senza l'_ _ _ _ _ _ _ _ _ _ internet non si può navigare.
5. Per telefonare con il cellulare ci vuole la _ _ _ _ _ _ _ _ _ _ .
6. Le immagini fanno parte della _ _ _ _ _ _ _ _ _ _ _ _ _ _ _ .

Übung 7:

Setzen Sie die Verben in den Sätzen gegebenenfalls ins „Passato Remoto"!

1. Mentre leggevi il giornale ti sei addormentata.

Mentre _ _ _ _ _ _ _ _ _ _ il giornale ti _ _ _ _ _ _ _ _ _ _ _ _ _ _ .

2. Avete comprato una macchina? _ _ _ _ _ _ _ _ _ _ _ _ _ _ una macchina?

3. Mia madre andava ogni domenica in chiesa.

Mia madre _ _ _ _ _ _ _ _ _ _ ogni domenica in chiesa.

4. Luca è stato licenziato dal suo capo.

Luca _ _ _ _ _ _ _ _ _ _ dal suo capo.

5. Ho sperato che tu fossi diversa!

_ _ _ _ _ _ _ _ _ _ , che tu fossi diversa!

6. I Romani hanno costruito il ponte e poi l'hanno distrutto.

I Romani _ _ _ _ _ _ _ _ _ _ il ponte e poi _ _ _ _ _ _ _ _ _ _ _ _ _ .

C Oh, diese Technik!

Francesca ist gerade in ihre neue Wohnung eingezogen. Die Geräte lässt sie sicherheitshalber von einem Fachmann anschließen.

Francesca: Allora, dobbiamo collegare il videoregistratore, il lettore cd, la lavatrice, la lavastoviglie, lo scaldabagno, il computer, il frigorifero e anche altri apparecchi.
Elettricista: Bene, allora iniziamo dalla cucina! Le serve anche una presa per il bollitore e il tostapane?
Francesca: Ah, sì! È un'ottima idea! Ma mettiamo allora una presa multipla, così posso usare sia il tostapane che il bollitore o l'affettatrice.
Elettricista: Senta, ho visto che l'interruttore della luce è montato male, vuole aggiustarlo?

Francesca: Sì, certo! Ah, la lavatrice è in bagno!

Elettricista: Bene, le lampadine le mette Lei?

Francesca: No! Vorrei che facesse tutto Lei! Non so né avvitare una lampadina né montare un lampadario.

Elettricista: Va bene! Allora finisco di collegare i cavi dell'impianto stereo e del televisore e poi monto i lampadari.

Francesca: Perfetto! Così poi ricerco i canali del televisore! Si intende anche di computer?

Elettricista: No, mi dispiace, ma non me ne intendo assolutamente!

Francesca: Va bene! Non fa niente.

Vokabeln

affettatrice *f*	Schneidemaschine
aggiustare	reparieren
asciugacapelli *m*	Haartrockner
avvitare	(ein)schrauben
bollitore *m*	Wasserkocher
cavo *m*	Kabel
corto circuito *m*	Kurzschluss
elettricista *m/f*	Elektriker/in
elettrodomestico *m*	Haushaltsgerät
forno *m*	Ofen
forno a microonde *m*	Mikrowellenherd
funzionare	funktionieren
installare	installieren
intendersi	sich auskennen
interruttore *m*	Schalter
lampada *f*	Lampe
lampadario *m*	Leuchte
lampadina *f*	Glühbirne
lettore cd *m*	CD-Player
luce *f*	Licht
montare	anbringen/zusammenbauen
né ... né	weder ... noch
presa *f*	Steckdose
presa multipla *f*	Mehrfachsteckdose
rotto/a	kaputt
sia ... che	sowohl ... als auch
smontare	zerlegen
spina *f*	Stecker
televisore *m*	Fernseher
tostapane *m*	Toaster
videoregistratore *m*	Videorekorder

Grammatik

Zweiteilige Konjunktionen

Die wichtigsten zweiteiligen Konjunktionen im Italienischen sind:

né ... né	*weder ... noch*
sia ... che	*sowohl ... als auch*
non solo ... ma anche	*nicht nur ... sondern auch*
o ... o	*entweder ... oder*
sia ... sia	*sowohl ... als auch*

Die Verwendung des „Trapassato Remoto"

Wie das Trapassato Prossimo steht es im Normalfall im Nebensatz und drückt die Vorzeitigkeit aus. Es kann jedoch nur im Bezug zu einem Satz im Passato Remoto stehen.
Übersetzt wird es stets mit dem Plusquamperfekt.

Schlüsselwörter für die Trapassato-Formen sind die Konjunktionen quando, dopo che und appena.

Bsp.:
Dopo che fu andato a Roma incontrò Silvia.
Nachdem er nach Rom gegangen war, traf er Silvia.

Quando ebbero costruito la casa, affittarono il primo piano.
Als sie das Haus gebaut hatten, vermieteten sie den ersten Stock.
Appena ebbe finito la scuola, andò all'estero.
Gleich nachdem er die Schule abgeschlossen hatte, ging er ins Ausland.

Die Bildung des „Trapassato Remoto"

Das Trapassato Remoto wird durch die Passato Remoto-Form der Hilfsverben essere bzw. avere gebildet, an die das Partizip II angehängt wird.

Verben mit essere im „Trapassato Remoto"

io fui andato/a	*ich war gegangen*
tu fosti andato/a	*du warst gegangen*
lei/lui fu andato/a	*er/sie/es war gegangen*
Lei fu andato/a	*Sie waren gegangen*
noi fummo andati/e	*wir waren gegangen*
voi foste andati/e	*ihr wart gegangen*
loro furono andati/e	*sie waren gegangen*

Wie beim Passato Prossimo wird hier die Partizipendung im Genus und Numerus dem Subjekt angeglichen.

Verben mit „avere" im „Trapassato Remoto"

io ebbi fatto	*ich hatte gemacht*
tu avesti fatto	*du hattest gemacht*
lei/lui ebbe fatto	*er/sie/es hatte gemacht*
Lei ebbe fatto	*Sie hatten gemacht*
noi avemmo fatto	*wir hatten gemacht*
voi aveste fatto	*ihr hattet gemacht*
loro ebbero fatto	*sie hatten gemacht*

Übung 8:

Übersetzen Sie folgende Sätze!

1. Sowohl der Fernseher als auch der Videorekorder funktionieren nicht.

__________________________.

2. Jetzt ist nicht nur die Geschirrspülmaschine kaputt, sondern auch die Schneidemaschine.

____

__________________________.

3. Mit einer Steckdose funktioniert entweder der Toaster oder der Wasserkocher!

____

__________________________.

Übung 9:

Setzen Sie folgende Sätze ins Trapassato Prossimo!

1. Appena è tornata, l'ha chiamato.

Appena _________ , lo chiamò.

2. Dopo che avevo chiuso la finestra, ho trovato l'uccello.

Dopo che _________ la finestra, trovai l'uccello.

3. Quando i signori Ferri finirono di cenare, andarono al cinema.

Quando i signori Ferri _________ di cenare, andarono al cinema.

4. Appena tornai a casa, vidi i fiori di Giorgio.

Appena _________ a casa, vidi i fiori di Giorgio.

Der wichtigste Wortschatz

Italienisch – Deutsch

A

a in/auf/an/bei/zu
a base di basierend auf
a casa nach/zu Hause
a condizione che unter der Bedingung, dass
a destra nach rechts
a livello professionale auf professioneller Ebene
a memoria auswendig
a piedi zu Fuß
a quadri kariert
a quest'ora um diese Zeit
a righe gestreift
a seconda je nach
a sinistra nach links
a vicenda gegenseitig
abbaiare bellen
abbastanza ziemlich/genug
abbigliamento femminile *m* Damenbekleidung
abbigliamento maschile *m* Herrenbekleidung
abbonamento *m* Abonnement
abbracciare umarmen
abbronzato/a gebräunt
abete *m* Tanne
abete rosso *m* Fichte
abito *m* Anzug/Kleid
abituato/a gewohnt
abitudine *f* Gewohnheit
accappatoio *m* Bademantel
accendino *m* Feuerzeug
accento *m* Akzent
accessorio *m* Accessoire
accettare un invito eine Einladung annehmen
accogliente gemütlich
accompagnare begleiten
accontentarsi sich begnügen
acero *m* Ahornbaum
acqua minerale *f* Mineralwasser
adatto/a geeignet
addormentarsi einschlafen
adesivo *m* Aufkleber
adorare lieben/mögen
aereo *m* Flugzeug
aerodinamica *f* Aerodynamik
aeroplano *m* Flieger
aeroporto *m* Flughafen
affabile liebenswürdig
affettare in Scheiben schneiden
affetto *m* Zuneigung
a fianco nebenan
affidabile zuverlässig
affittare vermieten
affliggere bedrücken
affumicato/a geräuchert
agosto August
agenda *f* Terminkalender
aggiornamento *m* Fortbildung
aglio *m* Knoblauch
agnello *m* Lamm
agrumi *m/pl* Zitrusfrüchte
ai tempi di zu Zeiten von
aiutare helfen
al dente mit Biss
albero *m* Baum
albicocca *f* Aprikose
alce *m* Elch
alcune/i einige
alfabetico/a alphabetisch
alligatore *m* Alligator
all'attenzione di zu Händen von
all'esterno außen
all'improvviso plötzlich
all'interno innen
alla festa auf dem Fest
alla fine letztendlich
alla rovescia verkehrt
allaccio internet *m* Internetanschluss
allegato *m* Anlage
allegro/a heiter
allergia *f* Allergie
allora also
almeno zumindest
alta stagione *f* Hochsaison
alto/a groß
altro/a andere/r/s
altrettanto ebenfalls
altro/a weiter/noch ein
amaro *m* Magenbitter
amaro/a bitter
ambiente *m* Umwelt
amicizia *f* Freundschaft
amico/a *m/f* Freund/in
ammalarsi krank werden
amministrazione *f* Verwaltung
ampliare vergrößern
amputare amputieren
amputato/a amputiert
analisi del sangue *f/pl* Blutuntersuchung
analisi *f* Analyse
analizzò (Infinitiv: analizzare) er/sie/es analysierte
ananas *m* Ananas
anatomia *f* Anatomie
anca *f* Hüfte
anch'io ich auch
anche auch
ancora noch
andare a cavallo reiten
andare a cena fuori auswärts essen gehen
andare a fare la spesa einkaufen gehen
andare a ruba ein Verkaufsschlager sein
andare bene gut passen
andare d'accordo sich vertragen
andare in barca Boot fahren
andare alla posta auf die Post gehen
andare via weggehen
andata e ritorno Hin- und Rückfahrt
andata *f* Hinfahrt
anguria *f* Wassermelone
animale domestico *m* Haustier
animale *m* Tier
animale selvatico *m* Wildtier
animatore *m* Animateur
animatrice *f* Animateurin
anni ottanta *m/pl* Achtzigerjahre
anno *m* Jahr
anno scolastico *m* Schuljahr
annoiarsi sich langweilen
annuale jährlich
annuncio *m* Anzeige
antenato/a *m/f* Ahnen
anticipare vorwegnehmen
antico/a alt/antik
antidolorifico *m* Schmerzmittel
antipasto *m* Vorspeise
antipatico/a unsympathisch
antiquato/a antiquiert
ape *f* Biene
aperto/a offen
apparecchio *m* Gerät
appassire verwelken
appena sobald, gerade
appetito *m* Appetit
applicare anwenden
applicazione *f* Anwendung
apprendista *f/m* Lehrling
approfondire vertiefen
appuntamento *m* Termin
aprile April
aprire öffnen
aprire la bocca den Mund aufmachen
aprire un conto ein Konto öffnen
aquila *f* Adler
arabo *m* **arabisch**
arancia *f* Orange
arbusto *m* Strauch
architettonico/a architektonisch
archiviare ablegen
aria *f* Luft
armadio *m* Kleiderschrank
arrabbiato/a wütend
arrivare ankommen
arrivare fino al parco bis zum Park gehen

arrivo *m* Ankunft
articolo da regalo *m* Geschenkartikel
articolo *m* Artikel
artista *m/f* Künstler/in
artistico/a künstlerisch
asciugamano *m* Handtuch
aspetto fisico *m* Aussehen
aspirapolvere *m* Staubsauger
aspirina *f* Aspirin
assegno in bianco *m* Blankoscheck
assegno *m* Scheck
assistente di studio medico *m/f* Sprechstundenhilfe
assolutamente unbedingt
assomigliare ähneln
assunzione *f* Anstellung
astronauta *m/f* Astronaut/in
atmosfera *f* Atmosphäre
attendere warten
atterrare landen
attimo *m* Augenblick
attore *m* Schauspieler
attraversare überqueren
attrice *f* Schauspielerin
attuale aktuell
auguri *m/pl* Glückwünsche
aumentare erhöhen
autista *m/f* Fahrer/in
autoambulanza *f* Krankenwagen
autobiografico/a autobiografisch
autobus *m* Bus
autogrill *m* Raststätte
automatizzato/a automatisiert
autonomo/a selbständig
autore *m* Autor
autunno *m* Herbst
avere bisogno di qualcosa etwas brauchen
avere da fare zu tun haben
avere il compleanno Geburtstag haben
avere la febbre Fieber haben
avere paura di qualcosa vor etwas Angst haben
avere ragione Recht haben
avere sonno müde sein
avere tempo Zeit haben
avere un impegno *m* etwas vor haben
avere voglia di qualcosa Lust auf etwas haben
avrò (Infinitiv: avere) ich werde haben
avvocato *m/f* Anwalt/Anwältin
azalea *f* Azalee
azienda *f* Firma
azionare betätigen

B
bacino *m* Becken
bagaglio *m* Gepäck
bagno *m* Bad
balcone *m* Balkon
balletto *m/f* Tanzeinlage
banana *f* Banane
banca dati *f* Datenbank
banca *f* Bank
bancarella *f* Stand
bancomat *m* Bankautomat
banconota *f* Geldschein
baracca *f* Stand
barca *f* Boot
barella *f* Krankenbahre
barista *m/f* Barmann/-frau
basare su beruhen auf
basilico *m* Basilikum
basket *m* Basketball
bassa stagione *f* Nebensaison
basso/a klein, niedrig
bastare reichen
batteria *f* Schlagzeug/Batterie
bellissimo/a sehr schön
bello/a schön
benché obwohl
bere trinken
betulla *f* Birke
biancheria *f* Wäsche
bibita *f* Getränk
bicicletta *f* Fahrrad
bietole *f/pl* Mangold
bigliettaio *m* Fahrkartenverkäufer
biglietto *m* Ticket
binario *m* Bahnsteig/Gleis
biondo/a blond
birra *f* Bier
bisogna man muss
bistecca *f* Steak
bit *m* Bit
bite *m* Bite
bloccare sperren
bocca *f* Mund
bolletta del telefono *f* Telefonrechnung
bolletta della luce *f* Stromrechnung
bollire kochen/sieden
bonifico *m* Überweisung
borsa *f* Tasche
bosco *m* Wald
botanica *f* Botanik
bouquet *m* Bouquet
bovino *m* Rind(fleisch)
bowling *m* Kegeln
boxer *m/pl* Boxershorts
bozza *f* Entwurf
braccio *m* Arm
broccoli *m/pl* Brokkoli
bruno/a dunkelhaarig
bruschetta *f* geröstetes Brot mit Tomaten
brutto/a hässlich
buca delle lettere *f* Briefkasten
bucato *m* frische Wäsche
bue *m* Ochse
burro *m* Butter
bus *m* Autobus
busta da lettera *f* Briefumschlag
busta *f* Tüte, Kuvert
buttare fuori rausschmeißen

C
cabina *f* Umkleidekabine
caffè corretto *m* Espresso mit Schnaps
caffè macchiato *m* Espresso mit wenig Milch
calabrone *m* Hornisse
calcolatrice *f* Rechner
calcolo *m* Berechnung
calmante *m* Beruhigungsmittel
calzini *m/pl* Socken
calzoni *m/pl* Hose
cambiare umsteigen, wechseln
cambiare canale *m* den Sender wechseln
cambiare idea die Meinung ändern
camera *f* Zimmer
camera da letto *f* Schlafzimmer
camera d'ospedale *f* Krankenhauszimmer
camera degli ospiti *f* Gästezimmer
camera/stanza doppia *f* Doppelzimmer
camera singola *f* Einzelzimmer
cameriera *f* Kellnerin, Zimmermädchen
cameriere *m* Kellner
camicetta *f* Bluse
camicia *f* Hemd
cammello *m* Kamel
camminare laufen
camoscio *m* Gämse
campanile *m* Glockenturm
campione *m* Champion
campo *m* Branche/Feld
canale *m* Sender
canalizzazione *f* Kanalisierung
canarino *f* Kanarienvogel
cancellare ausradieren
candelina *f* Kerze
candidarsi sich bewerben
canone *m* Fernsehgebühr
cantante *m/f* Sänger/in
cantante preferito/a Lieblingssänger/in
cantina *f* Keller
caotico/a chaotisch
capannone *m* Fabrikhalle
capelli *m/pl* Haare
capitale *f* Hauptstadt
capito (Infinitiv: capire) verstanden
capo del personale *m* Personalleiter
capo *m* Chef

capolavoro *m* Meisterwerk
capolinea *m* Endhaltestelle
caporeparto *m* Abteilungsleiter
caposala *f/m* Stationspfleger/Schwester
cappotto *m* Mantel
capra *f* Ziege
caprese *f* Tomaten, Mozzarella, Basilikum
carattere *m* Charakter
carciofo *m* Artischocke
cariato kariös
carie *f* Karies
carino/a hübsch
carne *f* Fleisch
carne macinata *f* Hackfleisch
caro/a teuer
carota *f* Karotte
carpaccio *m* rohes Rindfleisch mit Parmesan
carta *f* Papier
carta bancomat *f* EC-Karte
carta di credito *f* Kreditkarte
carta verde *f* italienische Bahncard
cartello *m* Schild/Wegweiser
cartellone *m* Anzeigetafel
cartina della città *f* Stadtplan
cartina *f* Karte
cartolina *f* Postkarte
cartoni animati *m/pl* Zeichentrickfilm
casalinga *f* Hausfrau
Cascine *f/pl* Park in Florenz
casetta per gli uccelli *f* Vogelhäuschen
caso d'emergenza *m* Notfall
caso mai wenn überhaupt
cassa *f* Kasse
cassa di risparmio *f* Sparkasse
cassetta per la posta *f* Briefkasten
cassetto *m* Schublade
castagno *m* Kastanienbaum
castano/a kastanienbraun
castello *m* Burg
catalogo *m* Katalog
cautela *f* Aufmerksamkeit
cavalletta *f* Heuschrecke
cavallo *m* Pferd
cavo *m* Kabel
cavolfiore *m* Blumenkohl
cavolo di bruxelles *m* Rosenkohl
cavolo *m* Kohl
cavolo rapa *m* Kohlrabi
ceci *m/pl* Kichererbsen
cellulare *m* Handy
cenare zu Abend essen
centinaio *m* Hunderte
centrale im Zentrum
centralino *m* Telefonzentrale
centro *m* Zentrum
cercare suchen
cercasi gesucht
cerebrale Gehirn-, intellektuell
cerotto *m* Pflaster
cetriolo *m* Gurke
cervello *m* Gehirn
cervo *m* Hirsch
cespuglio *m* Busch
cestino *m* Schale/Korb
chattare chatten
che dass
check-in *m* Check-in
chi wer/wem/wen
chiamare anrufen
chiarirsi sich klären
chiave *f* Schlüssel
chiedere fragen
chiedere un favore um einen Gefallen bitten
chiedere un'informazione nach einer Auskunft fragen
chilo *m* Kilo
chirurgo *m* Chirurg
chitarra *f* Gitarre
chiudere un conto ein Konto schließen
chiuso/a geschlossen
ciabatta *f* Hausschuh
ciao hallo/tschüss
cibo *m* Essen
cileno/a chilenisch
ciliegia *f* Kirsche
cinema all'aperto *m* Kino im Freien
cinghiale *m* Wildschwein
cintura *f* Gürtel
cipolla *f* Zwiebel
circa ungefähr
cistite *f* Blasenentzündung
città *f* Stadt
classico/a klassisch
cliente *m* Kunde
cliente *m/f* Kund/in
clientela *f* Kundschaft
clinica *f* Klinikum
coca *f* Cola
coccinella *f* Marienkäfer
coccodrillo *m* Krokodil
codice *m* Code
cognata *f* Schwägerin
cognato *m* Schwager
coinquilina *f* Mitbewohnerin
coleottero *m* Käfer
colica *f* Kolik
collega *m/f* Kollege/in
collegamento *m* Verbindung
collegare verbinden
collezionare sammeln
collezionare francobolli Briefmarken sammeln
collirio *m* Augentropfen
collo *m* Hals (außen)
colpa *f* Schuld
comandare kommandieren, bevormunden
combinare anstellen
come als
commedia *f* Komödie
commesso/a *m/f* Verkäufer/in
commissioni (bancarie) *f/pl* Bankspesen
committente *m* Auftraggeber
comodino *m* Nachttisch
comodo/a bequem/praktisch
compagnia *f* Gesellschaft
compilare ausfüllen
compleanno *m* Geburstag
completamente ganz
complicato/a schwierig
complimento *m* Kompliment
comprare kaufen
comprendere verstehen
comprensibile verständlich
compromesso *m* Kompromiss
computer *m* Computer
comune gemeinsam
con mit
con ansia angespannt
con comodo in aller Ruhe
con gli occhi aperti mit offenen Augen
con te mit dir
concedere uno sconto einen Rabatt einräumen
concentrarsi su sich konzentrieren auf
concerto *m* Konzert
concezione *f* Auffassung
concimare düngen
concime *m* Dünger
condizioni di consegna *f/pl* Lieferbedingungen
condizioni generali di contratto *f/pl* Geschäftsbedingungen
conduttore *m* Moderator
confermare bestätigen
confine *m* Grenze
coniglio *m* Kaninchen
conoscente *m/f* Bekannte/r
consegna *f* Lieferung
considerare betrachten
consigliare empfehlen
consiglio di amministrazione *m* Vorstand
consiglio *m* Rat(schlag)
consistere di bestehen aus
contabile *m/f* Buchhalter/in
contabilità *f* Buchhaltung
contanti *m/pl* Bargeld
continente *m* Kontinent
continuare weiter gehen

conto *m* Rechnung
conto scoperto *m* überzogenes Konto
contorno *m* Beilage
controllare kontrollieren
controllore *m* Schaffner
conveniente günstig, billig
convenire sich rentieren
convincere überzeugen
copia *f* Kopie
cornetto *m* Croissant
coro *m* Chor
correre laufen
corretto/a korrekt
corridoio *m* Flur/Gang
corriere *m* Kurier
corso *m* Kurs
corto/a kurz
costata *f* Rippenstück
costoso/a teuer
costringere zwingen
costume *m* Badeanzug
costume a due pezzi *m* zweiteiliger Badeanzug/Bikini
cotone *m* Baumwolle
cravatta *f* Krawatte
creare erschaffen
credere in glauben an
crema *f* Kreme
crema per scarpe *f* Schuhkreme
criceto *m* Hamster
crisantemo *m* Chrysantheme
criticare kritisieren
crodino *m* bitteres Erfrischungsgetränk
cronaca *f* Bericht
crostata *f* Mürbeteigkuchen
crostino *m* geröstete Brotscheiben mit Belag
cruciverba *m* Kreuzworträtsel
crudo/a roh/nicht gekocht
cuccetta *f* Platz im Liegewagen
cucciolata *f* Wurf
cucciolo *m* Tierkind
cucina *f* Küche
cucinare kochen
cuffia da bagno *f* Badehaube
cugina *f* Cousine
cugino *m* Cousin
cultura *f* Kultur
culturale kulturell
cuocere kochen
cuoco/a *m/f* Koch/Köchin
cuore *m* Herz
cupola *f* Kuppel
cura *f* Pflege
curare pflegen
curare behandeln
curioso/a neugierig
curriculum vitae *m* Lebenslauf

D
da seit/bei/von/aus/zu
da bere zum Trinken
da poco seit kurzem
da sopra von oben aus
da vedere zu sehen
da visitare zu besichtigen
dall'altra parte auf der anderen Seite
dare un esame eine Prüfung ablegen
dare un'occhiata a einen Blick werfen auf
dare una mano helfen
dare vita ins Leben rufen
data di iscrizione *f* Anmeldedatum
data di nascita *f* Geburtsdatum
dati *m/pl* Daten
decifrare entziffern
decisione *f* Entscheidung
decollare abfliegen
decorrere ablaufen
dedicarsi sich widmen
del tutto völlig
delizioso/a köstlich
della nonna nach Großmutterart
dente *m* Zahn
denti del giudizio *m/pl* Weisheitszahn
dentista *m/f* Zahnarzt/Zahnärztin
dentro drinnen
deputato/a Abgeordnete/r
descrivere beschreiben
deserto *m* Wüste
deserto/a menschenleer
desiderare wünschen
destinatario *m* Empfänger
detersivo *m* Wasch-/Spülmittel
dettagliatamente ganz genau
dettaglio *m* Detail
dicembre Dezember
di nuovo noch einmal
di persona persönlich
di prima von vorher
di solito normalerweise
diagnosi *f* Diagnose
dietro hinter, hinten
dietro l'angolo um die Ecke
difettoso/a defekt
difficile schwierig
digitare eingeben
dimenticare vergessen
dimenticarsi sich vergessen
dimettere entlassen
dipendente *f/m* Angestellte/r
direttamente direkt
direttore *f* Leiter
direttore generale *m* Generaldirektor
direttrice *m* Leiterin
direzione *f* Richtung
disciplina *f* Fach
disco rigido *m* Festplatte
discorso *m* Rede
discoteca *f* Diskothek
discutere besprechen
disegno *m* Zeichnen
disinfettante *m* Desinfektionsmittel
disinfettare desinfizieren
di sopra oben
disordine *m* Unordnung
dispensa *f* Vorratskammer
dispiacersi (Reflexiv) Leid tun
distinti saluti mit freundlichen Grüßen
distruggere zerstören
disturbare stören
dito *m* Finger
ditta *f* Firma
diventare werden
diverso/a anders
divertente lustig
divertimento *m* Vergnügen
divertirsi sich amüsieren
divertirsi un mondo sich sehr amüsieren
dividere teilen
divino/a göttlich
doccia *f* Dusche
documentazione *f* Dokumentation
documenti *m/pl* Unterlagen
dogana *f* Zoll
dolce süß
dolce *m* Dessert
dolore *m* Schmerz
domanda di impiego *f* Bewerbung
domanda *f* Nachfrage
domani morgen
domani mattina morgen früh
domenica *f* Sonntag
donna delle pulizie *f* Putzfrau
dopo il ponte nach der Brücke
dormire schlafen
dose *f* Dosis
dottore *m* Artzt
dottoressa *f* Ärztin
dovunque wohin auch immer
dritto geradeaus
drive *m* Laufwerk
dromedario *m* Dromedar
dubbio *m* Zweifel
duomo *m* Dom
duramente hart
duro/a hart

E
e und
è er/sie/es ist/Sie sind
eccitante aufregend
economico/a billig
edicola *f* Zeitungskiosk

edizione *f* Ausgabe
effetto collaterale *m* Nebenwirkung
effetto *m* Effekt
efficace wirksam/wirkungsvoll
efficiente effizient
elaboratore *m* Rechner
elaborazione *f* Verarbeitung
elaborazione immagini *f* Bildverarbeitung
elaborazione testi *f* Textverarbeitung
elefante *m* Elefant
elegante elegant
elemento *m* Element
elettricista *m* Elektriker
eloquente vielsagend
email *f* E-mail
entrare eintreten
entrata *f* Eingang/Diele
entro e non oltre bis spätestens
era *f* Ära
erba *f* Gras
errore *m* Fehler
esagerare übertreiben
esame *m* Prüfung
esatto/a genau
eseguire ausführen
esofago *m* Speiseröhre
esorbitante unerschwinglich
esporre ausstellen
esportazione *f* Export
espressionista *m/f* Expressonist/in
esser in svantaggio *m* im Nachteil sein
essere affascinato/a da fasziniert sein
essere convinto/a überzeugt sein
essere dell'avviso che der Meinung sein, dass
essere di fretta in Eile sein
essere grato/a dankbar sein
essere in giro unterwegs sein
essere in giro per la città in der Stadt unterwegs sein
essere in onda übertragen werden
essere incinta schwanger sein
essere malato/a krank sein
essere pieno/a di voll sein
essere raffreddato/a erkältet sein
essere stanco/a müde sein
est *m* Osten
estate *f* Sommer
estero *m* Ausland
estetista *m/f* Kosmetiker/in
estinto/a ausgestorben
estrarre ziehen/gewinnen
estratto conto *m* Kontoauszug
etologia *f* Verhaltensforschung
etto *m* 100 Gramm
evadere erledigen
eventuale eventuell
evidenziatore *m* Textmarker

F

fabbrica *f* Fabrik
fabbro/a *m/f* Schmied
faccenda *f* Angelegenheit
faccende domestiche *f/pl* Hausarbeit
facile leicht
facilissimo/a sehr einfach
faggio *m* Buche
fagiano *m* Fasan
fagiolo *m* Bohne
falegname *m* Tischler
falena *f* Nachtfalter
fame *f* Hunger
famiglia *f* Familie
famoso/a berühmt
far fare tun lassen
far sapere wissen lassen
faraona *f* Perlhuhn
fare amicizia Freundschaft schließen
fare colazione frühstücken
fare compagnia Gesellschaft leisten
fare conoscenza Bekanntschaft machen
fare i raggi röntgen
fare il bagno baden
fare il biglietto das Ticket kaufen
fare il compleanno Geburtstag haben
fare jogging joggen
fare la fila Schlange stehen
fare lo spelling buchstabieren
fare male weh tun
fare pace con qualcuno sich mit jmd versöhnen
fare piacere sich freuen
fare shopping einen Einkaufsbummeln machen
fare spese Einkäufe machen
fare un assegno einen Scheck ausstellen
fare una faccia ein Gesicht machen
fare una passeggiata einen Spaziergang machen
fare una proposta einen Vorschlag machen
fare uno sconto einen Rabatt einräumen
farfalla *f* Schmetterling
farmacia *f* Apotheke
farmacista *m/f* Apotheker/in
fascicolo *m* Akte
faticoso/a anstrengend
fattura *f* Rechnung
fatturatrice *f* Fakturiermaschine
favoloso/a märchenhaft
favore *m* Gefallen
febbraio Februar
febbre *f* Fieber
fegato *m* Leber
felino *m* Katze
femore *m* Schenkelknochen
ferirsi sich verletzen
ferita *f* Verletzung
ferito/a *m/f* Verletzte/r
fermata *f* Haltestelle
fermo/a stehend
festa *f* Fest/Party
festeggiare feiern
fetta *f* Scheibe
fiction *f* Fernsehserie
fidanzato/a *f/m* Verlobte/-r
fidarsi di vertrauen/sich verlassen
fiera *f* Messe
fiera del libro *f* Buchmesse
figli *m/pl* Kinder
figlia *f* Tochter
figlio *m* Sohn
figlio/a unico/a Einzelkind
fila *f* Reihe
file *m* Datei
film *m* Film
filmato *m* Filmaufnahme
filosofo *m* Philosoph
finalmente endlich
fine settimana *m* Wochenende
fino a bis
fino all'ultimo bis zum Ende
finocchio *m* Fenchel
firma *f* Unterschrift
firmare unterschreiben
fissare un appuntamento einen Termin ausmachen, vereinbaren
fiume *m* Fluss
flebo *f* Tropf, Infusion
flessibile flexibel
foca *f* Robbe
focaccia farcita *f* gefüllte Pizza
foglia *f* Blatt
formaggio *m* Käse
formazione *f* Ausbildung
formazione professionale *f* Ausbildung
formica *f* Ameise
fornello *m* Herd
fornitore *m* Lieferant
forno *m* Ofen
forse vielleicht
fortuna *f* Glück
forza *f* Gewalt, Kraft
forza muscolare *f* Muskelkraft
fossile *m* Fossil
foto *f* Foto
fotocopiatrice *f* Fotokopierer
fra un'oretta in einem Stündchen
fragola *f* Erdbeere

francobollo *m* Briefmarke
frassino *m* Esche
fratellastro *m* Halbbruder
fratello *m* Bruder
frequentare un corso einen Kurs besuchen
fresco/a frisch
friggere braten/frittieren
frigorifero *m* Kühlschrank
frullare mixen
frutta *f* Obst
fruttivendolo/a *m/f* Obstverkäufer/in
funghi porcini *m/pl* Steinpilze
fungo *m* Pilz
funicolare *f* Seilbahn
funzionamento *m* Funktionsweise
funzionare funktionieren
fuori draußen
futurismo *m* Futurismus
futuro/a künftig

G
gallina *f* Henne
gallo *f* Hahn
gamba *f* Bein
gamma *f* (Produkt)palette
garofano *m* Nelke
gasato/a mit Kohlensäure
gate *m* Gate
gatta *f* Katze
gattino *m* Kätzchen
gazzetta *f* Zeitung
genitori *m/pl* Eltern
gennaio Januar
gentile höflich/nett/freundlich
geologia *f* Geologie
gerbera *f* Gerbera
già schon/bereits
giacca *f* Jacke/Sakko
giardiniere *m* Gärtner
giardino *m* Garten
giglio *m* Lilie
ginecologo/a *m/f* Frauenarzt/ärztin
ginnastica *f* Gymnastik
ginocchio *m* Knie
giocare a birilli kegeln
giocare a bocce Boccia spielen
giocare a calcio Fußball spielen
giocare a carte Karten spielen
giocare a golf Golf spielen
giocare a ping pong Tischtennis spielen
giocare a scacchi Schach spielen
giocare a tennis Tennis spielen
giocare a pallavolo Volleyball spielen
giornale *m* Zeitung
giornaliero/a täglich
giornalista *m/f* Journalist/in
giorno *m* Tag
giovane jung
giovedì Donnerstag
gioventù *f* Jugend
giraffa *f* Giraffe
girare drehen
girare a destra/sinistra nach rechts/links abbiegen
girare un assegno einen Scheck unterschreiben
giugno Juni
giustificare gerechtfertigen
giusto/a richtig
goccia *f* Tropfen
godere genießen
goffo/a unbeholfen
gola *f* Rachen
gomito *m* Ellenbogen
gomma da cancellare *f* Radiergummi
gonfio/a angeschwollen
gonna *f* Rock
graffetta *f* Büroklammer
graffiare kratzen
grafica *f* Grafik
grammo *m* Gramm
grande groß
grande magazzino *m* Kaufhaus
grandioso/a großartig
grappa *f* Schnaps
grasso/a dick
gratitudine *f* Dankbarkeit
gratuitamente umsonst
grazioso/a niedlich
guaio *m* Schwierigkeit
guancia *f* Wange
guardare la televisione fernsehen
guarigione *f* Genesung
guarire genesen
gusto *m* Geschmack

H, I
hobby *m* Hobby
home computer *m* Heimcomputer
hostess *f* Stewardess
i miei *m/pl* meine Eltern
idea *f* Idee
ideale ideal
idoneo/a geeignet
idraulica *f* Idraulik
ieri gestern
il brutto das Schlimme
il dieci *m* der Bus Nummer 10
il massimo *m* Maximum
il mese scorso letzten Monat
il minimo *m* Minimum
imbucare einwerfen
imitazione *f* Nachahmung
immagine *f* Bild
immatricolarsi sich immatrikulieren
immatricolazione Immatrikulation
immobile unbeweglich
impermeabile *m* Regenmantel
impianto hifi *m* Stereoanlage
impianto *m* Anlage
impiegare verwenden
impiegata/o Angestellte/r
impiego *m* Anstellung
importante wichtig
importare importieren
importazione *f* Import
impossibile unmöglich
impresa *f* Unternehmen
impressione *f* Eindruck
imprevedibile unvorhersehbar
improbabile unwahrscheinlich
in arrivo eingehend
in attesa in Erwartung
in cambio dafür
in caso contrario andernfalls
in giro umher
in quanto da
in questo periodo zu dieser Zeit
in riferimento a in Bezug auf
in viaggio auf Reisen
inaugurazione *f* Einweihung
incantarsi verzaubert sein
incantevole bezaubernd
incendio *m* Brand
inchinarsi verbeugen
incrocio *m* Kreuzung
indicare zeigen
indicare la strada den Weg zeigen/sagen
indigestione *f* Verdauungsstörung
indipendente unabhängig
indirizzo *m* Adresse
indispensabile unentbehrlich
inedito/a unveröffentlicht
infatti in der Tat
infatti tatsächlich
infermiera *f* Krankenschwester
infermiere *m* Krankenpfleger
influenza *f* Grippe
informarsi sich informieren
informatico/a informatik…
informativo/a informativ
informazione *f* Auskunft, Nachricht
ingegnere *m/f* Ingenieur/in
ingegnoso/a einfallsreich
ingoiare herunterschlucken
iniettare einspritzen
iniziatore *m* Initiator
inizio *m* Anfang
innaffiare gießen
innovazione *f* Innovation

inoltre außerdem
inquinamento *m* Verschmutzung
insalata di mare *f* Meeresfrüchtesalat
insalata *f* Salat
insegnante *m/f* Lehrer/in
inserzione *f* Anzeige
insetto *m* Insekt
insieme zusammen
insopportabile unerträglich
intanto inzwischen
intendere verstehen
intendere wollen/vorhaben
intendersi di sich mit etw auskennen
interessante interessant
interessarsi sich interessieren
interno/a innerbetrieblich
intero/a ganze/s/r
interrompere Unterbrechen
intestazione *f* Briefkopf
intestino *m* Darm
inventore *m* Erfinder
invenzione *f* Erfindung
inverno *m* Winter
inviare schicken
inviare posta Post schicken
inviato *m* Berichterstatter
invidiare beneiden
invitare einladen
invito *m* Einladung
io ich
ippopotamo *m* Nilpferd
iris *m* Schwertlilie
irraggiungibile unerreichbar
iscriversi sich einschreiben
iscrizione *f* Anmeldung
isolato *m* Wohnblock

J, K, L
jeans *m/pl* Jeanshose
karatè *m* Karate
kiwi *m* Kiwi
l'andar del tempo Lauf der Zeit
l'anno scorso letztes Jahr
l'uno/a jeweils
la cosa migliore das Beste
la maggior parte *f* der größte Teil
la settimana scorsa letzte Woche
lacci per le scarpe *m/pl* Schnürsenkel
laguna *f* Lagune
lamentarsi sich beschweren
lana *f* Wolle
lanciare sul mercato auf den Markt bringen
largo/a breit/groß
latte *m* Milch
lattuga *f* Kopfsalat
laufen laufen
laurea *f* Hochschulabschluss
lavare waschen
lavare a terra/lavare il pavimento den Boden wischen
lavarsi i denti Zähne putzen
lavatrice *f* Waschmaschine
lavori domestici *m/pl* Hausarbeit
lavoro *m* Arbeit
le ihr
legge *f* Jura/Gesetz
leggibile leserlich
legumi *m/pl* Hülsenfrüchte
lente a contatto *f* Kontaktlinse
lenticchia *f* Linse
leone *m* Löwe
lepre *f* Hase
lettera *f* Brief
lettera di accompagnamento *f* Begleitbrief
lettera di sollecitazione *f* Mahnung
lettura *f* Lektüre
levata *f* Leerung
lì dort
libellula *f* Libelle
libero/a frei
libertà *f* Freiheit
libretto degli assegni *m* Scheckheft
libretto di risparmio *m* Sparbuch
libro *m* Buch
liceo *m* Gymnasium
lieto/a erfreut
limone *m* Zitrone
linea *f* Linie
lingua *f* Zunge/Sprache
lino *m* Leinen
liquore *m* Likör
liscio/a glatt
litigare streiten
livido/a blau
lo stesso trotzdem
locale örtlich
locale *m* Lokal
lontano/a weit weg
lombo *m* Lende
Londra London
lontano weit weg
lucertola *f* Eidechse
luglio Juli
lumaca *f* Schnecke
luminoso/a hell
luna *f* Mond
lunatico/a launisch
lunedì Montag
lungo/a lang
luogo di nascita *m* Geburtsort
lupo *m* Wolf

M
ma aber
macchina da scrivere *f* Schreibmaschine
macellaio *m* Metzger
macelleria *f* Metzgerei
madre *f* Mutter
maestoso/a imposant
magari vielleicht
magazzino *m* Lager
maggio Mai
maggiolino *m* Maikäfer
maglietta *f* T-Shirt
maglione *m* Pullover
magnifico/a wunderbar
magro/a dünn
mai nie
maiale *m* Schwein
mais *m* Mais
mal(e) di denti *m* Zahnschmerzen
mal(e) di gola *m* Halsweh
mal(e) di pancia *m* Bauchschmerzen
mal(e) di testa *m* Kopfweh
malato/a *m/f* Kranke/r
malato/a krank
male *m* Schmerz
mammifero *m* Säugetier
mancare fehlen
mandare senden
mandarino *m* Mandarine
mango *m* Mango
manichino *m* Schaufensterpuppe
manoscritto *m* Manuskript
manzo *m* Rindfleisch
mare *m* Meer
marea *f* Gezeiten
martedì Dienstag
marzo März
matematico *m* Mathematiker
materia *f* Fach
materiale *m* Material
materno/a mütterlicherseits
matita *f* Bleistift
matrimoniale *f* Doppelzimmer (mit französischem Bett)
matrimonio *m* Hochzeit
maturo/a reif
mazzo di fiori *m* Blumenstrauß
meccanica *f* Mechanik
meccanico/a mechanisch
meccanismo *m* Werk
mediare vermitteln
mediatore *m* Vermittler
medicina *f* Medizin
medico *m/f* Arzt/Ärztin
medico di famiglia *m* Hausarzt
medico generico *m* Allgemeinarzt
medico omeopatico *m* Homöopath

medio/a Mittel ...
meglio besser
mela *f* Apfel
melanzana *f* Aubergine
melone *m* Honigmelone
membro *m* Mitglied
memorizzare speichern
memorizzazione *f* Speicherung
meno weniger
meno male zum Glück
mensa *f* Kantine
mensile monatlich
mentre während
menù *m* Speisekarte
mercatino *m* kleiner Markt
mercato *m* Markt
mercato della frutta *m* Obstmarkt
merce *f* Ware
mercoledì Mittwoch
mercoledì prossimo *m* nächsten Mittwoch
mercoledì scorso *m* letzten Mittwoch
messaggio *m* Nachricht
metà *f* Hälfte
metereologia *f* Meteorologie
metro(politana) *f* U-Bahn
metterci brauchen (zeitlich)
metterci un minuto noch eine Minute brauchen
mettere stellen/legen
mettere a posto in Ordnung bringen
mettere le scarpe Schuhe anziehen
mezzo chilo halbes Kilo
mezzo *m* Verkehrsmittel
mezzo *m* Mittel, Medium
mia meine
miele *m* Honig
migliorare sich verbessern
milanese *m/f* Mailänder/in,
milza *f* Milz
minestrone *m* Gemüseeintopf
minigonna *f* Minirock
mia/o meine/r
misurare la pressione den Blutdruck messen
mittente *m* Absender
mobile *m* Möbel
mobili da giardino *m/pl* Gartenmöbel
modalità di pagamento *f/pl* Zahlungsweise
modello *m* Modell
moderno/a modern
modificare modifizieren
modulo d'iscrizione *m* Anmeldeformular
modulo *m* Formular
molletta *f* Wäscheklammer
molto/a sehr/viel
momento *m* Augenblick
Monaco di Baviera München
mondo del lavoro *m* Arbeitswelt
moneta *f* Münze
montagna *f* Berg
monumento *m* Denkmal
morbido/a weich (auch bei Käse)
moro/a dunkelhaarig
mortadella *f* Mortadella
morto/a *m/f* Toter/e
mosca *f* Fliege
mostrare zeigen
mostrare interesse per qualcosa Interesse für etw zeigen
mostrare la lingua die Zunge zeigen
mostro *m* Ungetüm
mouse *m* Computermaus
movimento *m* Bewegung
mozzarella *f* Mozzarella
mucca *f* Kuh
multa *f* Geldstrafe
multifunzionale multifunktionell
multimediale multimedial
municipio *m* Rathaus
muscolo *m* Muskel
museo *m* Museum
musica *f* Musik
musica classica *f* klassische Musik
musica leggera *f* Unterhaltungsmusik
musica pop *f* Popmusik
musica rock *f* Rockmusik
mutanda *f* Unterhose

N

nascere entstehen
nascita *f* Geburt
naso *m* Nase
Natale *m* Weihnachten
natura *f* Natur
naturale ohne Kohlensäure
nazione *f* Land
nave *f* Schiff
navigare su internet im Internet surfen
neanche nicht einmal
necessario nötig
negozio di abbigliamento *m* Bekleidungsgeschäft
nervoso/a nervös
nettamente deutlich
nido *m* Nest
niente nichts
nipote *f/m* Enkelkind
nipote *f/m* Neffe/Nichte
no nein
noia *f* Langweile
noioso/a langweilig
non avere tempo keine Zeit haben
nonna *f* Großmutter
nonni *m/pl* Großeltern
nonno *m* Großvater
nonostante obwohl
nord *m* Norden
notebook *m* Notebook
notizia *f* Nachricht
novembre November
numero di telefono *m* Telefonnummer
numero *m* Nummer
numeroso/a zahlreich/groß
nuotare schwimmen

O

oca *f* Gans
occhiali *m/pl* Brille
occhio *m* Auge
occupato/a besetzt
occupazione *f* Beschäftigung
oculista *m/f* Augenarzt
odiare hassen
offerta *f* Angebot
oggetto *m* Betreff
oggi heute
ogni jede/r/s
olfatto *m* Geruchssinn
olio di oliva *m* Olivenöl
olio di semi di girasole *m* Sonnenblumenöl
omeopatia *f* Homöopathie
onorario *m* Honorar
opera d'arte *f* Kunstwerk
opera *f* Oper
opera *f* Werk
operaio *m* Handwerker
operaio/a *m/f* Arbeiter/in
operare operieren
operazione *f* Operation
opinione *f* Meinung
opportunità *f* Gelegenheit
oppure oder
opuscolo *m* Prospekt
ora jetzt
orchidea *f* Orchidee
ordinare bestellen
ordinato/a bestellte/r/s
ordine *f* Ordnung
ordine *m* Befehl
ordine *m* Bestellung
orecchio *m* Ohr
organizzare organisieren
organo *m* Organ
orientarsi sich orientieren
origano *m* Oregano
origine *f* Herkunft
ormai inzwischen
oroscopo *m* Horoskop

orso *m* Bär
orso bianco *m* Eisbär
ortensia *f* Hortensie
ospedale *m* Krankenhaus
ospitare beherbergen
osservare beobachten
osservazione *f* Beobachtung
ostello (della gioventù) *m* Jugendherberge
ottico *m/f* Augenoptiker
ottimo/a sehr gut
ottobre Oktober
ovest *m* Westen

P
pacchetto *m* Päckchen
pacco *m* Paket
padre *m* Vater
padrone di casa *m* Hausbesitzer
paese *m* Dorf
pagare zahlen
pagare in contanti bar zahlen
pagina *f* Seite
pagine sportive *f/pl* Sportteil
paio *m* Paar/paar
palazzo *m* Palast
palestra *f* Fitnessstudio, Turnhalle
pallavolo *f* Volleyball
pallido/a blass
pancia *m* Bauch
pane *m* Brot
panettiere *m* Bäcker
panino *m* Brötchen
pantaloni *m/pl* Hose
pantera *f* Panther
pantofola *f* Pantoffel
Papa *m* Papst
papaia *f* Papaiafrucht
papavero *m* Mohn
papera *f* Ente
pappagallo *m* Papagei
paragone *m* Vergleich
parco *m* Park
parecchio ziemlich viel
parenti *m/pl* Verwandte
parlare sprechen
parmigiano *m* Parmesan
parole crociate *f/pl* Kreuzworträtsel
parrucchiere/a *m/f* Friseur/in
parte *f* Teil
partecipante *m/f* Teilnehmer/in
partenza *f* Abfahrt
particolare besondere/r/s
partire abfahren
partita *f* (Fußball)spiel
partita *f* Posten
Pasqua *f* Ostern
passaggio *m* Mitfahrgelegenheit
passante *m/f* Passant/in
passare vorbeigehen
passare il tempo die Zeit verbringen
passare l'aspirapolvere Staub saugen
pasta *f* Nudelgericht
pasta fresca *f* frische Nudeln
pasticca *f* Tablette
patata *f* Kartoffel
patate fritte *f/pl* Pommes frites
paterno/a väterlicherseits
pattinaggio su ghiaccio Eis laufen
pattuire un onorario ein Honorar festsetzen
pausa *f* Pause
pausa pranzo *f* Mittagspause
pavimento *m* Boden
pavone *m* Pfau
paziente geduldig
pazienza *f* Geduld
pecora *f* Schaf
pecorino *m* Schafskäse
pediatra *m/f* Kinderarzt / Kinderärztin
peggiorare sich verschlechtern
pelle *f* Leder, Haut
pensare là daran denken
Pentecoste *f* Pfingsten
pentirsi bereuen
pentola *f* Topf
pepe *m* Pfeffer
peperoncino *m* Chili
peperone *m* Paprika
pera *f* Birne
per forza unbedinigt
per questo deshalb
per te für dich
pera *f* Birne
perché weil/warum
perciò deshalb
perdere verpassen, verlieren
perdersi sich verfahren, sich verlaufen
perfezionare perfektionieren
pericoloso/a gefährlich
periferia *f* Stadtrand
periodico *m* Zeitschrift
periodo *m* Periode
periodo di prova *f* Probezeit
permaloso/a empfindlich
però jedoch
personale *m* Personal
pertanto daher
pesante schwer erträglich
pesca *f* Pfirsich
pescare angeln
pescatore *m* Fischer
pesce *m* Fisch
pesce rosso *m* Goldfisch
petto *m* Brust
piacevole angenehm
pian piano mit der Zeit
piano *m* Stockwerk
pianta *f* Pflanze
pianta della città *f* Stadtplan
piattino *m* Untertasse
piatto *m* Teller
piatto fondo *m* Suppenteller
piatto *m* Gang, Gericht
piatto piano *m* flacher Teller
piazza preferita *f* Lieblingsplatz
piccolo klein
piede *m* Fuss
pieno/a voll
pillola *f* Pille
pinguino *m* Pinguin
pino *m* Kiefer
pioggia *f* Regen
pipistrello *m* Fledermaus
piscina *f* Schwimmbad
piselli *m/pl* Erbsen
più a lungo länger
più del previsto länger als geplant
piuttosto eher
pizza al taglio *f* Pizza am Stück
pizzaiolo *m* Pizzabäcker
pizzetta *f* kleine Pizza
poco wenig
poi später
politico *m* Politiker
pollice verde *m* grüner Daumen
pollo *m* Huhn
polmone *m* Lunge
polpastrello *m* Fingerkuppe
polvere *f* Staub
pomata *f* Salbe
pomodoro *m* Tomate
pompa di benzina *f* Tankstelle
pompelmo *m* Pampelmuse
ponte *m* Brücke
porcellino d'India *m* Meerschweinchen
porchetta *f* Spanferkel
porgere verbleiben, reichen
portale *m* Portal
portare tragen
portare in giro mitnehmen
portare la contabilità Buchhaltung führen
posare posieren, hinstellen
posizione *f* Position
possibile möglich
posta aerea *f* Luftpost
posta *f* Post
posta ordinaria *f* normale Post
posta prioritaria *f* Expresspost
posticipare verlegen
postino *m* Postbote

posto di lavoro *m* Stelle
posto *m* Ort
potare Bäume beschneiden
povero arm
pranzare zu Mittag essen
praticare uno sport einen Sport treiben
prato *m* Wiese
precisamente genau
preciso/a präzise
predestinato/a vorbestimmt
prelevare abheben
prelevare il sangue Blut abnehmen
prendere nehmen
prendere il sole sich sonnen
prendere in affitto mieten
prendere iniziative *f/pl* die Initiative ergreifen
prenotare (einen Tisch) bestellen
prenotazione *f* Reservierung
preoccuparsi sich sorgen
preparare zubereiten
presagire voraussehen
prescrivere verschreiben
presentare vorzeigen
pressione *f* Blutdruck
prestabilito/a ausgemachte/r/s
prete *m* Pfarrer, Priester
pretendere verlangen
previsioni del tempo *f/pl* Wettervorhersage
previsioni del tempo *f/pl* Wetterbericht
prezzemolo *m* Petersilie
prezzo *m* Preis
prigioniera/o *f/m* Gefangene/r
prima zuerst
prima che bevor
prima classe *f* erste Klasse
prima di ... vor ...
primavera *f* Frühling
prima visione *f* Erstausstrahlung
primato *m* Rekord
primo (piatto) *m* erster Gang
principio *m* Prinzip
privato/a privat
privilegiato/a bevorzugt
privo/a ohne/-los
problema *m* Problem
produrre herstellen
produzione *f* Herstellung
produzione in serie *f* Massenproduktion
professione *f* Beruf
professoressa di inglese *f* Englischlehrerin
profondamente tief
progetto *m* Projekt/Plan
programma *m* Programm
programmatore *m* Programmierer
progresso *m* Fortschritt
prolungare verlängern
promozione *f* Beförderung
pronto soccorso *m* Notaufnahme
pronto/a baldige
propagandistico/a propagandistisch
proporre vorschlagen
proposta *f* Vorschlag
proprio wirklich
prosciutto cotto *m* gekochter Schinken
prosciutto crudo *m* roher Schinken
proseguire weitergehen, fortsetztien
prossimo/a nächste/r/s
protesta *f* Protest
protestare protestieren
provare anprobieren/versuchen
provvedere a qualcosa sich um etwas kümmern
prugna *f* Pflaume
pubblicità *f* Werbung
pubblicitario/a Werbe-
pubblico/a staatlich
pubblico *m* Publikum
pulire putzen
pulire le scarpe Schuhe putzen
pulito/a sauber
pulizia dei denti *f* Zahnreinigung
pullover *m* Pullover
puntata *f* Folge
puntuale pünktlich
puoi farlo du kannst es machen
purché vorausgesetzt
pure auch
purtroppo leider

Q
quadro *m* Bild
qualche einige/r/s
qualche volta manchmal
qualcosa etwas
qualifica *f* Qualifikation
qualsiasi irgendein/e
qualunque cosa was auch immer
quantità *f* Menge
quartiere *m* Stadtviertel
quarto *m* Viertel
quasi fast
quello che das, was
quello/a jene/r/s
quercia *f* Eiche
questa sera heute Abend
questa/o diese/r/s
qui hier
quindi also
quintale *m* Doppelzentner
quiz *m* Quizshow
quotidiano *m* Tageszeitung
quotidiano/a täglich

R
raccogliere le foglie Blätter zusammenkehren
raccomandata *f* Einschreiben
raccontare erzählen
radio *f* Radio
raffinare verfeinern
raffreddore *m* Schnupfen
raggio *m* Strahl
raggi *m/pl* Röntgen
raggiungere erreichen
raggiungibile erreichbar
ragno *m* Spinne
ragù *m* Hackfleischsoße
rammarico *m* Bedauern
rana *f* Frosch
rapporto *m* Bericht
rappresentare vorstellen
ravanello *m* Radieschen
recarsi sich begeben
redazione *f* Redaktion
regalare schenken
regalo *m* Geschenk
regione *f* Region
registrare aufnehmen
religioso/a religiös
rene *m* Niere
reparto *m* Abteilung
reportage *m* Reportage
residente wohnhaft
residenza *f* Wohnsitz
responsabilità *f* Verantwortung
restare fermo/a stehenbleiben
restauratore *m* Restaurator
resto *m* Rest
rete *f* Netz
rettile *m* Reptil
riccio/a lockig
ricco reich
ricerca *f* Recherche, Forschung
ricetta *f* Rezept
ricevere erhalten
ricevere posta Post bekommen
ricevuta *f* Quittung
richiedente *m* Antragssteller
richiedere informazioni Informationen einholen
ricominciare wieder anfangen
riconoscere erkennen
ricordare erinnern
ricotta *f* Ricotta
ricoverare einliefern
riempire ausfüllen
riferire ausrichten/mitteilen
rifiutare verweigern
rifiutare/declinare un invito eine Einladung ablehnen

riguardo a bezüglich
rilassante entspannend
rilassarsi sich entspannen
rimanere bleiben
rimedio *m* Abhilfe
rimettere erbrechen
rimpicciolire schrumpfen/verkleinern
ringraziare sich bedanken
rinunciare verzichten
riposarsi sich ausruhen
risalire a zurückgehen auf
rischiare riskieren
riscontro *m* Antwort
risparmi *m/pl* Ersparnisse
risparmiare sparen
rispetto a gegenüber
risposta *f* Antwort
risultare angezeigt werden
ritardo *m* Verspätung
ritorno *m* Rückfahrt
ritratto *m* Portrait
riunione *f* Versammlung
riuscire a fare qualcosa etw schaffen
rivista *f* Zeitschrift
rivista specializzata *f* Fachzeitschrift
rivolgersi sich wenden
romantico/a romantisch
romanzo *m* Roman
rosa *f* Rose
rosmarino *m* Rosmarin
rospo *m* Kröte
rovinare verderben
rubare stehlen
rucola *f* Rauke
ruggire brüllen
rumoroso/a laut
ruota dentata *f* Zahnrad

S

sabato Samstag
sabbia *f* Sand
saccheggiare plündern
sala d'aspetto *f* Wartezimmer
sala da pranzo *f* Esszimmer
sala operatoria *f* Operationssaal
sala riunioni *f* Konferenzraum
salame *m* Salami
salato/a salzig
saldare zahlen/begleichen
saldare *f* ausgleichen
sale *m* Salz
salice *m* Weide
salire hinaufgehen, einsteigen
salotto *m* Wohnzimmer
salsa *f* Soße
salsiccia *f* Wurst
saltare springen
salumiere *m* Wurstwarenverkäufer
salutare sich verabschieden, grüßen
salvare retten
salvare speichern
sandali *m/pl* Sandalen
sangue *m* Blut
sangue freddo *m* Kaltblütigkeit
sapere fare qualcosa etwas tun können
sapore *m* Geschmack
saporito/a schmackhaft
sbagliare strada den falschen Weg nehmen
sbagliato/a falsch
sbloccare freigeben
sbrigare erledigen
sbrigarsi sich beeilen
scacciapensieri *m* Maultrommel
scaffale *m* Regal
scala *f* Treppe
scalino *m* Stufe
scarafaggio *m* Kakerlake
scaricare entladen
scarpa *f* Schuh
scarpa da donna *f* Damenschuh
scarpa da uomo *f* Herrenschuh
scarpe alte *f/pl* Schuhe mit hohem Absatz
scarpe basse *f/pl* Schuhe mit niedrigem Absatz
scarpe da ginnastica *f/pl* Turnschuhe
scatola *f* Schachtel
scelta *f* Auswahl
scelta *f* Wahl
scendere hinuntergehen, aussteigen
scendere a un compromesso einen Kompromiss schließen
scheda telefonica *f* Telefonkarte
schermo *m* Monitor/Bildschirm
scherzare scherzen
schiena *f* Rücken
sciare Ski fahren
sciarpa *f* Schal
scientifico/a wissenschaftlich
scienza *f* Wissenschaft
scienziato/a Wissenschaftler/in
scimmia *f* Affe
scomodo/a unbequem
scompartimento *m* Abteil
scontrino *m* Kassenzettel
scoperta *f* Entdeckung
scoperto/a überschritten, ungedeckt
scorciatoia *f* Abkürzung
scordarsi vergessen
scotto/a verkocht
scrittrice *f* Schriftstellerin
scrivania *f* Schreibtisch
scuola *f* Schule
sdraiarsi sich hinlegen
se wenn, ob
se no sonst
sebbene obwohl
secolo *m* Jahrhundert
seconda classe *f* zweite Klasse
secondo (piatto) *m* Hauptgericht
secondo *m* zweiter Gang
sedano *m* Sellerie
segnalare qualcosa auf etw aufmerksam machen
segnarsi qualcosa sich etwas notieren
segno (zodiacale) *m* Sternzeichen
segretaria *f* Sekretärin
segretaria di direzione *f* Chefsekretärin
segreteria telefonica *f* Anrufbeantworter
seguire folgen
sei du bist
selezione diretta *f* Durchwahl
semaforo *m* Ampel
semestre *m* Halbjahr
semplice einfach
sempre immer
senatore *m* Senator
senatrice *f* Senatorin
seno *m* Busen
sensibile vertraulich, empfindlich
senso *m* Sinn
sentirsi a proprio agio sich wohl fühlen
sentirsi meglio sich besser fühlen
sentirsi peggio sich schlechter fühlen
senz'altro ganz sicher
senza ohne
serie *f* Serie
serpente *m* Schlange
servizio *m* Bericht
servizio *m* Service, Dienstleistung
seta *f* Seide
settentrione *m* Norden
settimana *f* Woche
settimanale wöchentlich
settembre September
settore *m* Sektor/Branche
sfuggire di mente entfallen
sì ja
sia … che sowohl als auch
sicuramente sicherlich, bestimmt
sicuro/a sicher
siepe *f* Hecke
signori *m/pl* Herrschaften
sillabare buchstabieren
simpatico/a sympathisch
sincero ehrlich
sintonizzarsi die Frequenz einstellen
sistema *m* System
sito internet *m* Internetseite
situazione *f* Situation/Lage
snello/a schlank

società *f* Gesellschaft
socievole freundlich
soddisfare befriedigen
sofferenza *f* Leiden
soffitta *f* Speicher
soggiorno *m* Wohnzimmer, Aufenthalt
solare sonnen
soldi *m/pl* Geld
solo/a allein
soluzione *f* Lösung
somministrare verabreichen
sopportare ertragen
soprabito *m* Übergangsmantel
soprattutto vor allem
sorella *f* Schwester
sorgere entstehen
sorpresa *f* Überraschung
sottile dünn geschnitten
sotto unten
sottotazza *f* Untertasse
sovraffollato/a überfüllt
spada *f* Schwert
spalla *f* Schulter
sparire verschwinden
spazio *m* Platz/Raum
specchio *m* Spiegel
specie *f* Art
spedire schicken
spedizione *f* Spedition
spesso oft
spesso/a dick geschnitten
spezzatino *m* Geschnetzeltes
spiaggia *f* Strand
spicchio d'aglio *m* Knoblauchzehe
spiccioli *m/pl* Kleingeld
spiegare erklären
splendido/a wundervoll
spolverare Staub wischen
sporco/a schmutzig
sport *m* Sport
sportello *m* Schalter
sportivo/a sportlich
sposarsi heiraten
spostare wegräumen
spostare un appuntamento einen Termin verschieben
spugna *f* Schwamm
squadra *f* Mannschaft
stadio *m* Stadion, Stadium
stagno *m* Teich
stampante *f* Drucker
stampare drucken
stanco/a müde
stanza *f* Zimmer
stare bene gut passen
stare disteso liegen
stare in piedi stehen
stare male sich nicht wohl fühlen
stasera heute Abend
stato civile *m* Familienstand
stato *m* Zustand, Staat
stendere il bucato die Wäsche aufhängen
stenditoio *m* Wäscheständer
stile *m* Stil
stirare bügeln
strada *f* Weg, Straße
strada giusta *f* richtige/r Straße/Weg
strada principale *f* Hauptstraße
strada sbagliata *f* falsche/r Straße/Weg
strada secondaria *f* Nebenstraße
strano komisch
strapieno hoffnungslos überfüllt
strappare *m* zerreißen
stressante stressig
stretto/a eng
strofinaccio *m* Geschirrtuch
strumento *m* Musikinstrument
struttura *f* Struktur
studente *m* Student
studentessa *f* Studentin
studi *m/pl* schulischer Werdegang
studio *m* Studium
studio medico *m* Arztpraxis
stufare schmoren/dünsten
stupido/a dumm
stupido/a *m/f* Dummkopf
subire ertragen
subito sofort, gleich
succedere geschehen
succo *m* Saft
sud *m* Süden
suggestivo eindrucksvoll
suo/a sein/ihr
suocera *f* Schwiegermutter
suocero *m* Schwiegervater
suola *f* Sohle
suonare uno strumento ein Instrument spielen
supermercato *m* Supermarkt
supplemento *m* Zuschlag
supposta *f* Zäpfchen
svegliare aufwecken
svegliarsi aufwachen
svezzare entwöhnen
svilupparsi sich entwickeln
sviluppo *m* Entwicklung

T

tabella *f* Tabelle
tacchino *m* Truthahn
tacco a spillo *m* Pfennigabsatz
tacco *m* Absatz
taglia *f* Größe
tagliacarte *m* Brieföffner
tagliaerba *m* Rasenmäher
tagliare schneiden
tagliare l'erba Gras mähen
tagliatelle *f/pl* Bandnudel
talpa *f* Maulwurf
tanto/a viel
tardi spät
tartaruga *f* Schildkröte
tartufo *m* Trüffel
tassì *m* Taxi
tassista *m/f* Taxifahrer/in
tastare tasten/fühlen
tastiera *f* Tastatur
tatto *m* Tastsinn
tavolino da salotto *m* Couchtisch
tazza *f* Tasse
teatro *m* Theater
tecnica *f* Technik
telaio *m* Webstuhl
telecomando *m* Fernbedienung
telefilm *m* Fersehfilm
telefonare telefonieren
telefonino *m* Handy
telegiornale *m* Fernsehnachrichten
telegramma *m* Telegramm
telenovela *f* Seifenoper
televisione *f* Fernseher
televisore *m* Ferseher
tema *m* Thema
tempi di consegna *m/pl* Lieferzeit
tempo libero *m* Freizeit
tempo reale *m* Echtzeit
tenda *f* Vorhang
tenere halten
tenere in ordine in Ordnung halten
tenere un animale ein Tier halten
teoria *f* Theorie
termini di consegna *m/pl* Lieferzeiten
termometro *m* Thermometer
terrario *m* Terrarium
terrazza *f* Terrasse
terza pagina *f* Kulturteil
terzi *m/pl* **Dritte**
teso/a angespannt
testa *f* Kopf
testata giornalistica *f* Zeitung
testimonianza *f* Beweis
testo *m* Text
tigrato getigert
tigre *f* Tiger
timbrare stempeln
tipo di eine Art/Sorte von
toccare berühren
togliere wegnehmen
tonnellata *f* Tonne
topo *m* Maus
Topolino *m* Micky Maus

torinese *m/f* Turiner/in
tornare zurückkehren
torno (Infinitiv: tornare) ich komme zurück
toro *m* Stier
tosaerba *f* Rasenmäher
tovaglia *f* Tischdecke
tovagliolo *m* Serviette
traffico *m* Verkehr
traghetto *m* Fähre
tram *m* Straßenbahn
tramite mittels
tranquillo/a ruhig
trapano *m* Bohrer
trasferimento *m* Überweisung
trasmettere übertragen
trasmissione *f* Sendung
trasparente transparent
travels' cheques *m/pl* Reiseschecks
traversa *f* Querstraße
treno regionale *m* Bummelzug
troppo zu viel
troppo poco zu wenig
trota *f* Forelle
trovare finden
trovarsi sich befinden
trucco *m* Trick
tulipano *m* Tulpe
tuo/a deine
tutto/a ganz
tuttora immer noch

U

uccello *m* Vogel
udito *m* Gehör
ufficiale offiziel
ufficiale giudiziario *m* Gerichtsvollzieher
ufficio *m* Büro
ufficio del personale *m* Personalabteilung
ufficio informazioni *m* Informationsbüro
ufficio postale *m* Postamt
ulteriormente weiter
ultimamente in der letzten Zeit
un altro noch eine/r/s
un anno fa vor einem Jahr
un appuntamento per domani ein Termin für morgen
un mese fa vor einem Monat
un paio di ein paar
un po' ein wenig/bisschen
un po' di tutto von allem ein bisschen
un/uno/una eine/r/s
una settimana fa vor einer Woche
unico/a einzige/r/s
unire vermischen
unire verbinden
università *f* Universität
uovo *m* Ei
urgente dringend
urina *f* Urin
usanza *f* Gepflogenheit
uscire ausgehen
utente *m/f* Nutzer
utilizzo *m* Anwendung
uva *f* Traube

V

vagone letto *m* Schlafwagen
valido/a gültig
valigia *f* Koffer
valore *m* Wert
vasca da bagno *f* Badewanne
vaso *m* Vase
vecchio/a alt
vedere sehen/schauen
vedersi costretti sich gezwungen sehen
veloce schnell
venerdi Freitag
veramente wirklich
verde grün, unreif
verdura *f* Gemüse
verme *m* Wurm
versare einzahlen
vescica *f* Blase
vespa *f* Wespe
vestaglia *f* Morgenrock
vestito *m* Anzug/Kleid
veterinario/a *m/f* Tierarzt
viaggiare reisen
viaggio *m* Reise
viceversa umgekehrt
vicinissimo/a sehr nah
vicino a in der Nähe
vicino/a *m/f* Nachbar/in
vincere gewinnen
vino della casa *m* Hauswein
vino sfuso *m* ausgeschenkter Wein
viola *f* Veilchen
viola *f* Violine
visita *f* Besuch, Untersuchung
visitare untersuchen, besuchen
vista *f* Anblick
vista *f* Sehkraft
visto che da
visto che angesichts der Tatsache, dass
vita *f* Leben
vitello *m* Kalb(fleisch)
vitello tonnato *m* Kalb in Thunfischsoße
vivere leben
viziare verwöhnen
vocativo *m* Anrede
volare fliegen
volentieri gern
volo *m* Flug
volpe *f* Fuchs
volta *f* Mal/mal
vuoto/a leer

Z

zanzara *f* Mücke
zebra *f* Zebra
zia *f* Tante
zio *m* Onkel
zona *f* Gegend
zona pedonale *f* Fußgängerzone
zoo *m* Zoo
zucchina *f* Zucchini
zuppa *f* Suppe

1
Übung 1: 1. chiamo 2. come 3. -i 4. mi chiamo 5. sono 6. Ciao 7. Sei 8. e 9. sono 10. è
Übung 2: 1. sono 2. chiami 3. sono/mi chiamo 4. chiamo 5. si 6. -a 7. chiamo
Übung 3: 1. sono/mi chiamo 2. sei/ti chiami 3. è/si chiama 4. è/si chiama 5. siamo/ci chiamiamo 6. siete/vi chiamate 7. sono/si chiamano
Übung 4: 1. f 2. f 3. r 4. r 5. r 6. f 7. f 8. f
Übung 5: 1. stai 2. Sto 3. tu 4. sto bene 5. è 6. ti chiami 7. -o
Übung 6: 1. È un'amica di Andrea. 2. Sta bene. 3. Anche lei sta bene. 4. Va a casa. 5. No.
Übung 7: 1. di dove 2. di 3. è di 4. di; sei 5. sono
Übung 8: 1. Mi chiamo Giorgio 2. Si chiama Mario. 3. Come si chiama? 4. Come ti chiami? 5. Come stai? 6. Sto bene, e tu? 7. Come sta? 8. Vengo da/Sono di Milano. 9. Da dove viene? 10. Siamo di Roma. 11. Da dove vieni? 12. Viene da Perugia. 13. Ti presento Anna.
Übung 9: 1. venire da 2. casa 3. salute 4. sete 5. piacere 6. ciao
Übung 10: 1. è 2. -a 3. a 4. da 5. di 6. a 7. da 8. -e 9. la 10. la 11. e 12. da 13. a 14. -a 15. a
Übung 11: 1. b) 2. a) 3. b) 4. a) 5. b)

2
Übung 1: 1 una 2. una 3. un 4. un 5. uno 6. una 7. una 8. un 9. una 10. un 11. un 12. una 13. un 14. una 15. una
Übung 2: 1. un; -o 2. una; -a 3. un 4. un; -o 5. un' 6. uno 7. una 8. uno; -o 9. -a 10. -o
Übung 3: 1. f 2. r 3. f 4. r 5. f. 6. r 7. f 8. r 9. f 10. f
Übung 4: 1. Gianni vive da solo. 2. Andrea vive con Paolo. 3. Il carattere di Gianni è difficile. 4. Fa il giornalista. 5. È molto simpatica. 6. No, vive con Andrea. 7. Faccio il/la ... 8. Il mio carattere è facile/difficile.
Übung 5: 1. una; -ssa. 2. uno; -e 3. -o 4. un'; -a 5. un; -a 6. -a; -a 7. un; -e 8. un; -e 9. -a; -ssa 10. -n; -e 11. a; -e 12. -o; -e 13. -n; -e 14. -a; -a 15. a-; ice; un; -e
Übung 6: 1. La; -e 2. Il; -o 3. La; -a 4. La; -a 5. Il; -e 6. La; -a 7. Il; -o 8. La; -e 9. Il; -o 10. La; -a 11. La; -e 12. Il; -e 13. Il; -a 14. Il; -o 15. La; -a 16. Il; -o 17. L'; -e 18. Lo; -o, -o 19. Il; -o 20. L'; -o
Übung 7: 1. le lattine 2. le birre 3. i camini 4. i giornali 5. gli spazi 6. le colleghe 7. le biciclette 8. i fiori 9. le camere 10. gli orologi 11. i libri 12. le feste 13. i tavoli 14. le bambole 15. le sedie 16. i coltelli 17. le forchette 18. i cucchiai 19. gli spettacoli 20. gli ospedali
Übung 8: 1. ragazza bionda 2. carattere difficile 3. bambino buono 4. occhi azzurri 5. capelli ricci 6. cuoco bravo
Übung 9: 1. Le; -à 2. I; -i; 3. le; -e; 4. Le; -e; 5. I; -i; 6. Le; -e

3
Übung 1: 1. b 2. b 3. b 4. a 5. a 6. b 7. a 8. b
Übung 2: 1. Hai sonno? 2. Avete sete? 3. Loro hanno due fratelli? 4. Mario non ha una famiglia numerosa. 5. Non ho una casa grande. 6. Hai ancora i nonni? 7. Tuo nonno è molto vecchio? 8. Non sei figlia unica! 9. Come si chiama tuo fratello? 10. Cosa fa tuo padre? 11. Quando hai il compleanno?
Übung 3: 1. I fiori bianchi 2. Le case vecchie 3. Le turiste giovani 4. I libri rossi 5. I dentisti bravi 6. Le feste divertenti 7. Le lezioni noiose 8. Le madri buone 9. Gli artisti nervosi 10. Le impiegate stanche 11. Gli studenti attenti 12. I giardini grandi 13. I quadri cari 14. I ragazzi gentili 15. Le studentesse carine
Übung 4: 1. **f**esta 2. s**i**mpatica 3. **r**osso 4. tr**e**no 5. stude**n**tessa 6. **z**aino 7. esam**e**
Lösung: **F i r e n z e**
Übung 5: 1. venti 2. diciannove 3. diciotto 4. diciassette 5. sedici 6. quindici 7. quattordici 8. tredici 9. dodici 10. undici 11. dieci 12. nove 13. otto 14. sette 15. sei 16. cinque 17. quattro 18. tre 19. due 20. uno
Übung 6: 1. a; 2. La; tra; la; un 3. a 4. fra 5. a 6. a 7. a 8. a 9. a 10. a 11. a
Übung 7: 1. a 2. al 3. al 4. a 5. a 6. a 7. al 8. al 9. a/ad; tra 10. a 11. alla; al
Übung 8: 1. Anna va al mare. 2. Paolo e Andrea vanno spesso a giocare a tennis. 3. I bambini vanno a scuola a piedi. 4. Andiamo una volta alla settimana al cinema. 5. Quando andate a fare una passeggiata? 6. Paolo va a nuotare una volta al mese. 7. I genitori di Maria non vanno mai a teatro. 8. La sorella di Maria va una volta alla settimana al corso di italiano. 9. A cena vado speso al ristorante.
Übung 9: 1. nuotare 2. avere voglia di qualcosa 3. Abendessen 4. colazione 5. einmal im Monat 6. Schwägerin 7. Schwiegervater 8. nipote 9. parente

4
Übung 1: amo, ami, ama, amiamo, amate, amano
telefono, telefoni, telefona, telefoniamo, telefonate, telefonano
Übung 2: 1. mangia 2. compra 3. telefono 4. chiamiamo 5. pensi 6. comprate 7. imparo 8. mangiano 9. festeggi 10. compro 11. fumate 12. non ama 13. ama 14. inizia 15. gioca a carte
Übung 3: 1. Vado a fare la spesa al mercato. 2. Comprate sempre molta frutta al mercato. 3. Giocano una volta alla settimana a tennis. 4. I bambini mangiano un gelato al limone. 5. Festeggiamo con una bottiglia di vino. 6. Buon giorno, vorrei due chili di pomodori e un chilo di peperoni rossi.
Übung 4: 1. Il bravo bambino 2. La prima figlia 3. Lo zoo bello 4. Il ragazzo intelligente 5. La bandiera gialla 6. La suora cattolica 7. La seconda classe 8. I fruttivendoli simpatici 9. Le macchine arancioni
Übung 5: 1. Un euro e undici (centesimi) 2. Tre euro e quattordici (centesimi) 3. Cinque euro e cinque (centesimi)

4. Cinque euro e venti (centesimi) 5. Sei euro e diciassette (centesimi) 6. Sette euro e sedici (centesimi) 7. Nove euro e due (centesimi)
Übung 6: 1. giove**d**ì 2. merc**o**ledì 3. **m**aggio 4. s**e**ttimana 5. **n**ovembre 6. luned**ì** 7. di**c**embre 8. **a**prile
Lösung: **d o m e n i c a**
Übung 7: 1. Compro 3 etti di carne, un etto e mezzo di prosciutto e 5 uova dal macellaio. 2. Vorremmo tre mozzarelle e 1 chilo di ricotta. 3. Lunedì compro la frutta. 4. Dove comprate la verdura?
Übung 8: 1. sessanta 2. settantaquattro 3. ottantacinque 4. ventinove 5. cinquecento 6. 111 7. 700 8. 1000 9. 2000

5
Übung 1: 1. a) 2. a) 3. b) 4. a) 5. a)
Übung 2: 1. vede 2. vende 3. chiedono 4. vivete 5. vivono 6. vivi 7. Chiediamo 8. chiude
Übung 3: 1. Prendo un caffè. 2. Chiude la finestra. 3. Vediamo un gatto. 4. Vivono a Roma. 5. Vedete gli stivali. 6. Quando vedi Anna?
Übung 4: 1. r 2. f 3. f 4. f 5. f 6. r 7. f
Übung 5: unisco, unisci, unisce, uniamo, unite, uniscono; mento, menti, mente, mentiamo, mentite, mentono
Übung 6: 1. mi 2. Ti 3. A noi; a voi

6
Übung 1: 1. Le mie 2. tuo 3. nostra 4. I loro 5. i tuoi 6. le nostre
Übung 2: mio; i miei; le; tu; tuo; i; le tue; sua; i suoi; le; lei; suo; sua; i; le sue; i Suoi; le; nostro; i; le; voi; vostra; i; le vostre; loro; loro; i loro; le loro
Übung 3: 1. la camera da letto 2. la sala da pranzo 3. la camera di Paolo 4. la stanza dei bambini 5. la camera degli ospiti
Übung 4: 1. La mia stanza da letto è a sud. 2. La nostra casa è spaziosa e luminosa. 3. Ho un bel maglione di lana.
Übung 5: 1. b) 2. a) 3. b) 4. b)
Übung 6: 1. -a; il; -o 2. -ono; loro 3. mai 4. non 5. -gli; in 6. -a 7. -ono; loro 8. di
Übung 7: 1. Chi pulisce l'appartamento? 2. Giacomo non cucina mai! 3. Andrea e Paolo non hanno la lavatrice!
Übung 8: 1. r 2. f 3. r 4. f 5. r 6. f 7. r 8. f 9. r
Übung 9: 1. Ci sono i fiori e le siepi. 2. Ci sono un letto e un armadio. 3. Ci sono il portafoglio e i fazzoletti. 4. Ci sono la vasca e la doccia.

7
Übung 1: 1. r 2. f 3. f 4. r 5. f 6. r 7. f 8. r 9. f
Übung 2: 1. le nove e quindici/e un quarto 2. le dieci e dieci 3. le undici i mezzo/e trenta 4. le dodici/mezzogiorno 5. le tredici/l'una 6. le quattordici e trenta/e mezza/e mezzo 7. le otto meno venti/le diciannove e quaranta 8. le ventitre e cinque 9. le tre e un quarto/e quindici 10. le sette meno dieci 11. le 11 e tre quarti/le undici meno un quarto
Übung 3: 1. b) 2. b) 3. a) 4. b)
Übung 4: 1. a) 2. c) 3. c) 4. c) 5. c)
Übung 5: 1. a) 2. a) 3. a) 4. a)
Übung 6: 1. la 2. la 3. lo 4. lo 5. le
Übung 7: 1. esco 2. possiamo 3. dovete 4. vuole 5. sono 6. preferisci
Übung 8: 1. r 2. f 3. r 4. f 5. f 6. r 7. f 8. f

8
Übung 1: 1. Perché non trovano un tavolo al ristorante. 2. Perché non vuole rovinarsi l'appetito. 3. Un caffè corretto e un caffè macchiato. 4. Una pizzetta. 5. Una signora milanese con la famiglia. 6. La mamma. 7. Di Milano. 8. Perché suo marito è di Napoli.
Übung 2: 1. buono 2. bene 3. buoni 4. bene 5. bene
Übung 3: 1. Sicuramente 2. molto 3. semplicemente 4. volentieri 5. veramente 6. molto 7. ancora
Übung 4: 1. certamente 2. bene 3. sicuramente 4. normalmente 5. velocemente 6. tranquillamente 7. tristemente 8. lentamente 9. regolarmente 10. male
Übung 5: 1. Vino della casa e acqua minerale. 2. Perché Anna non lo vuole. 3. Sì.
Übung 6: 1. in 2. a 3. in 4. di 5. A 6. della
Übung 7: 1. b) 2. a) 3. b)
Übung 8: 1. Firenze è più bella di Napoli. 2. Andrea è più intelligente di Paolo. 3. Monica è più carina di Natalia. 4. Roma è più grande di Milano.
Übung 9: 1. più 2. più 3. meno; più 4. più; di 5. meglio
Übung 10: Neapel ist größer als Florenz, aber es ist auch chaotischer und schmutziger. Florenz ist kleiner, aber sauberer und ruhiger. In Neapel gibt es das Meer und es fehlt hingegen in Florenz. In Neapel gibt es auch die U-Bahn, aber in Florenz gibt es nur den Bus. Beide Städte sind sehr schön und interessant.

9
Übung 1: 1. A Napoli. 2. Da Monica. 3. Perché deve partire per Londra. 4. Alle 10:00. 5. Vicino all'aeroporto e all'ospedale. 6. La funicolare. 7. La metropolitana. 8. Perché i binari del tram non sono ancora costruiti.
Übung 2: 1. andato 2. creduto 3. abitato 4. preparato 5. partito
Übung 3: 1. hai 2. abbiamo 3. ha 4. hanno 5. ho 6. avete
Übung 4: 1. Non abbiamo trovato la casa. 2. Non hai saputo l'ora. 3. Abbiamo comprato il tavolo. 4. Ha mangiato un pesce molto buono. 5. Ho studiato medicina.
Übung 5: 1. La persona più pericolosa. 2. Gli amici più cari. 3. Le città più belle. 4. Le case più grandi. 5. Le stanze più luminose. 6. Gli aeroplani più veloci
Übung 6: 1. b) 2. b) 3. b) 4. a) 5. b) 6. a)
Übung 7: 1. è stata 2. è stata 3. è stata 4. è stato 5. è stato 6. sei stata 7. Siete stati 8. sei stata 9. siete state 10. sono state 11. sono state

Übung 8: 1. è 2. abbiamo 3. sono; -e 4. è 5. ho 6. siete
Übung 9: 1. f 2. f 3. f 4. f 5. r 6. f 7.f 8. r 9. r
Übung 10: 1. quattro marzo millenovecentoquarantatre 2. venti ottobre milleottocentosessanta 3. sedici febbraio millenovecentosettantotto
Übung 11: 1. quarantaduesimo 2. cinquantesimo 3. diciassettesimo 4. quarto 5. ventottesimo 6. settimo 7. quarantacinquesimo 8. primo 9. terzo

10
Übung 1: 1. ho letto 2. è nata 3. hai fatto 4. è nato 5. Avete sofferto 6. hai chiuso 7. abbiamo promesso
Übung 2: 1. sofferto 2. chiesto 3. offerto 4. aperto 5. messo 6. letto
Übung 3: 1. ha offerto 2. siamo nati/e 3. ha vissuto 4. sono scesi/e 5. è piovuto
Übung 4: 1. l'ho visto 2. non le abbiamo incontrate 3. l'abbiamo visto 4. non l'hanno mangiato 5. le ho preparate 6. li ho chiamati
Übung 5: 1. a) 2. b) 3. a) 4. b)
Übung 6: mi lavo; ti lavi; si lava; si lava; ci laviamo; vi lavate; si lavano
Übung 7: Ogni giorno mi alzo e mi lavo in bagno. Dopo faccio colazione vado al lavoro con la/in macchina. Poi mi occupo del lavoro. Di pomeriggio mi rilasso in giardino e leggo il quotidiano.
Übung 8: 1. Mi sono dimenticato il pane. 2. Hai comprato anche le mele? 3. Ieri mi sono dedicata/o al mio nuovo libro. 4. Non ho mai bevuto la birra. 5. Ogni giorno mi sono alzata/o alle sette.
Übung 9: 1. vedere 2. -e; -a; da 3. camminare 4. può 5. -e; va 6. vi; -i/-e; -vi; -vi. 7. -i. 8. di; vi; -i; ci

11
Übung 1: 1. b) 2. b) 3. a) 4. a) 5. b). 6. a)
Übung 2: 1. viene 2. vengo 3. vengono 4. viene 5. viene
Übung 3: 1. -a 2. -i 3. -e 4. -a 5. -o 6. -a 7. -o 8.-a 9. -o 10. -e 11. -a
Übung 4: 1. è stata 2. sono state 3. è stata 4. è stato 5. è stato 6. sono state 7. è stato 8. è stata
Übung 5: 1. Il libro è stato letto da Marco 2. I soldi sono stati vinti da mio padre. 3. Il televisore non è stato spento. 4. Le finestre sono state aperte. 5. Le macchine sono state offerte.
Übung 6: 1. inglese 2. tedesco 3. americana 4. canadese 5. francese
Übung 7: 1. In Grecia 2. In Belgio 3. In Svizzera 4. In Olanda 5. In Russia
Übung 8: 1. I Romani 2. Carlo VIII. 3. Nel 1465 4. Cinghiale e pappardelle. 5. Un tipo di pasta.
Übung 9: 1. va 2. va 3. va 4. vanno 5. va 6. vanno 7. vanno
Übung 10: 1. Il lavoro va finito entro le dieci. 2. La ragazza va portata alla stazione. 3. Il pranzo va preparato velocemente. 4. Le pere vanno consegnate alle otto.
Übung 11: 1. a) 2. b) 3. a) 4. b) 5. a) 6. b) 7. b) 8. a)

12
Übung 1: 1. f 2. r 3. r 4. f 5. f 6. r
Übung 2: 1. sulla 2. per 3. dietro 4. sul/sopra il 5. verso 6. dopo 7. per 8. sul/sopra il
Übung 3: 1. b) 2. a) 3. b) 4. a) 5. a)
Übung 4: 1. del quale 2. con la quale 3. per i quali 4. delle quali
Übung 5: 1. che; di cui/del quale 2. cui/la quale 3. di cui/dei quali; cui/i quali
Übung 6: 1. La macchina con cui/con la quale sei venuto è molto bella. 2. La donna che ha parlato con te. 3. I bambini con cui/con i quali gioca mio figlio sono molto stanchi.
Übung 7: 1. r 2. f 3. r 4. r 5. r 6. f 7. r 8. r
Übung 8: 1. dove 2. che 3. dove 4. cui/i quali 5. che
Übung 9: 1. Ho comprato un libro sulla Toscana, che non trovo piú. 2. Le chiavi che cerchi le ho messe sul tavolo. 3. Davanti al mio appartamento ci sono sempre dei fiori.
Übung 10: 1. Dov'è la stazione? 2. Scusi, ci vuole molto per arrivare all' hotel? 3. È lontanta l'autostrada? 4. Non conosco la città!

13
Übung 1: 1. Falle 2. Fatelo 3. Compralo 4. -a; -i/iti 5. -ate 6. -a
Übung 2: 1. Non **chiamare** Luigi! 2. **Fai** la spesa! 3. **Chiedi** un'informazione! 4. **Bevi** meno! 5. **Smetti** di fumare! 6. **Metti** a posto la stanza! 7. **Stira** la camicia! 8. **Compra** dei fiori! 9. **Non arrivare** tardi! 10. **Non giocare** a calcio.
Übung 3: 1. Non comprarla! 2. Prendila! 3. Chiamalo! 4. Non prenderlo/lo prendere! 5. Vacci! 6. Lavale 7. Dagli da mangiare.
Übung 4: 1. ballerò, ballerai, ballerà, ballerà, balleremo, ballereti, balleranno 2. crederò, crederai, crederà, crederà, crederemo, crederete, crederanno 3. capirò, capirai, capirà, capirà, capiremo, capirete, capiranno
Übung 5: 1. r 2. f 3. f 4. r 5. f 6. r 7. f
Übung 6: 1. avrete 2. saremo 3. arriveranno 4. farai
Übung 7: 1. maiale 2. uccello 3. cinghiale 4. serpente 5. formica 6. tartaruga 7. gatto 8. chiocciola 9. cane
Lösung: **l u c e r t o l a**

14
Übung 1: 1. ballavo, ballavi, ballava, ballava, ballavamo, ballavate, ballavano 2. vedevo, vedevi, vedeva, vedeva, vedevamo, vedevate, vedevano 3. venivo, venivi, veniva, veniva, venivamo, venivate, venivano
Übung 2: 1. Andavo spesso al mare. 2. Maria mangiava a volte la caprese. 3. Giocavamo volentieri a tennis. 4. I fratelli nuotavano solo in piscina.
Übung 3: 1. Tra cinque ore. 2. Perché non hanno le carte. 3. Sempre Andrea. 4. Perché fa caldo ed è faticoso. 5. Lo scacciapensieri.

Übung 4: 1. vendeva 2. diceva 3. cercavamo 4. adorava 5. andavi 6. giocavate
Übung 5: 1. -avo; -avi; -ava; -ava; -avamo; -avate;. -avano
Übung 6: 1. Per non dimenticare il suo italiano. 2. La Divina Commedia. 3. Verga. Descriveva le sofferenze dei poveri. 4. Un autore satirico.
Übung 7: 1. Quando ero in Cina ho conosciuto mia moglie. 2. Mentre andavo a Firenze ho perso le chiavi. 3. Mentre leggevo la Divina Commedia sei arrivata tu.
Übung 8: 1. In modo piacevole 2. In modo grandioso 3. In modo sicuro 4. In modo grave 5. In modo giusto

15
Übung 1: 1. Vanno ad una festa. 2. È il culmine dell'estate. 3. A Natale 4. Un dolce pasquale.
Übung 2: 1. Ogni giorno veniva fatto il pane fresco. 2. A pasquetta veniva fatto il picnic. 3. In questa casa il pesce veniva mangiato con un coltello speciale. 4. Ai bambini cattivi veniva regalato il carbone. 5. Venivano nascoste le uova?
Übung 3: 1. Ogni domenica si organizzava una festa. 2. Si portava una torta. 3. Non si è venduta la macchina. 4. Si perdevano sempre gli occhiali.
Übung 4: 1. b) 2. b) 3. b) 4. b)
Übung 5: 1. Le; compagnia 2. confessa 3. fatto 4. inventato 5. fatto 6. Bravo
Übung 6: 1. Te lo 2. Me lo 3. se la 4. Gliela 5. Me lo 6. glielo 7. Ce li
Übung 7: 1. -mela 2. -mela 3. -glielo 4. -teli 5. -glielo 6. -cela 7. -glielo 8. -glielo 9. -celo
Übung 8: 1. Dal fine settimana di Ognissanti. 2. La fidanzata di Luca. 3. All'inizio dell'anno, subito dopo le feste. 4. Per mesi. 5. Perché il lavoro non gli piaceva.
Übung 9: 1. ha; il nuovo lavoro 2. è rotto la gamba 3. altri festeggiavano e lui piangeva 4. si è licenziato ... ha dovuto ... l'appartamento
Übung 10: 1. Tanti auguri di buon compleanno!/Buon compleanno! 2. Buona fortuna! 3. Felicitazioni!/Auguri! 4. Ogni bene!

16
Übung 1: 1. a) 2. a) 3. b) 4. b) 5. a) 6. a)
Übung 2: 1. Paolo sarà andato a piedi. 2. Anna avrà mangiato troppa torta. 3. Saranno arrivati in ritardo. 4. Partirete di nuovo per la Grecia.
Übung 3: 1. pranzando 2. dicendo 3. guarendo 4. sperando 5. accendendo 6. spegnendo 7. trovando 8. cercando 9. cucinando
Übung 4: 1. f 2. r 3. r 4. r 5. f 6. f 7. r
Übung 5: 1. Aspettando gioco. 2. Guardando la televisione telefono. 3. Leggendo ascolta la musica. 4. Maria legge mangiando una mela.
Übung 6: 1. Während ich den Apfel aß, habe ich mich an dich erinnert. 2. Als ich dein Auto sah, verstand ich, dass du zu Hause warst. 3. Da ich wusste, dass du in Paris warst, wollte ich dich anrufen. 4. Ich habe einen Brief geschrieben, während ich an dich dachte. 5. Ich verabschiede mich, indem ich Sie um einen Rückruf bitte. 6. Wir umarmen euch und hoffen, euch bald wiederzusehen. 7. Als ich zahlte, habe ich bemerkt, dass ich den Zucker vergessen habe. 8. Während ich zu Sonia fuhr, hielt ich an, um Blumen zu kaufen.
Übung 7: 1. Avendo bevuto tanto sto meglio. 2. Avendo passeggiato molto ho sete. 3. Essendo andata/o al mare sto bene. 4. Avendo camminato troppo sono stanco. 5. Avendo fatto la spesa ho pensato a te. 6. Avendo mangiato il gelato siamo andati in città. 7. Avendolo visto arrivare ho fatto il tè. 8. Avendo preso la macchina siamo arrivati prima degli altri. 9. Avendo sempre letto il giornale era sempre informato.
Übung 8: 1. Magen 2. infermiera 3. occhio 4. Sicht 5. ospedale 6. schiena 7. Kranker 8. Zahn 9. Rachen 10. blass

17
Übung 1: 1. b) 2. b) 3. b) 4. a) 5. b) 6. a)
Übung 2: 1. Sto andando in posta, perché voglio spedire un pacco. 2. Quale/Che film state guardando? 3. Stiamo cucinando un zuppa di verdure.
Übung 3: 1. -La 2. francobolli 3. –oritaria; -naria 4. ordinaria 5. prioritaria 6. più
Übung 4: 1. f 2. r 3. f 4. r 5. r
Übung 5: 1. Stavo andando 2. Stiamo facendo 3. Stava guidando 4. Stavate prendendo 5. Stavano dimenticando 6. Stai cercando 7. Stava innaffiando 8. stavo aggiustando
Übung 6: 1. Non può ritirare dei soldi. 2. Perché il bancomat non funziona. 3. Deve compilare un modulo.
Übung 7: 1. amante 2. cantante 3. fruente 4. vedente 5. accogliente 6. producente 7. indulgente 8. dichiarante 9. raccapricciante 10. partecipante 11. affascinante 12. coinvolgente
Übung 8: 1. Stavo per partire. 2. Stavamo per pranzare. 3. Stava per piovere. 4. Stavano per andarsene.

18
Übung 1: 1. b) 2. b) 3. b) 4. a) 5. b) 6. b) 7. a)
Übung 2: 1. creda 2. andiate 3. dimentichi 4. sappiamo 5. godiate 6. speri 7. dia 8. usciate 9. salgano 10. stiano 11. ami 12. venga 13. diciamo 14. scelga 15. possa 16. odi
Übung 3: 1. b) 2. a) 3. a) 4. b) 5. b) 6. a) 7. a)
Übung 4: 1. godeste; abbiate goduto 2. lui dimenticasse; abbia dimenticato 3. credessi; abbia creduto 4. desse; abbia dato 5. usciste; siate usciti 6. salissero, siano saliti 7. stessero, siano stati 8. dicessero; abbiano detto 9. sceglieste; abbiate scelto 10. potessi; abbiaf potuto 11. venissi; sia venuto 12. andassero; siano andati 13. sapesse; abbia saputo
Übung 5: 1. ... che sia partito. 2. ... abbia avuto ragione. 3. ... che non sia andato/a via. 4. ... si sia fatto sentire. 5. ... sia stata contenta. 6. ... lui sia tornato.
Übung 6: 1. a) 2.a) 3. b) 4. a) 5. a)

Übung 7: 1. sia 2. hai 3. partisse 4. smettiate 5. amo 6. possa 7. dia

19
Übung 1: 1. a) 2. a) 3. a) 4. b) 5. a) 6. b)
Übung 2: 1. matita; gomma 2. fattura; sollecitazione 3. articoli 4. sconto 5. testo; stampante; carta 6. graffetta 7. scatola; soprammobili 8. opuscolo
Übung 3: 1. Mi dia una mano a archiviare i documenti! 2. Vada a Firenze e prenda i documenti. 3. Gliela regali! 4. Esca da questa stanza e segua il corridoio! 5. Le apra la porta!
Übung 4: 1. a) 2. b) 3. b) 4. a) 5. b) 6. b) 7. b)
Übung 5: 1. se 2. mentre 3. Quando 4. cioè 5. finché 6. Siccome 7. Dopo

20
Übung 1: 1. andresti 2. saremmo 3. potrei 4. dovreste 5. direste 6. spereresti 7. terrebbero 8. crederei 9. staremmo 10. farei 11. berresti 12. condurrebbe 13. mettereste 14. vedrebbero 15. proverebbe 16. tradurrebbe 17. avrebbero 18. dareste 19. neghereste 20. verresti
Übung 2: 1. daresti 2. Passereste 3. aiuterebbe 4. Potresti 5. fareste
Übung 3: 1. Vorrei andare/Andrei volentieri a Firenze. 2. Vorrebe vivere/Vivrebbe volentieri in una grande casa. 3. Vorrebbero mangiare/Mangerebbero volentieri una pizza
Übung 4: 1. b) 2. b) 3. b)
Übung 5: 1. Avrei avuto ancora un'ora di tempo, avresti voluto bere un caffè? 2. Avremmo mangiato ancora due patate. 3. Avremmo giocato fino all'alba. 4. Avreste scelto sicuramente la strada sbagliata. 5. Paolo avrebbe sbagliato la domanda.
Übung 6: Perché ha bisogno del suo aiuto. 2. Il curriculum. 3. Perché il giorno dopo ha un corso. 4. A Genova. 5. Da pochi mesi.
Übung 7: 1. Nome e Cognome 2. Data di nascita 3. Luogo di nascita 4. Stato civile 5. Residenza 6. Studi
Übung 8: 1. Credeva che saresti andata/o a vederla. 2. Sapevano che avresti cambiato lavoro 3. Temevi che saresti stato lasciato da Daniela. 4. Speravamo che tu non avresti fatto niente di stupido. 5. Ero sicuro che sarebbero successi dei guai.

21
Übung 1: 1. a) 2. b) 3. a)
Übung 2: 1. Se torni domani ti farò una bella cena! 2. Se non mi vedi, non preoccuparti. 3. Se avrò problemi ti chiamerò. 4. Se sorgono problemi chiamerò subito la polizia. 5. Se vuoi chiamami. 6. Se verrai a Firenze fammelo sapere.
Übung 3: 1. f 2. r 3. f 4. r 5. r 6. f 7. f
Übung 4: 1. Si sarebbe preparato. 2. Non avrebbe parlato con Gianni. 3. Il treno per Bologna. 4. 55 minuti.
Übung 5: 1. Se mi avesse chiamato in tempo non avrei perso il treno. 2. Se ieri mi avessi invitato/a, sarei venuto/a. 3. Se fossi venuto/a ti saresti divertito/a.
Übung 6: 1. Per spostare il discorso di Gianni. 2. È in riunione, ma la riunione è appena finita. 3. Se Gianni può tenere il discorso un giorno dopo.
Übung 7: 1. Wenn du nicht pünktlich ankommen würdest, würde ich allein hingehen. 2. Wenn sie bleiben würde, würde ich weggehen. 3. Wenn ich könnte, würde ich sofort zu dir kommen! 4. Wenn dir wirklich die Augen weh tun würden, würdest du nicht immer lesen.
Übung 8: 1. bicchierino 2. gattino 3. armadietto 4. fazzolettino
Übung 9: 1. sfuggire di mente 2. cellulare 3. cortese 4. essere dell'avviso

22
Übung 1: 1. a) 2. b) 3. a) 4. b)
Übung 2: 1. Max 2. Sette giorni plima: il 3 settembre. 3. Ancora cinque giorni 4. La ditta di silvia si rivolgerà a terzi.
Übung 3: 1. In riferimento al ns. ordine dell' 8.8.03. 2. Vi/Le segnaliamo che ... 3. Con rammarico. 4. Vi/La preghiamo.
Übung 4: 1. Luigi dice che stasera va al cinema con Giorgio. 2. Anna chiede a Paolo se sa la strada. 3. La mamma dice che va a fare la spesa e che torna subito. 4. Gli amici hanno chiesto se andavamo a mangiare una pizza.
Übung 5: 1. Signora Rossi, confermi l'ordine, per favore. 2. La merce è ancora alla dogana. 3. Mi può concedere uno sconto del 10%? 4. La consegna deve avvenire entro il 13.10. 5. Può sillabare il/fare lo spelling del Suo nome?
Übung 6: 1. Angela ha detto che stasera non vorrebbe uscire. 2. I genitori hanno detto se so/sai la strada. 3. La mamma dice di non litigare e che torna subito. 4. Gli amici dicono di andare a mangiare una pizza.
Übung 7: 1. Paolo ha detto che se avesse tempo metterebbe a posto. 2. Silvia ha detto che se il lavoro le fosse piaciuto non si sarebbe licenziata. 3. Il nonno dice che se non ci fosse stata la guerra sarebbe stato meglio.
Übung 8: 1. A Manuela, un'amica. 2. Al lavoro. 3. In Sizilia. 4. Per festeggiare la sua assunzione. 5. Che potrebbero invitare loro Silvia.
Übung 9: 1. Mauro dice che se non avesse tempo non verrebbe. 2. Paola dice di essere andata dal parrucchiere affinché le tagliasse i capelli. 3. Angela chiede a Carla che cosa farebbe al suo posto. 4. Carla risponde che se potesse andrebbe via. 5. Manuela dice che voleva solo fare una domanda. 6. Mauro dice che volevano essere gentili.
Übung 10: 1. **c**liente 2. offert**a** 3. fo**r**nitore 4. voca**t**ivo 5. n**o**tare 6. tanti sa**l**uti 7. **i**mmenso 8. racco**n**tare 9. consegn**a**
Lösung: **c a r t o l i n a**

23
Übung 1: 1. b) 2. b) 3. a) 4. b) 5. b)
Übung 2: 1. ero stato 2. avevano avuto 3. erano andati

4. avevate fatto 5. eravamo stati 6. eravate andati 7. avevano detto 8. avevi detto 9. aveva ignorato 10. avevate passato
Übung 3: 1. r 2. f 3. f 4. f 5. r 6. f
Übung 4: 1. **s**fidante 2. vinc**e**re 3. info**r**marsi 4. qu**i**z 5. canon**e**.
Lösung: **s e r i e**
Übung 5: 1. andrò 2. sia 3. lavori 4. legga 5. venga 6. sono arrivati.
Übung 6: 1: Con i messaggini. 2. Perché il numero era sbagliato. 3. Lavora in una ditta di software. 4. Navigare in internet.
Übung 7: 1. saresti andata/o 2. fossero stati 3. lavorava 4. sono lavato 5. hanno tagliato

24
Übung 1: 1. f 2. f 3. r 4. f 5. f 6. f 7. f
Übung 2: 1. Leonardo Da Vinci. 2. Idraulica, meccanica, volo ed anatomia. 3. Comprendono 5ooo pagine di cui molte sono state scritte alla rovescia. 4. La loro formazione.
Übung 3: 1. mangiai; mangiasti; mangiò; mangiò; mangiammo; mangiaste; mangiarono 2. capii; capisti; capì; capì; capimmo; capiste; capirono
Übung 4: 1. Studiò botanica ed anatomia. 2. Dopo che ebbe disegnato andò al mare e osservò la marea. 3. Fu l'iniziatore dell'idraulica. 4. Il suo manoscritto ha/comprende 5000 pagine, molte delle quali si possono leggere solo allo specchio.
Übung 5: 1: L'elaborazione dati. 2. Il settore della grafica. 3. Perché arriva in tempo reale. 4. No, è anche divertente. 5. Ovunque ci sia l'allaccio internet.
Übung 6: 1. internet 2. elaborazione testi 3. notebook 4. allaccio 5. rete 6. grafica
Übung 7: 1. – i addormentasti 2. Compraste 3. – 4. fu licenziato 5. Sperai 6. costruirono; distrussero
Übung 8: 1. Sia il televisore che/sia il videoregistratore non funzionano. 2. Ora è rotta non solo la lavastoviglie, ma anche l'affettatrice. 3. Con una presa funziona o il tostapane o il bollitore.
Übung 9: 1. fu tornata 2. ebbi chiuso 3. ebbero finito 4. fui tornata